权威·前沿·原创

皮书系列为
"十二五""十三五"国家重点图书出版规划项目

中国客车产业发展报告
（2015~2016）

REPORT ON CHINA'S BUS INDUSTRY DEVELOPMENT
(2015-2016)

主　编／姚　蔚

图书在版编目(CIP)数据

中国客车产业发展报告.2015－2016/姚蔚主编.—北京：社会科学文献出版社，2016.10
（客车蓝皮书）
ISBN 978－7－5097－9787－7

Ⅰ.①中… Ⅱ.①姚… Ⅲ.①客车－汽车工业－产业发展－研究报告－中国－2015~2016 Ⅳ.①F426.471

中国版本图书馆 CIP 数据核字（2016）第 235635 号

客车蓝皮书
中国客车产业发展报告（2015~2016）

主　　编 / 姚　蔚

出 版 人 / 谢寿光
项目统筹 / 周　丽　王玉山
责任编辑 / 王玉山

出	版 / 社会科学文献出版社·经济与管理出版分社（010）59367226
	地址：北京市北三环中路甲29号院华龙大厦　邮编：100029
	网址：www.ssap.com.cn
发	行 / 市场营销中心（010）59367081　59367018
印	装 / 北京季蜂印刷有限公司
规	格 / 开 本：787mm×1092mm　1/16
	印 张：17.75　字 数：237千字
版	次 / 2016年10月第1版　2016年10月第1次印刷
书	号 / ISBN 978－7－5097－9787－7
定	价 / 85.00元

皮书序列号 / B－2013－328

本书如有印装质量问题，请与读者服务中心（010－59367028）联系

▲ 版权所有 翻印必究

客车蓝皮书编委会

顾　问　李京文　董　扬　李庆文

编　委　姚　蔚　谢光耀

主　编　姚　蔚

撰稿人　刘涛雄　裴志浩　王　健　陈静仪　于怀勇
　　　　谢光耀　姚　蔚　舒慕虞　庞太生

主要编撰者简介

姚　蔚　经济学硕士，理学学士，中国注册会计师协会和中国数量经济学会会员；师从经济学家、中国工程院院士、中国社会科学院学部委员李京文；曾任中国汽车报社《商用汽车新闻》和"中国汽车报网"总编辑，现任"方得网"总编辑。

裴志浩　中国公路学会客车分会高级技术顾问，曾任长沙客车厂副厂长、总工程师，中国公路车辆机械有限公司副总经理，中国公路学会客车分会秘书长，全国汽车标准化委员会客车分技术委员会秘书长。

刘涛雄　经济学教授，博士生导师；在清华大学汽车工程系、清华大学经济管理学院、清华大学公共管理学院分别获得学士、硕士和博士学位，现任清华大学社会科学学院经济学研究所所长，清华大学创新发展研究院执行院长。

王　健　重庆交通大学公共交通学者，厦门理工学院中国未来巴士系统研究中心首席专家，《中国巴士与客车》年鉴主编，公共交通国际联会会员、中国土木工程学会巴士快速交通技术推广委员会专家组成员，中国城市公共交通学会常务理事、学术委员，中国公路学会客车分会专家委员会成员、《欧洲客车周》与《亚洲客车周》评审团成员。

谢光耀 经济学硕士，法学学士，师从中国人民大学郑水泉教授，曾任中国汽车报社《商用汽车新闻》执行主编、《中国汽车报》商用车专刊主编，现任"第一商用车网"总编辑，同时还是美国格理集团专家团成员和多家投资银行及证券机构特约专家顾问。

摘　要

《中国客车产业发展报告（2015~2016）》是方得网组织国内客车行业专家与学者编写的有关中国客车产业发展的第三本年度研究报告。

2015~2016年，我国客车产业发生了深刻变化，一方面，传统动力客车持续衰退，新能源客车高速发展，其发展的速度和产业化进程远超以前；另一方面，大量社会资本和业外资本进入客车行业，瞄准的正是新能源客车这个"大蛋糕"。与此同时，新经济和"互联网+"的浪潮，也已经席卷整个客车行业，影响到客车、客运、公交行业的所有角落。为了更清晰地阐述客车行业近年来发生的巨大变革，本书采取总分报告形式，不仅对2015~2016年中国客车产业、客车企业、各个客车细分市场的现状及前景进行了全面阐述；更站在经济学和管理学的高度，从分析中国客车企业竞争优势、新经济与汽车产业革命如何影响客车业、客车行业如何进行供给侧改革、中国客车拓展海外的模式选择、中国客车市场环境的变化与挑战、客车上市公司竞争力体系构建等角度，为读者提供了一个观察最近两年中国客车行业的全新视野。

本书的总报告第一篇文章"中国客车产业竞争优势分析"，以管理学大师迈克尔·波特的"五力竞争模型"和三大竞争战略为分析理论，重点研究中国客车行业的竞争态势、中国客车行业的国际竞争力、老牌客车企业如何在与新企业的对抗中取得竞争优势、新进入者如何选择发展道路、新企业进入客车业应该避免的陷阱等几个备受全行业关注的问题，分析总结了我国客车企业实施不同竞争战略所面对

的风险、挑战以及新老势力碰撞下的市场格局变化,这些对于新企业和老牌企业都有很重要的指导意义。"2015年客车市场盘点及2016年客车行业展望"作为总报告的第二篇文章,采用大量数据和事实,对中国客车行业各细分市场在2015年和2016年的发展作了全面的梳理与审视,对于读者研判2015年和2016年这两个在新能源客车发展史上十分特殊的年份具有重要的参考价值。

行业发展报告对新经济与汽车产业革命、客车行业的供给侧改革发展、中国客车企业走向海外的模式、电动巴士技术发展、互联网+汽车客运发展、中国客车上市公司竞争力等方面,进行了深入的分析和总结,全面展示了近年来我国客车行业各方面的成绩与问题,并对客车行业的发展提出了一些有针对性的建议。

企业发展报告重点侧重于对国内重点企业的研究,分别对宇通客车、中通客车、福田欧辉、珠海银隆等国内主要客车企业的发展历程、发展特征、价值观、核心竞争力等进行了深入细致的研究分析,为读者提供了系统的案例。这些生动真实的企业案例,为客车市场的后来者提供了重要的研究样本。

本书是一本系统阐述和研究中国客车产业发展的权威之作。书中既有翔实的数据资料,又有理性的客观分析,是读者快速了解中国传统客车行业和新能源客车行业的必要参考书。

Abstract

Report On China's Bus Industry Development (2015 – 2016) is the third annual research report on China bus industry written by experts and scholars organized by *find800. cn*.

China bus industry has been going through an essential change from 2015 to 2016. Traditional energy bus growth declined during this period while new energy bus remained a record high growth in development and industrialization. The bus industry has attracted large amount of capital from the society and other industries, which try to share a slice of the new energy bus market. Meanwhile, the bus industry, including coaches, passenger transportation, and public transportation buses has been influenced by the wave of new economy and internet plus. The *Bluebook* analyzes the China bus industry, Chinese bus companies, and different bus segments during the 2015 – 2016 periods with a general report and several subject reports.

The book provides an all new prospective based on economics and management to the readers in aspects such as the competitiveness advantages analysis of Chinese bus enterprises, impact of new economy, industrial revolution, and the supply-side reform of the bus industry, overseas expansion models of the Chinese bus enterprises, change and challenges of China's bus market environment, and the establishment of listed bus companies' competitiveness system.

Based on the Five – Strength Competition Model and the Three Competitive Strategies of management master Michael Porter, the general report focuses on the competitive situation and the international competitiveness of the China bus industry, the knack of traditional companies prevailing start-up companies, development path selection of startups, and the avoidable pitfalls confronting the new players.

The general report analyzes the competition models of the China bus industry with data, facts and cases, and summarizes the risks and challenges ahead of the China bus industry in different strategies. The book also analyzes the market structure change under the collision of the old and new powers, which is of great reference value to both traditional and start-up companies.

The subject reports conduct integrated analysis and summaries on the new economy and automobile industry revolution, roundup of the 2015 market, and the prospect of the 2016 market, the development of bus industry under the supply-side reform, technology development analysis of electric buses, development of Internet plus bus transport, and competitiveness analysis of listed Chinese bus companies. The report not only presents the achievements of the China bus industry, but also provides important methods of marketing and research for bus enterprises.

The subject report studied key enterprises in China and illustrates their development progress, features, values, and core competence of major bus makers such as Yutong Bus, Zhongtong Bus, Foton AUV and Yinlong Energy. Enterprise case studies provide valuable research samples for successors of the bus market.

As a work of authority, the book systematically illustrates and investigates the development of China's bus industry annually. With detailed statistical information and sound and objective analysis, it is a necessary reference book for readers to learn about China's traditional power bus industry and new energy bus industry in a short period of time.

目　录

Ⅰ　总报告

B.1　中国客车产业竞争优势分析 …………………… 姚　蔚 / 001

B.2　2015年客车市场盘点及2016年客车行业展望
　　　………………………………………………… 谢光耀 / 028

Ⅱ　行业发展报告

B.3　新经济与汽车产业革命 …………………… 刘涛雄 / 055

B.4　从供给侧改革看客车行业的发展 ………… 裴志浩 / 066

B.5　电动巴士技术发展分析 …………………… 王　健 / 081

B.6　中国客车企业走向海外的五种模式 ……… 陈静仪 / 101

B.7　互联网+汽车客运发展之路 ……………… 于怀勇 / 119

B.8　2015年中国客车上市公司竞争力分析 …… 舒慕虞 / 141

Ⅲ　企业发展报告

B.9　价值观决定企业发展方向 ………………… 姚　蔚 / 167

B.10 价值观照亮宇通前行之路 ………………………… 姚 蔚 / 170
B.11 从第二梯队到第一梯队
　　——中通5年"跨栏"记 ………………………… 姚 蔚 / 188
B.12 福田欧辉：既能仰望星空 也能脚踏实地 …… 舒慕虞 / 215
B.13 珠海银隆："外来者"的跨界竞争
　　…………………………………………… 姚 蔚 舒慕虞 / 232

Ⅳ 附 录

B.14 中国客车大事记（2013年7月至2016年7月）
　　…………………………………………………… 庞太生 / 248

CONTENTS

I General Report

B.1 Competitive Advantage Analysis of China Bus Industry / 001
B.2 Roundup of the 2015 China Bus Market and the Prospect of
the 2016 China Bus Market / 028

II Industry Development Report

B.3 New Economy and the Automobile Industry Revolution / 055
B.4 The Development of the Bus Industry under Supply-side Reform / 066
B.5 Technology Development Analysis of Electric Buses / 081
B.6 Five Models of China's Bus Companies Head to the Overseas Market
/ 101
B.7 Development Path of Internet plus Bus Transport / 119
B.8 Competitiveness Analysis of Listed Chinese Bus Companies
in 2015 / 141

III Enterprise Development Report

B.9 Company Value Determines the Direction of Enterprise
Development / 167

B.10　Company Value Illuminates Road of YUTONG Development　　/ 170

B.11　The Development History of Zhongtong Bus: From the 2rd Camp to the 1st　　/ 188

B.12　Foton AUV: Look up at the Stars and Stand on Solid Ground　　/ 215

B.13　Yinlong Energy: Cross Boundary Competition of an Outsider　　/ 232

Ⅳ　Appendix

B.14　Chronicle of Major Events in China Bus Industry　　/ 248

总报告
General Report

B.1
中国客车产业竞争优势分析

姚 蔚*

摘 要： 比亚迪、万向、创维、格力都已经进军或者准备进军客车行业。客车行业到底是个什么样的行业？有前途吗？竞争激烈吗？另外，对于那些已经身处客车行业的企业来说，如何才能取得竞争优势，在竞争中胜出呢？

本文将以迈克尔·波特（Michael E. Porter）的五力竞争模型和三大竞争战略，来分析研究：客车行业是不是具有竞争优势的产业？客车企业如何才能取得竞争优势？

---

* 姚蔚，经济学硕士，理学学士，中国注册会计师协会和中国数量经济学会会员，师从经济学家、中国工程院院士、中国社科院学部委员李京文；曾任中国汽车报社《商用汽车新闻》和"中国汽车报网"总编辑，现任"方得网"总编辑。

客车蓝皮书

关键词： 总成本领先 差异化 专一化 五力模型 竞争战略

乘着新能源客车的"东风"，比亚迪、万向、创维，各界"大佬"纷纷进入客车行业。近来，就连格力也出手了，全资收购了银隆新能源汽车（现在的主业是客车）。

这么多外界资本都加入到客车产业的竞争中，客车行业的未来前景究竟如何？客车行业的竞争态势又是怎样的呢？

迈克尔·波特于20世纪80年代提出的"五力竞争模型"，提出了影响行业竞争态势的五大因素，不仅可用于竞争战略的分析，还可以有效地分析客户的竞争环境。其"五力"分别是："新加入者的威胁"、"购买者（客户）的议价力量"、"取代品（或服务）的威胁"、"供货商的议价力量"与"现有竞争者之对抗态势"。

除了"五力竞争模型"以外，迈克尔·波特还提出了企业的"三大竞争战略"。其分别是："总成本领先战略"、"差异化竞争战略"和"专一化竞争战略"。

仔细分析客车行业的各方面因素，也许能够清楚，客车行业是否属于竞争激烈的行业。进入这个行业后，应该如何取得竞争优势？

一 客车行业是个竞争激烈的行业吗

俗话说，男怕入错行，女怕嫁错郎。任何想要进入客车行业的资本都应该弄清楚，客车行业的未来前景如何？未来是否会有潜在的威胁者进入？被其他行业产品替代的可能性有多大？行业中的企业跟供应商和客户的议价能力如何？

其实，根据有些行业外资本进入客车行业所表现出来的乐观态度可以看出，可能很多客车围城外的资本，对于客车行业的竞争态势并不了解。

在采用迈克尔·波特的"五力竞争模型"分析客车行业的竞争态势之前,我们先通过几家客车类上市公司的财务指标,来了解一下客车行业的整体利润水平。表1中的前六家企业代表了客车行业的第一梯队,其中,郑州宇通客车股份有限公司(简称宇通客车或宇通)是以客车为主业的上市公司,厦门金龙、厦门金旅、苏州金龙都隶属于厦门金龙汽车集团(简称金龙汽车或金龙)这一家上市公司;中通客车控股股份有限公司(简称中通客车或中通)及安凯汽车股份有限公司(简称安凯客车或安凯)也是实力较强的客车类上市公司。另外,实力较弱的扬州亚星客车股份有限公司(简称亚星客车或亚星)也是一家以客车为主营业务的上市公司。

表1 客车行业主要企业2010年和2015年净利润率

对比数值	宇通	厦门金龙	厦门金旅	苏州金龙	中通	安凯	亚星
2015年净利润率(%)	11.3	2.6	2.4	4.6	5.6	1.0	1.0
2010年净利润率(%)	6.4	2.6	1.7	3.3	2.0	2.6	1.0
利润率增长(个百分点)	4.9	0.0	0.7	1.3	3.6	-1.6	0

从表1可以看出,客车行业除了宇通以外,净利润率并不高,很多主流客车企业的净利润率都在5%以下,甚至只有两三个百分点。2015年,受国家新能源汽车补贴政策利好的影响,整个客车行业的净利润率要好于2010年。不过,即使如此,2015年前六家企业净利润率超过6%的只有宇通一家;净利润率在5%~6%的有一家,4%~5%的有一家,2%~3%的有两家,还有一家只有1%。考虑到上述六家企业都是客车行业中的主流企业,那么可以推断出,整个客车行业的平均利润率水平并不高。

另外,再来看一下产值(见表2)。行业排名靠前的这些企业,其年产值也不高。

表2 上市客车公司2010年和2015年营业收入

上市客车公司营收	宇通	厦门金龙	厦门金旅	苏州金龙	中通	安凯	亚星
2010年营收(亿元)	134.79	55.87	39.59	63.36	20.08	31.53	6.67
2015年营收(亿元)	312.10	85.84	74.97	104.84	71.14	40.22	20.15
营收增长率(%)	131.5	53.6	89.4	65.5	254.3	27.6	202.1

在对客车行业总体产值和利润水平有一个初步了解之后,下面就用波特的"五力竞争模型"中的"五力":"新加入者的威胁"、"购买者(客户)的议价力量"、"取代品(或服务)的威胁"、"供货商的议价力量"与"现有竞争者之对抗态势"来分析客车行业的竞争态势。

(一)新加入者的威胁

对于任何一个行业来说,如果行业外的企业能很容易进入这个行业,那么这个行业的利润率就不可能长期高于社会平均利润率。

迈克尔·波特认为:"新进入者在给行业带来新生产能力、新资源的同时,将希望在已被现有企业瓜分完毕的市场中赢得一席之地,这就有可能会与现有企业发生原材料与市场份额的竞争,最终导致行业中现有企业盈利水平降低,严重的话还有可能危及这些企业的生存。竞争性进入威胁的严重程度取决于两方面的因素,这就是进入新领域的障碍大小与预期现有企业对于进入者的反应情况。"

也就是说,新进入者越容易进入一个行业,那么这个行业的竞争态势就会越激烈。这也可以用一句通俗的话来解释,就是进入一个行业的门槛越低,这个行业的竞争就会越激烈。

客车行业是汽车行业中竞争门槛比较低的一个细分领域。因此,客车行业也是一个竞争相对充分的产业,而并非一个高度垄断的产业。中国对汽车行业的准入有很高的要求,进入这个行业需要有资质,而其中的客车资质是最容易获得的,这是因为,早先的客车企业本身都不生产底盘,属于改装类企业,其资质也最容易获得。在所有汽车的细分领域中,客车的生产资质是最不值钱的,因为其容易获得,并且竞争残酷,利润率较低。

另外,中国现有存量的客车企业有100多家,只有30多家企业的年销量上了一定规模,其余大部分企业都已经处于停产或半停产状态。兼并这些已经几乎停产的企业,获得客车生产资质并不是一件很困难的事情。

正因为客车行业进入门槛不高,因此,近年来不少其他领域的资本都相对容易地进入了客车行业,比如,比亚迪、创维、银隆等通过收购的方式获得了客车生产资质,而杭州万向等企业通过向国家相关部委申请,也获得了客车生产资质。

(二)购买者(客户)的议价力量

与很多行业的客户都是个体消费者不同,客车市场的客户大多是集团客户,并且还是具有政府背景的大客户。比如,占据客车市场40%份额的公交车,购买者都是各地的公交公司,公交公司的背后则是当地政府,可以说是财大气粗。公交公司以外的运营公路客车的道路客运公司,都需要严格审批,而且其必须具备相当的实力。也就是说,造客车的门槛不高,但是运营客车的门槛很高。能够进行客车运营的公司,大都很有背景和实力。

因此,客车行业下游的购买者的议价能力非常强。客车行业的一些现象,在汽车领域的其他行业是很少碰到的。首先就是客户"点单",也就是由购买客车的客户来决定车辆采用什么零部件。这些客车用户不仅要指定发动机、变速箱和车桥的品牌,甚至会指定

方向机、空调、电子控制设备、座椅等零部件,有的客户"点单"甚至细化到车门、轮胎和玻璃等。客车用户的"点单",不但让客车生产企业的利润空间缩小,生产组织难度大幅提升,更有可能造成车辆安全隐患。但是,"点单"这一客车行业的顽疾,却始终无法消除。

其次是,很多城市的公交公司在买入新车的同时,还要求客车企业回购其旧车。客车企业买了这些被淘汰下来的旧车,需要花费很大的人力物力才能再次销售出去。这使得很多客车企业都非常头疼,叫苦不迭。

最后是,由于很多城市的公交车更新最后都由政府埋单,因此当地政府都会倾向于购买本地品牌的客车,这就是所谓的地方保护主义。这也是客车行业这个本身盘子并不大的行业,还会有几十家生产企业存在的原因。在客车行业,即使"你"的产品品质很好,性价比很高,在许多地区销售时,仍然会遇到很大的阻力。

正因为客车行业的客户拥有很强的议价能力,因此,对很多客车行业的从业者来说,卖车是一件非常辛苦的事情。有的客车企业老总甚至直言:"客车不是人干的。"而有的客车企业一线从业人员,在跳槽进入卡车企业后大为感慨,卡车比客车好干多了。

(三)取代品(或服务)的威胁

客车行业未来的发展前景如何?是否会受到替代品的威胁?

答案是肯定的,而且,客车行业受到的替代品的威胁还很大。当前的中国客车市场,主要替代品是高铁和私家车。

1. 高铁

相比公路客运,高铁更加快捷、安全。伴随着高铁网络的全国贯通,很多以前乘坐客车出行的旅客都选择了高铁。而且,高铁网络还在继续延伸,高铁正逐步替代公路客运。由于受到高铁的冲击,公路客车的销量已经连年下滑。高铁对公路客运形成了巨大的冲击,特别是对1000公里以上的长途客运,更是形成了致命的打击。

可以说,这一趋势仍在继续,未来公路客车的销量还会继续下降。

2. 私家车

如果说高铁冲击了公路客车的市场,那么私家车的不断普及,则对公路客车、公交客车以及旅游客车的市场都形成了冲击。

2015年,全国的乘用车销量突破2000万辆,其中绝大部分都是私家车。伴随着轿车迅速进入家庭,很多城市移民在节假日回老家的时候,选择了自驾车。在我国每年的一些法定节假日,高速公路对7座以下小客车免除高速费,这更让很多返乡或者外出旅游的乘客不再选择之前的乘坐旅游大巴,而是选择自驾或者拼车。

高速公路对小客车免除高速费,已经对旅游客车形成了不小的冲击。未来,伴随着私家车每年以2000万辆的速度增长,这一趋势还将加剧。

另外,城市居民私家车的普及,让一些市民出行也由乘坐公交车改成了驾驶或乘坐私家车。顺风车、快车等兴起,也对公交出行形成了一定的替代。

实际上,欧美发达国家,客车的年销量都远远低于中国。中国客车销量大约占了全球客车市场一半的销量。在发达国家,居民出行主要依靠飞机、私家车以及火车。

可以预见,随着我国居民可支配收入的进一步提高,未来,乘坐客车出行占居民出行的比重还会进一步降低。

3. 公交优先

高铁和私家车对客车行业虽然形成了很大的冲击,但是由于国家大力提倡公交优先,因此,在一些城市,已经拥有私家车的居民也会在很多时候选择公交出行。而伴随着城市化率的不断提高,以前没有开通公交车的县城,现在也开始运行公交车。

总体来说，在中国很多城市，公交出行分担率逐年提高。不过，伴随着很多城市地铁里程的增加，地铁又会替代一些公交车的需求。

总之，客车行业中，公路客车的增长处于持续小幅下滑的态势，而公交车的增长则呈现持续小幅增长的态势，总体说来，客车需求总量，未来还有可能继续下降。

（四）供货商的议价力量

中国客车零部件供应商的议价能力，在传统客车（指传统燃料动力客车包括燃油客车和燃气卡车）领域和新能源客车领域，是有所不同的。

1. 传统客车领域

中国的客车行业不同于卡车和轿车行业，也不同于国外客车行业。中国客车行业基本都不自造发动机、变速箱等核心零部件。传统客车产品的三大总成件全部采用外购方式。

反观欧美客车企业，如奔驰、沃尔沃、曼恩、依维柯等，全部都有自产的发动机，很多企业还自产变速箱。中国客车企业不自产核心零部件，一方面决定了其利润率不会太高；另一方面，也减少了客车企业之间的差异性。

在国内，能够提供发动机和变速箱的企业有几家，但是数量并不多，因此，客车行业核心零部件的生产商有一定的议价能力，但是并不算很强。

2. 新能源客车领域

新能源客车尤其是纯电动客车的核心零部件不再使用传统的发动机、变速箱等，而是使用"三电"——电控、电机和电池。相比传统客车核心零部件，中国客车行业在新能源客车的核心零部件上，自产或者参与生产的企业显然更多。

首先，有些客车企业本身就是造"三电"起家，而后造客车的，这些企业的核心竞争力就是其自产的电池（或电控）。比如，生产动力电池起家的比亚迪，其"三电"系统全部都是自产；生产电控系统起家的中国中车时代，其新能源车辆的控制系统全部都是自产；拥有美国锂电池专利的银隆新能源，也具备包括电池在内的新能源核心零部件系统的生产能力。

传统客车企业，如宇通客车等，则在电控系统方面拥有自己的核心技术。可以说，相对于传统客车产品，宇通、金龙、中通等老牌客车企业在新能源客车领域拥有更多的自制核心零部件的生产研发能力。不过，由于大多数客车企业都不自造电池，全部都选择外购电池，因此，在新能源客车大爆发的2015年，电池就成为了制约整个新能源客车销售的瓶颈。在这种情形下，客车企业对于电池等核心零部件的议价能力就很低。未来，伴随着电池企业不断扩大产能和更多的企业加入到生产电池的行列，客车用电池的产能将会过剩，届时，客车企业将会拥有更多的议价能力。

（五）现有竞争者之对抗态势

客车行业内，企业之间的竞争态势如何？这可以用两个字来形容，那就是"激烈"。

相比其他汽车细分领域，客车行业中的公司以民企为主，并且上市公司众多。客车行业以民企为主，并不是说没有国企，而是指排名靠前的都是民企。比如，几乎各大汽车集团都有客车板块：一汽、东风、上汽、北汽、长安、中国重汽等，但实际上除了北汽福田旗下的欧辉客车外，其他大集团的客车板块，都进入不了客车行业TOP10。

另外，客车行业并不大，但云集着多个上市公司，宇通客车、金龙汽车、中通客车、安凯客车与亚星客车等，这些公司都是以客车为主业，其中四个上市公司的名字就包含了"客车"。这些企业都是靠

客车吃饭的，因此，对于保住其固有的市场份额，可以说是会拼尽全力的。

另外，比亚迪、创维以及被格力收购后的银隆，也都是客车行业实力强劲的对手，现在它们不是在客车行业中，就是正准备进入。比亚迪有如此强的企业综合实力，为了发展客车板块，都是蛮拼的：一方面在各地投入巨资建厂（可以获得地方政府公交订单）；另一方面，其董事长王传福在海外也不忘大力推销比亚迪新能源客车。但即使如此，比亚迪2015年在客车行业也没有进入TOP10。

因此，用一句话来形容就是：客车行业有风险，入行请谨慎。

二 中国客车行业的国际竞争力

从上文可以看出，客车行业是个竞争激烈的行业。不过，也正是客车行业近乎完全竞争的态势，才练就了客车企业超强的市场适应能力。也可以说，是中国客车市场恶劣的竞争环境，让中国客车企业具备了行走全球的适应能力。本部分以迈克尔·波特的国家竞争优势理论为研究方法，来具体分析中国客车行业的国际竞争力。

迈克尔·波特认为，一个国家的某类产业是否具有竞争优势，可以从四大方面来考量——生产要素、需求因素、产业因素与同业竞争。

（一）理论分析：影响中国客车行业国际竞争力的四大因素

1. 生产要素

在迈克尔·波特的国家竞争优势理论中，一个国家的生产要素状况，包括了人力资源、天然资源、知识资源以及资本资源、基础设施。对中国客车行业而言，这几方面都具有比较好的条件。

在人力资源要素方面，无论是高技术人才还是普通技工，我国现在都有比较充足的供应。中国的人口红利也是支撑客车行业近年来快速发展的一个重要原因。

在天然资源方面，由于客车行业用到的天然资源并不多，因此，这个要素是否丰富对我国客车行业影响不大。

在知识资源方面，我国客车行业也有一定的优势。我国的客车行业已经有几十年的发展历史，行业中的诸多企业和科研机构都积累了大量的知识和经验。

资本资源对客车行业来说，并不一定算是优势，但一定不是劣势。客车行业这个不大的行业中，就有五家上市公司完全以客车生产为主业；还有很多客车品牌，其集团是上市公司，比如福田欧辉、比亚迪、银隆等。因此，客车行业可以说基本不缺钱。

从基础设施方面来看，改革开放后基础设施的大建设，已经让我国的基础设施完全能够支撑客车行业的快速健康发展。

综上所述，我国的客车产业在生产要素方面拥有相对较强的优势。

2. 需求因素

迈克尔·波特认为，国内需求对竞争优势的影响，主要通过三个方面进行。一是若本国市场有关产业的产品需求大于海外市场，则拥有规模经济，有利于该国建立起该产业的国际竞争优势。二是若本国市场消费者需求层次较高，则对相关产业获得国际竞争优势有利。因为老练、挑剔的消费者会对本国公司产生一种促进改进产品质量、性能和服务等的压力。三是若本国需求具有超前性，那么为它服务的本国厂商，也就相应地走在全球其他厂商的前头。

从第一个方面来看，中国目前拥有全球最大的客车需求量，中国每年几乎占据全球一半的客车销量，这让中国客车企业无疑拥有规模经济。比如，中国的宇通客车是全球最大的客车企业，宇通每年的客车产量约占全球的六分之一，这让宇通诸多研发成本摊销到每辆车上的成本更低。

从第二个方面来看，中国市场用户需求变化很快，中国客车企业

客车蓝皮书

满足用户需求的快速响应能力是最快的,对于用户个性化需求的满足能力也是最强的。这一点在海外竞争中,让很多欧美客户都非常满意。正是我国客车用户多样化的需求,以及要求的交货时间比较短,造就了中国客车企业较强的生产能力,能够满足最严苛的交货周期。因此,在很多重大赛事或者重大活动,比如多哈亚运会赛事用车的招标中,中国客车能够最终中标,就是因为其较短的交货周期;而国外客车厂商则无法完成。

从第三个方面来看,我国政府对新能源汽车的推动,以及中央对很多地方政府节能减排的要求,甚至直接要求新能源客车的比例,这些都使得我国新能源客车的需求远超国外。目前,中国的新能源客车有着全球最多的运营数量和最长的运行里程,这也让中国的新能源客车走在了世界的前列。

3. 产业因素

产业因素,即与企业有关联的产业和供应商的竞争力。一个国家若想取得持久的竞争优势,就必须在国内取得在国际上有竞争力的供应商和相关产业的支持。

事实上,中国客车企业现在已经是"买全球"和"卖全球"。中国客车行业巨大的产量,已经吸引了全球众多知名汽车零部件供应商的目光,因此在中国,不光有康明斯这样的世界发动机巨头,与中国客车企业展开了紧密的合作;博世、采埃孚、伊顿、福伊特、艾利逊、依维柯、米其林、大陆电子等世界汽车零部件巨头也都在中国设厂,并且和众多客车企业形成了配套关系。

除此之外,中国出口到国外的客车,也会选装当地主流的零部件,比如达夫(DAF)发动机等。借用这些当地零部件的售后服务网络,中国客车企业可以更好地为当地用户服务。

4. 同业竞争

迈克尔·波特认为,国内市场的竞争程度高低,对该国产业取得国际竞争优势有极大影响。国内市场的高度竞争会迫使企业改进技术及创新,从而有利于该国国际竞争优势地位的确立。

中国客车产业近30年来的竞争都异常激烈,能够生存下来并取得优势的企业,都是创新能力很强、具有强大竞争力的企业。

上文根据迈克尔·波特的竞争优势理论,分析了我国客车行业应该具有的国际竞争力的较好的资源禀赋,那么,实际上我国客车行业又是什么情景呢?

(二)实践研究:中国客车企业

1. 本土品牌占据中国客车市场

中国客车产业在改革开放后,就进入了快速发展阶段。改革开放后的20世纪80年代,中国客车的需求量快速上升。90年代,伴随着高速公路的逐渐普及,大量的国外品牌客车进入中国。

不过,到了21世纪,中国客车市场上几乎已经没有国外品牌,基本上都是中国客车品牌一统天下。

中国客车市场完全由本土品牌占领,这跟中国的其他汽车领域都不一样。中国的乘用车市场,基本上是合资生产的国外品牌占主导;中国的卡车市场虽然是中国本土品牌占优势,但主流企业中差不多有一半是合资或者有外资背景的企业。这也体现出,中国客车产业相对于乘用车和卡车产业,更有竞争力。

2. 中国客车的海外市场表现

中国客车不仅完全占领了中国国内市场,在海外市场其也有良好的表现。2014年,中国客车出口88071辆;2015年,客车出口有所下滑,但也有将近6万辆的数量(见表3)。而全球客车一年的销量也不过几十万辆。

另外,我国出口许多国家的客车产品均价超过5万美元,这说明我国客车出口不但数量巨大,档次也不低。

表3　2011~2015年我国汽车出口数量

单位：辆

种类	2011年	2012年	2013年	2014年	2015年
小轿车	372226	495481	424447	370943	307992
货车	322024	355514	310701	329613	252133
小客车	60482	71203	102901	99346	59271
客车	42415	54529	63053	88071	59170
未列名载人机动车	11515	9242	16232	28223	49726
特种车	12751	16666	16666	17552	17179
汽车底盘	2805	1476	4098	5037	3474
越野车	24311	4863	3043	5231	3020
其他载人机动车	3374	6938	6563	3980	2979
总计	851903	1015912	947704	947996	754944

近年来，中国客车出口呈现以下一些特征：

1. 从发展中国家逐渐出口到发达国家

中国客车最初都是出口到发展中国家和欠发达地区，后来逐渐出口到新兴市场国家。现在，中国客车正在进入欧美等发达国家市场。

无论是在英国的林荫道还是法国的香榭丽舍大街，见到中国客车无须惊讶。因为，欧洲市场已经开始逐渐接受中国品牌客车，比如，中国的宇通客车就在不久前被法国客车运营商联盟宣布成为法国未来10年运营客车的主要供应商之一。

2. 新能源客车占据优势

在传统动力客车领域，欧美的客车技术是最强的。不过要说新能源客车领域，那么中国客车可以说是"独占鳌头"。

中国新能源客车的运行数量在世界范围内最多，运行里程也属最长。通过自2009年开展的"十城千辆"示范工程，中国在新能源客车领域已经积累了大量的运行经验，并且通过零部件和客车企业的持续改进，中国的新能源公交车已经初步具备了商业运行的价值。

而国外的跨国客车巨头，虽然在传统燃油客车领域领先于中国客车，但在新能源客车领域不如中国客车有竞争力。因此，当一些国家需要新能源客车时，中国客车产品就成了首要选择。

近年来，中国新能源客车不断出现在世界各地。比如，比亚迪纯电动客车销售到英国、美国；宇通的新能源客车在法国试运行；福田欧辉的新能源客车销售到巴西等地；等等。

3. 中国客车成为一些国家市场的主要品牌，有的占其90%以上的市场份额

中国客车通过高性价比和良好的服务，已经成为很多国家的首选，在有些国家更是不二选择。比如，古巴的客车90%以上均为中国宇通；智利、委内瑞拉等国家，中国客车也是其首选。近年来，随着中国客车企业在海外KD工厂的不断建成，中国客车更是在某些国家市场成为主要品牌。

4. 中国客车未来的海外市场之路会怎样？

根据国际贸易的"雁行理论"，很多产业刚开始时最有优势的往往是欧美发达国家，伴随着这些国家人力成本走高，以及日韩等国的崛起，这些产业逐渐转移到日韩；之后，随着日韩的人力成本攀升，这些产业逐渐转移到"亚洲四小龙"。在"雁行阵"中，欧美等国为头雁，接下来是日韩，再往后是"亚洲四小龙"以及随后的"金砖四国"（中国、巴西、俄罗斯、印度）等。

全球客车行业也遵循了这样的转移路径。最初，海外市场基本都是欧美发达国家的客车；后来，日韩客车逐渐成为主流；现在，在出口贸易中，中国客车占据了最主要的地位。而且，根据迈克尔·波特的竞争优势战略，中国客车在全球市场的地位还将不断提升。

三 如何在客车行业取得竞争优势

通过上面的分析可以看到，中国客车行业本身是一个具备国际竞

争优势的行业，但同时也是一个竞争激烈的行业。所有准备进入这个行业，或者已经身处这个行业的企业，面对竞争激烈的市场环境，如何才能取得优势，出人头地呢？同样，本部分利用理论结合实际的办法来进行分析。

（一）如何在客车行业取得竞争优势

迈克尔·波特认为，企业在与五类竞争力量的抗争中，蕴含着三种成功型战略。这三种战略分别是：总成本领先战略、差异化竞争战略和专一化竞争战略。

在近乎完全竞争的客车行业，在核心零部件基本都是外购的客车行业，如果要做到差异化，往往需要整车企业拥有核心零部件的制造能力，比如拥有电池技术的比亚迪与银隆新能源、拥有电控系统技术的湖南中车时代；而能够执行专一化战略的客车企业，往往又具有地缘优势，比如北汽福田旗下的欧辉客车专注于服务北京公交。

如果一个客车企业既没有自产的核心零部件，也不具备地缘优势，那么要想在客车行业取胜，就只有一条路："总成本领先战略。"

（二）总成本领先战略

1. 何谓总成本领先战略

迈克尔·波特认为，"总成本领先战略"要求坚决地建立高效规模的生产设施，在经验的基础上全力以赴降低成本，抓紧成本与管理费用的控制，以及最大限度地减小研究开发、服务、推销和广告等方面的成本费用。

在迈克尔·波特看来，总成本领先地位极度吸引人。公司一旦取得了这样的地位，所获得的较高边际利润又能重新对新设备、现代设施进行投资，以此来维护成本上的领先地位，而此种再投资往往成为保持低成本状态的先决条件。

实际上，在客车行业，的确也存在强者愈强的"马太效应"，最初以总成本领先的客车企业往往能获得更多的销量，而更多销量带来了更高的利润，更高的利润就能加大研发投入以及管理创新，由此带来的则是更低的成本和更大的市场。

可以说，近年来，客车行业的龙头企业宇通的优势不断增强，份额持续扩大，盈利能力也远超行业平均水平。不但宇通越来越强，金龙汽车、中通客车的增长也快于行业平均水平，总体说来，中国客车行业一个明显的特点就是，大企业的份额越来越大，而小企业的生存空间越来越小。

2. 总成本最低需要考虑全产业链

迈克尔·波特指出，为达到总成本领先目标，需要在管理方面对成本给予高度重视。尽管质量、服务及其他方面也不容忽视，但贯穿于整个战略之中的必须是使成本低于竞争对手。一家公司成本较低，也就意味着当别的公司在竞争过程中已失去利润时，该公司仍可获得利润。

客车的总成本，既包括客车企业的制造成本，也包括采购的零部件成本以及营销成本。因此，赢得总成本优势就需要建立与原材料供应方、零部件供应方等的良好关系。宇通客车的企业文化有三点：崇德、协同与鼎新，其中的"协同"就包括与供应商的协同等。而宇通客车企业宗旨中的第一条，就是与所有合作方共同发展。可以说，宇通从采购开始就能够做到总成本领先，并且能一直保持并放大这个优势。

3. 如何做到总成本领先

总成本领先固然是好，不过，如何才能做到总成本领先呢？

分析一下宇通客车，也许就能了解其中一二。

首先，当然是规模要大。关于这一点，迈克尔·波特也认为要想做到成本领先，规模一定要做大。宇通的客车销量在行业中是最高

的，比第二名高出一倍以上，份额占到整个行业的四分之一。宇通2015年的客车销量达到6万多辆，也是全球最大的客车制造商。汽车行业属于规模制造行业，企业的生产规模对于产品成本有很大的影响。因此，从生产规模上就决定了其总成本会占据很大优势。

其次，宇通零部件的自制率很高。宇通的零部件体系和其他主流客车企业不太一样。宇通在传统动力客车领域虽然并不生产发动机、变速箱等零部件，但宇通集团旗下的"精益达"公司主要生产为宇通配套的各种零部件。作为同一集团内部的零部件公司，不但可以很好地控制质量，减少物流成本，还可以减少寻找考察零部件商的交易成本，更可以规避内部采购腐败。另外，在售后服务上，集团内部自制零部件的企业反应也更加敏捷，同时也能降低成本，提高响应速度。

宇通除了使用其旗下的"精益达"公司生产的零部件以外，也有很多零部件需要外购，不过，宇通与这些零部件公司做到了很好的"协同"，因此，宇通的整个零部件体系不管是自制的还是外购的，都可以做到成本领先。

而客车行业的大部分客车企业，其零部件基本上都是外购，因此，它们在与零部件商的质量控制、价格谈判、协同开发、售后服务等方面，与自制零部件率较高的车企相比，存在劣势，而且，整车企业还要让渡利润给零部件企业，因此，这也造成了众多客车企业的毛利率很低。有的客车企业甚至还会滋生零部件采购上的腐败，这不但进一步削减了客车企业的利润空间，同时产品质量也难以保证。

最后，宇通客车的销售以直销为主，即自建销售网络，而很多客车企业均采取经销或者直销+经销的模式销售。显然，直销模式的销售费用更低。

因此，从宇通的整个产业链来看，从供应链成本到制造成本，再到销售费用，都要低于行业平均水平。可以说，宇通真正做到了"总成本领先"。

（三）差异化竞争战略

可以看到，近年来一些行业外的资本陆续进入客车行业，并且表现出很强的竞争力。这些外来的"和尚们"有个特点，就是这些资本企业都在某些核心零部件方面拥有独特竞争力，这些独特的竞争力就构成了这些企业的差异化竞争力。

1. 何谓差异化竞争

差异化战略是指，将公司提供的产品或服务差异化，形成一些在全产业范围中具有独特性的东西。

除了比亚迪是差异化竞争的代表外，刚刚闯入客车行业的"黑马"——银隆新能源也是该类代表之一。银隆新能源具有独特的"钛酸锂"电池，走的也是不同于其他客车企业的"快充"模式，而且还正在打造从充电基础设施到客车制造等全套的新能源汽车产业链，表现出典型的差异化竞争特点。

另外还有湖南中车时代，其电控系统在中国新能源客车行业中的配套地位举足轻重。中车时代基于在电控领域的独特竞争优势，建立了其差异化的竞争优势。

2. 差异化竞争的优势和劣势

差异化竞争可以为企业赢得独特的竞争力，但是，波特认为，推行差异化竞争战略有时会与争取占有更大市场份额的活动相矛盾。推行差异化竞争战略往往要求公司对于这一战略的排他性有思想准备——这一战略与提高市场份额两者不可兼顾。在建立公司差异化竞争战略的活动中总是伴随着很高的成本代价，有时即便全产业范围的顾客都了解公司的独特优点，也并不是所有顾客都愿意或有能力支付公司要求的高价格。

因此，采取差异化竞争战略，不但需要企业有独特的优势，而且一旦采用了差异化竞争战略，有时会失去成本优势，有时则会失去更广泛的市场。这正是所谓的"鱼和熊掌不可兼得"。

3. 差异化竞争的案例

(1) 比亚迪差异化的产品与竞争策略

比亚迪的差异化竞争策略不仅体现在产品上,也体现在其营销模式上。首先,比亚迪并不生产客车整个产品线,比亚迪只做纯电动客车。一个连混合动力客车都不造的企业,更不要说造传统动力客车了。

另外,比亚迪纯电动客车的"三电":电机、电控和电池的自制率很高,这使得比亚迪的客车产品与其他客车产品相比有明显的差异性。

再有就是,比亚迪在全国乃至全球建立了多个工厂。"当地造"的新能源客车自然会受到当地政府(或公交公司)的更多青睐,因此,比亚迪走出了一条既非自销又非经销的销售模式。这条道路,在中国客车行业也是少有的。

(2) 银隆新能源的差异化竞争策略

进入客车行业不久的珠海银隆新能源有限公司,也称得上是一匹黑马。

2015年,很多业内人士在新能源客车销售TOP10上第一次看到了银隆这个名字。银隆不但以极快的速度"上位",而且还进入了北京这样高标准严要求的市场。

银隆新能源为何能如此快地"上位"?原因就在于他们走的是差异化路线:钛酸锂快充路线。2010年9月,银隆成功收购了拥有钛酸锂材料核心技术的美国奥钛公司53.6%的股权,成为其第一大股东,享有其独家技术许可权及在亚洲其他地区、新西兰、澳大利亚的非独家技术许可权,同时还可以利用该技术在大中华区生产电池电芯。

自2010年银隆产业化以来,其即以锂电池材料供应和锂电池研发、生产、销售为核心，集电动汽车动力总成及整车研发、生产、销售，智能电网调峰调频系统的研发、生产与销售、技术支持为一体，业务范围覆盖新能源客车全产业链的核心部分，打造出了一个全新的新能源客车产业集团。

2014年9月，银隆纯电动仿古客车"当当车"在环北京天安门观光线路投入运营，同年其纯电动公交车还荣膺第22届北京APEC会议官方指定用车；2015年，银隆呈现爆发式发展，产量一跃上升到3189辆，实现全年销售订单接近7000辆，年增长率高达2228%，销售总金额超过40亿元，迅速成长为国内新能源客车产业的领军企业之一，并大步迈进全球新能源企业500强行列。截至目前，银隆纯电动客车的销售范围已由广东、四川、北京、天津、内蒙古、河北等地辐射到全国23个城市，2015年销量行业排名第七位。

可以说，银隆新能源的快速"上位"，与其差异化的钛酸锂电池技术的"快充模式"，以及独特的金融模式和商业模式不无关系。

（四）专一化竞争战略

1. 何谓专一化战略

专一化战略是指，企业主攻某个特殊的顾客群、某个产品线的一个细分区段或某一地区市场。正如差异化战略一样，专一化战略也具有许多形式。

如果说，低成本战略与差异化战略都要求在全产业范围内实现其目标，那么专一化战略则是围绕着"较好地为某一特殊目标服务"这一中心思想来建立的，它所开发推行的每一项职能化方针都需要考虑这一中心思想。

专一化战略实施的前提是，公司业务的专一化可以更高效地为某一狭窄的战略对象服务，从而超过在较广范围中竞争的对手。迈克尔·波特指出，这样做的结果是公司或通过满足特殊对象的需

要,从而实现了差异化,或在为这一对象服务时实现了低成本,或二者兼得。

2. 专一化战略的优势和劣势

实施专一化战略的公司可以使其赢利的潜力超过产业的普遍水平,并能保护公司抵御各种竞争力量的威胁。但专一化战略常常意味着限制了可以获取的整体市场份额。专一化战略必然包含着利润率与销售额之间互以对方为代价的关系。

3. 专一化竞争战略案例

(1) 欧辉客车专注服务北京公交

福田欧辉客车作为北京的属地企业,当仁不让地成为北京公交集团的主要供应商之一。而欧辉客车也为北京公交打造出一套专一性的服务方案。从开发车型到售后服务,福田欧辉建立起全国独一无二的对北京公交的专属服务体系。

在服务政策方面,欧辉客车为了能与北京公交一起携手共赢,提供了定制开发、金融支持、无忧售后及二手车增值等360度"绿色无忧"服务解决方案。首先,在定制开发方面,欧辉客车针对北京公交需求,依据北京城市路况、客流量、使用环境等要素制定车辆配置优化方案;其次,在金融支持方面,欧辉客车为北京公交提供了包括按揭贷款、融资租赁在内的多种类金融服务支持;再次,在售后服务上,欧辉客车对北京公交同样实行专业化服务。比如,欧辉客车于2014年8月赠予北京公交20辆福田蒙派克E级商务车,其目的就是构建与完善"车辆技术保障平台"。该平台包括了"快速反应"与"联动服务"两大服务板块,可帮助北京公交巩固与强化技术服务能力,构建完备的辐射全市、布局合理、快速反应、救援有力的车辆保障体系。为确保北京公交的车辆技术保障平台高效运行,欧辉客车还提供了全面的解决方案。

福田欧辉的专一化服务,让北京公交更加青睐欧辉客车。也可以说，欧辉客车之所以能够成为北京公交的最大供应商，地缘优势是一方面，更重要的还在于其针对北京的"专一"化服务。

（2）"专一化"并非都合适

专一化战略，不但有可能不能实现市场全覆盖和更高的份额，而且，并不是每个企业都有专一化的资本。比如，有的企业本身没有核心零部件的优势，有的企业又没有区位优势。因此，对于大多数客车企业来说，总成本领先战略仍然是普遍适用的有效策略。

四 进入客车行业应该避免的陷阱

无论是客车行业围城内的企业还是围城外的企业，都应该避免犯一些错误。

（一）慎入客车行业

首先，对于那些还没有进入客车行业，正跃跃欲试想要进入客车行业的企业，一定要做足功课再进入。

尽管2015年很多客车企业由于国家对新能源客车的巨额财政补贴而盈利大涨，但是，这是不可持续的。2015年，国家四部委披露了下一阶段的新能源汽车示范应用政策，其中包括了2016~2020年新能源车补贴将退坡；2017~2018年补贴标准在2016年的基础上下调20%；2019~2020年补贴标准在2016年的基础上下调40%。同时，由于2015年新能源客车存在的"骗补"行为惊动了中央，2016年后的补贴申报、批准和拨付也都更加严苛。

目前，2016年的补贴政策尚不明确，本年的新能源客车销量大不如前，国家补贴更是要板上钉钉地大降。因此，越是"风"大，就越要防止风停。客车行业的新能源客车高补贴的东风，也许风头不劲了。当这股风过后，客车行业还是那个未来销量提升空间不大,并且被高铁和私家车持续抢走市场的客车行业。如果有很多人把客车行业当作是唐僧肉而趋之若鹜的话,那么就有可能偷鸡不成,反而蚀把米了。盲目进入客车行业不但不能赚大钱,反而会亏了本。

(二)专业化很重要

对于已经身在客车行业的企业来说,要想在激烈的竞争中取胜,保持对客车的专注很重要。

客车行业虽然盘子不大,增长不快,利润不厚,但是竞争异常激烈。要想在激烈的市场竞争中取胜,那就必须全力以赴。而要做到全力以赴,就要避免多元化。客车虽然属于汽车行业,但是跟乘用车、卡车的生产和经营模式有很大的区别,即使和欧系宽体轻客这样同属客车的细分领域相比也有区别。因此,很多企业实施多元化战略,反而影响了其客车业务。比如,黄海客车的母公司(辽宁曙光汽车集团)在大力发展包括皮卡、SUV、欧系轻客和卡车在内的业务后,其黄海客车业务板块不断下滑。2010年,黄海客车在国内客车行业的销售榜单上排名第10位;到了2015年,其排位竟然掉到了第20名。如果再往前看,2004年时,黄海客车在客车行业的排位可是第7名。在这些年里,"黄海"从客车品牌变成了汽车品牌,辽宁曙光汽车集团不断进入汽车行业诸多细分领域,形成SUV及皮卡、特种车以及欧系轻客等多个产品系列。此外,辽宁曙光汽车集团还涉足了卡车业务。黄海客车,随着母公司辽宁曙光汽车集团在乘用车以及卡车业务上的不断扩张,逐渐步入"消沉"。

再来看青年客车。2010~2015年,青年客车的年销量从3111辆下降到1020辆,累计下滑67.2%。青年客车本来是中国高端客车第一品牌,拥有很好的经营效益。不过,由于青年汽车集团海外收购萨博项目失利,以及对国内乘用车业务的巨额投资,青年客车不断

"失血",其间还一度传出停产传闻。2015 年,青年客车仍然没有恢复元气走出低谷,不禁让人唏嘘。

另外,很多客车"大腕"在"十二五"时期的 5 年里都涉足了这几个高利润的汽车领域:日系轻客、欧系轻客、SUV 和皮卡市场等。比如,厦门金龙和苏州金龙海格客车都涉足了日系轻客和欧系轻客,或许正是这些"大腕"将一部分精力分散到了其他汽车领域,而中通客车把所有的资源都集中到客车主业,因此才给了中通客车超越和追赶"行业大腕"的更多机会。

(三)努力降低成本对任何企业都是需要的

对任何一个客车企业而言,降低成本都要着眼于全产业链,包括从零部件的采购到工厂的生产;从研发、制造到销售体系的构建等。这里谈几个客车企业比较容易降低成本的做法。

1. 平台化、模块化与通用化

这个是汽车行业已经流行几十年的老套路。但这个老套路,对于降低成本还是非常有效的。平台化,可以有效降低车型的研发成本以及制造成本。模块化,同样对于降低制造成本、提高制造质量很有帮助。宇通客车和中通客车都在产品模块化生产方面做了大量改进工作,才使得它们降低了成本。

2. 精益生产

很多客车企业都比较重视技术创新和新车型的开发,但在生产创新和组织创新方面成果不多。另外,对于很多企业来说,生产创新和组织创新并不好开展,其成果也不好判断,而效果也不是能够立刻显现出来的。不过,现在也有一些比较好的管理系统,可以供客车企业贯彻。比如,宇通客车和中通客车等主流企业都针对生产管理体系上马了 SAP 等信息化系统,也请了咨询公司来帮助企业改善流程。

五 客车行业的未来之路

对于中国客车行业来说，近五年来的变化也许超过了以往的五十年。原因就在于，近五年来，新能源客车数量不断增加，新能源客车现在已经变成了客车行业中最重要的一个细分市场。因此，新能源客车的兴起导致客车行业竞争态势发生了很大变化，一些行业外资本进入客车领域后，成为行业内原有企业重要的竞争对手。

相比客车行业的传统老牌客车企业，这些外来企业，让客车行业发生了巨大的变化。比如，自造新能源客车的核心零部件。外来者比亚迪和银隆有一个共同点，就是新能源客车的三电系统（电机、电控和电池）大部分都不需要外购，而是自己生产。另外，在商业模式上，这些新进入者和传统客车企业也有很大的不同，比如，比亚迪会在全国乃至全球的很多城市设立工厂，从而取得当地政府的大力支持，而银隆采取的则是"零元购车、十年租赁、十年质保、整车替换"的商业模式。

可以预见的是，未来中国客车产业的新能源化趋势还是会加剧，在行业发生巨变的同时，市场竞争格局也一定会发生巨大的改变：一些在新能源客车领域没有更大优势的老牌客车企业在逐渐衰退，一些拥有独特技术的新企业不断崛起；以前不生产核心零部件的客车企业，逐渐掌握了新能源客车核心零部件的关键技术……得益于新能源客车，中国客车不但走进了发展中国家和新兴市场国家，现在更是走进了世界发达国家和地区。

参考文献

1. 〔美〕迈克尔·波特：《竞争战略》，陈小悦译，华夏出版社，2005。

2. 付拥民、成思思：《珠海银隆：打造新能源闭合式循环产业链》，《中国能源报》2015 年 12 月 3 日。
3. 毛剑：《两部委启动交通基础设施重大工程建设三年行动》，《中国交通报》2016 年 5 月 11 日。
4. 陈璐、孙杨：《新常态背景下的"供给侧改革"》，《思想政治课教学》2016 年第 1 期。
5. 武文亮：《〈国家竞争优势〉对中国经济发展之启示浅探》，《经济研究导刊》2013 年第 31 期。
6. 肖艳霞、刘江涛：《国际竞争优势理论及借鉴与建议》，《决策探索（下半月）》2011 年第 14 期。
7. 谢晶：《中国对美国农产品出口竞争力研究》，哈尔滨商业大学硕士学位论文，2010。
8. 沈烈初：《关于机械工业供给侧结构性改革的思考》，《表面工程与再制造》2016 年第 2 期。
9. 王智佳：《中央经济工作会议关键词猜想：将怎样影响 A 股?》，《证券时报》2015 年 12 月 7 日。

B.2
2015年客车市场盘点及2016年客车行业展望

谢光耀*

摘　要： 在年产销量超过2000万辆的中国汽车市场上，客车是一个十分值得研究的细分行业。一方面，客车作为承载中国民众出行的重要交通工具，其销量虽然占比非常小，只有1%，但却是公路客车运输领域的主力军；另一方面，自从2009年我国新能源汽车示范应用工程启动以来，新能源客车就成为了新能源汽车行业的排头兵和先锋队，其每一步发展和进步，无不吸引着全国人民甚至全世界民众的目光。

尤其是，在"十二五"末的2015年，新能源客车的井喷式增长，让中国客车市场呈现出戏剧般的发展态势。

关键词： 新能源客车　座位客车　公交客车　校车

一　客车市场2015年总结

"十二五"期间，中国客车市场的增长速度明显放缓。如图1所示，2011～2015年，客车行业的五年复合平均增速只有5.5%，而

---

* 谢光耀，经济学硕士，法学学士，师从中国人民大学郑水泉教授，曾任中国汽车报社《商用汽车新闻》执行主编、《中国汽车报》商用车专刊主编，现任"第一商用车网"总编辑，同时还是美国格理集团专家团成员和多家投资银行及证券机构特约专家顾问。

"十一五"期间的年均增速达到了12.9%。而且,在2011~2015年的五年间,只有一年,也即2015年的增长率超过了两位数,达到15.55%,但这还是新能源客车当年井喷推动的结果;2013年和2014年这两年的同比增速均在1%以下;2011年和2012年的增幅只有个位数,分别为5.82%和5.17%,跟"十一五"末2010年27%的增速相比,增幅可以说是断崖式的大幅回落。

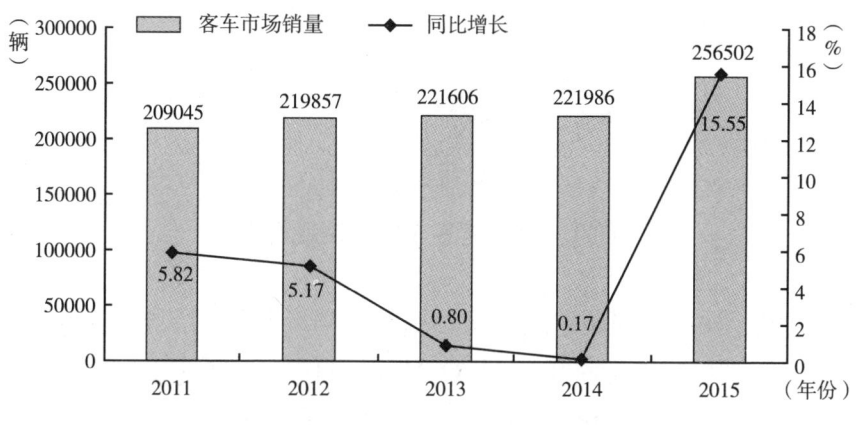

图1 客车市场2011~2015年销量走势

具体到2015年,根据中国客车统计信息网的行业销量统计数据,2015年我国5米以上客车市场整体销量为25.65万辆,同比增长15.55%(以下所谈到的客车市场,均为车长5米以上的客车市场)。这个数值,可以说是创了客车行业的历史新高,让我国继续稳定地保持着全球客车制造第一大国的地位。但如果剔除新能源客车的因素,客车行业当年销量实际上是下滑的,其中的隐忧仍值得关注。"新能源客车井喷式增长,传统燃料客车大幅下降",是2015年中国客车市场的典型特征。

2015年客车类型销量占比见图2。

从客车市场2014~2015年月度销量走势图(见图3)可以看到,我国客车市场2015年前三个季度销量基本上与上年同期持平,但却在当年四季度出现爆发式增长。2015年1~9月,客车市场整体销量为

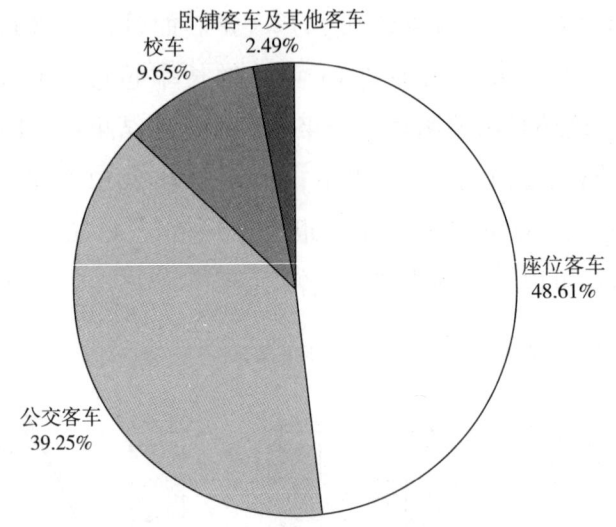

图 2　2015 年客车类型销量占比

156511 辆,比上年同期只微增长 2%;而 2015 年 10 月,客车市场的月销量达到 23689 辆,同比增长 42.17%;11 月销量同比进一步增长 49.21% 至 29758 辆;当年 12 月份,客车市场销量同比增长 37.92%,达到 43763 辆。2015 年第四季度的客车市场销量达到 97210 辆,同比增长 42.25%,净增量达到 28874 辆。这种异常的、罕见的季度性和月度性大幅增长,其直接驱动力便是新能源客车的迅猛发展。

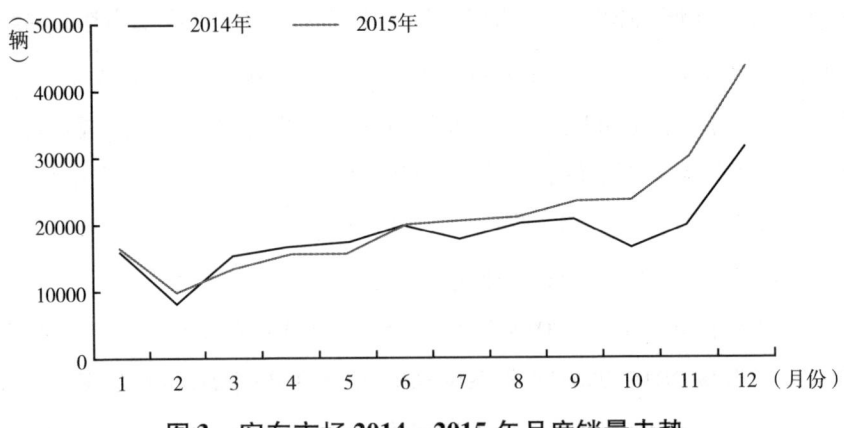

图 3　客车市场 2014~2015 年月度销量走势

（一）新能源客车"十二五"末异军突起

在2015年25.65万辆的客车销量中，座位客车占比48.61%，销量为124676辆，同比增长14.30%；公交客车占比39.25%，销售为100688辆，同比增长19.45%；校车占比9.65%，销量为24740辆，同比微弱增长0.31%。而在座位客车和公交客车这两个看似不错的细分市场上，其快速增长都得益于新能源客车（包括纯电动客车和混合动力客车）市场的推动。可以说，新能源客车市场在2015年的客车市场上，充当了"救世主"的角色。2015年，如果没有新能源客车市场的助阵，客车市场销量的下滑不可避免；因为有了新能源客车市场销量的迅猛上涨，客车市场才得以从低迷走向高涨，毫不夸张地说，中国新能源客车市场惊人的销量表现，一度引起了世界的关注。

1. 新能源客车爆发增长的原因

2015年，受GDP增速持续放缓和高铁冲击带来公路客流量下降，以及新能源客车对传统客车的替代等多重因素的"挤压"，传统燃料动力客车的整体形势不容乐观，市场销量同比下降13%左右。一方面，传统燃料（燃油、天然气）客车市场低迷，销量下滑；另一方面，新能源客车尤其是纯电动客车市场爆发，产销量飞快攀升。按照中国客车统计信息网的统计数据，国内新能源客车市场2015年总销量达到78409辆，比2014年的17321辆增长353%，行业销量占比从3%提高到13%。其中，混合动力客车销售18277辆；纯电动客车达到60132辆，同比增长近8倍。而按照工信部合格证产量统计数据，2015年全年新能源客车市场容量更是惊人：总产量达到112396辆，同比增长310%，其中纯电动客车生产88248辆，比2014年的12904辆净增长7.5万辆，同比增幅达到584%；混合动力客车生产24148辆，同比增长66%。（新能源客车产销量有多个统计口径，本文重点以工信部合格证产量统计数据为基础分析数据——编者注。）

新能源客车市场尤其是纯电动客车市场能在2015年出现爆发式的增长,直接原因就是国家政策的扶持。根据财政部、工信部、科技部、国家发改委四部委发布的《关于继续开展新能源汽车推广应用工作的通知》以及《关于2016~2020年新能源汽车推广应用财政支持政策的通知》,2015年是2013~2015年新能源汽车推广应用阶段的最后一年,这一年里,6~8米纯电动客车(6米≤车身长度(L)<8米)仍可享受30万元/辆的财政购置补贴,8~10米纯电动客车(8米≤车身长度(L)<10米)可享受40万元/辆的财政购置补贴,10米及以上纯电动客车(车身长度(L)≥10米)可享受50万元/辆的财政购置补贴;从2016年开始,虽然新能源客车的补贴仍有,但补贴标准就复杂了许多,一方面加入了"E_{kg}"这个"单位载质量能量消耗量"的考核值,对纯电动客车按照Ekg、续驶里程进行补贴分类,而不像原来那样,单纯按照客车车长来补贴;另一方面,即使按照最高标准来补贴,6~8米(6米<车身长度(L)≤8米)、8~10米(8米<车身长度(L)≤10米)和10~12米(10米<车身长度(L)≤12米)纯电动客车最高分别只能享受到每辆25万、40万和50万元的购置补贴(见表1)。

这样算下来,8~10米和10~12米车型的纯电动客车最高补贴额相比2015年没有变化;但6~8米车型的纯电动客车2016年要减少至少5万元/辆的补贴(相比2015年),如果地方补贴配套金额是1:1,那么一辆车就少了10万元的财政购置补贴。因此,为了赶上"最后一班车",享受到高额的国家和地方财政补贴,各家新能源客车企业2015年纷纷拼抢6~8米车型的纯电动客车市场。其结果就是6~8米车型的纯电动客车占到了整个纯电动客车市场50%~60%的比重,纯电动客车市场呈现大中轻型不均衡发展的态势,轻型纯电动客车占比过高,补贴也过高,为2016年国家严查新能源汽车"骗补"和调整补贴政策埋下了伏笔。

与以往年份新能源客车以城市公交车型为主有所不同的是,2015年,新能源客车市场覆盖了各个细分领域,无论是城市公交还是座位客车，新能源客车都获得了大批量的推广应用。据统计，2015年，国家和地方针对新能源汽车的补贴超过300亿元，但由于我国新能源汽车补贴政策比较粗放，缺乏完善的监管措施，新能源汽车行业"重生产、重销售、轻使用"，"重补贴、重扩能、轻研究"的现象十分普遍和突出，再加上地方保护主义严重，使得行业中研发投入多、技术实力强的客车企业还不能完全脱颖而出，优势企业的市场集中度相对不高，各种问题和乱象亟待梳理解决。

表1 2016年纯电动、插电式混合动力客车推广应用补助标准

单位：万元/辆

车辆类型	单位载质量能量消耗量 (E_{kg},Wh/km·kg)	标准车(10米<车长≤12米)					
		纯电动续驶里程 R(等速法、公里)					
		6≤R<20	20≤R<50	50≤R<100	100≤R<150	150≤R<250	R≥250
纯电动客车	E_{kg}<0.25	22	26	30	35	42	50
	0.25≤E_{kg}<0.35	20	24	28	32	38	46
	0.35≤E_{kg}<0.5	18	22	24	28	34	42
	0.5≤E_{kg}<0.6	16	18	20	25	30	36
	0.6≤E_{kg}<0.7	12	14	16	20	24	30
插电式混合动力客车(含增程式)		/	/	20	23	25	

注：表中补助标准以10~12米车型的客车为标准车给予补助，其他长度车型的纯电动客车补助标准按照表中单位载质量能量消耗量和纯电动续驶里程划分，插电式混合动力客车（含增程式）补助标准按照表中纯电动续驶里程划分。其中，6米及6米以下车型的客车按照标准车的0.2倍给予补助；6~8米车型的客车按照标准车的0.5倍给予补助；8~10米车型的客车按照标准车的0.8倍给予补助；12米以上车型的和双层客车按照标准车的1.2倍给予补助。

2. 纯电动客车暴增，混合动力客车发展稳健

根据工信部合格证产量统计数据，2015年我国新能源客车总产量达到112396辆，同比大幅增长310%；其中，纯电动客车占据主体地位，在新能源客车行业中的占比达到78.52%。纯电动客车的发

展速度远高于混合动力客车,主要原因是国家政策向纯电动方向倾斜。2012年6月28日国务院发布的《节能与新能源汽车产业发展规划(2012~2020)》中提出:中国新能源汽车产业发展的技术路线是"以纯电驱动为新能源汽车发展和汽车工业转型的主要战略取向,当前重点推进纯电动汽车和插电式混合动力汽车产业化,推广普及非插电式混合动力汽车、节能内燃机汽车,提升我国汽车产业整体技术水平"。主要目标是:"到2015年,纯电动汽车和插电式混合动力汽车累计产销量力争达到50万辆;到2020年,纯电动汽车和插电式混合动力汽车生产能力达200万辆、累计产销量超过500万辆,燃料电池汽车、车用氢能源产业与国际同步发展。"

在这个产业发展总纲领的指导下,纯电动客车所获取的国家补贴和资源投入要远高于混合动力客车。以2013~2015年补贴政策为例,纯电动客车可以享受30万~50万元/辆的国家补贴,而且享受补贴的客车覆盖6~12米的车型;而混合动力客车只有10米及10米以上的车型才能享受25万元/辆的国家补贴。孰轻孰重,市场和企业自然看得明白,算得清楚。

2015年纯电动客车与混合动力客车产量占比见图4。

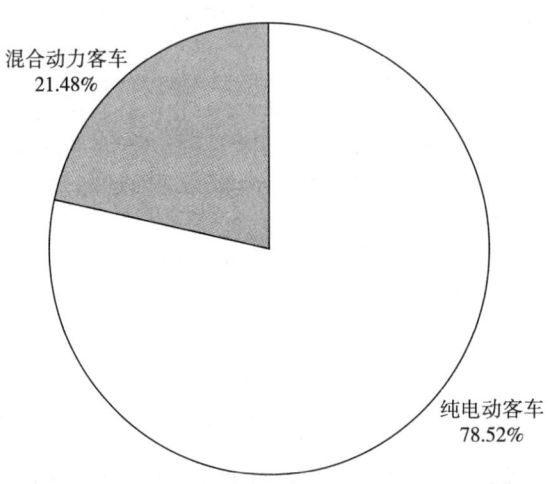

图4 2015年纯电动客车与混合动力客车产量占比

3. 新能源客车产业集中度低，仍处于发展初期

在2015年这场新能源的"饕餮盛宴"中，大量客车企业和非客车企业涌入其中淘金，市场的发展还处于初期阶段，产业集中度低，"优胜劣汰""强者愈强"的马太效应还没有显现。这一点，跟传统燃料动力客车市场完全不同。在传统客车市场，以宇通客车、中通客车、厦门金龙、苏州金龙和厦门金龙旅行车（厦门金旅）为代表的"两通三龙"，多年来一直是行业前五强，2015年合计市场占有率达到55.87%，其中宇通一家就达到26.13%。这些主流企业在研发投入、技术储备、产品品质、商品性能等方面，都称得上是整个行业的标杆，它们的一举一动，都影响着行业的发展方向。

客车市场的集中度不断提高，对于产业的健康良性发展意义重大：它一方面意味着技术研发投入大、产品质量更有保障的客车制造企业获得了市场和用户的更多青睐，有助于带动产业的技术进步和产品整体品质升级；另一方面，往大的方面说，客车产业的技术升级，能够大幅提高我国道路运输装备业的品质和技术，更好地保障道路交通安全和民众出行安全。此外，由于我国已经是全世界最大的客车制造大国，因此，行业内优势企业的成长与壮大，以及客车研发技术和生产工艺的不断进步和提高，能够更好更快地推动我国从"客车大国"向"客车强国"转变。

在新能源客车市场上，由于市场还处于起步阶段，竞争格局不稳定，大量业外企业涌入，因此，目前还没有一家份额超过20%的强势企业，而且，行业前五强排名也一直在变化当中。2015年，新能源客车前五强分别被宇通客车、苏州金龙、中通客车、南京金龙和比亚迪摘取，其产量分别为19784辆、10541辆、10224辆、8832辆和5605辆；市场份额分别为17.60%、9.38%、9.10%、7.86%和4.99%，前五强合计份额为49%，未超过50%。对比来看，宇通客车虽然保持第一，但份额也未超过18%，而其在客车整体市场的份

表2　客车市场主流企业销量及份额（5米以上车型）

企业	2015年（辆）	2014年（辆）	同比增长（%）	2015年份额（%）	2014年份额（%）	份额变化（个百分点）
市场总计	256502	221986	15.55	100.00	100.00	0.00
宇通客车	67018	61398	9.15	26.13	27.66	-1.53
厦门金龙	15578	14564	6.96	6.07	6.56	-0.49
厦门金旅	14141	12902	9.60	5.51	5.81	-0.30
苏州金龙	29056	25615	13.43	11.33	11.54	-0.21
中通客车	17505	12795	36.81	6.82	5.76	1.06
东风襄旅	10993	6138	79.10	4.29	2.77	1.52
安凯客车	10017	10454	-4.18	3.91	4.71	-0.80
南京金龙	9359	1890	395.19	3.65	0.85	2.80
少林客车	8576	9762	-12.15	3.34	4.40	-1.05
福田欧辉	8148	5928	37.45	3.18	2.67	0.51
东风超龙	7809	7825	-0.20	3.04	3.52	-0.48
桂林客车	6229	5975	4.25	2.43	2.69	-0.26
比亚迪	5400	2533	113.19	2.11	1.14	0.96
扬州亚星	4492	4281	4.93	1.75	1.93	-0.18
长安客车	3891	3882	0.23	1.52	1.75	-0.23
其他	38290	36044	6.23	14.93	16.24	-1.31

注：2014年比亚迪和南京金龙未向中国客车统计信息网上报数据；数据来源为中国汽车工业协会和工信部合格证产量统计数据。

额达到了26.13%；苏州金龙新能源客车的市场份额为9.38%，与其在客车整体市场的份额（11.33%）有一定差距；中通客车新能源客车的市场份额为9.1%，超过它在客车整体市场的占有率（6.82%）（见表2）。但即使是这新能源客车的前三强，排名同样不够稳定：宇通客车在2014年新能源客车市场中排名第一，但在当年纯电动客车市场中排名第三；中通客车在2014年新能源客车市场中只排名第五；苏州金龙2014年在新能源客车市场中排名第三（见表3、表4）。

2015年，前三名之后的新能源客车企业排位变化同样很大：比亚迪2014年排名行业第二，2015年跌落至第五；东风汽车2014年排名第十，2015年跃升至第六；两条"金龙"——厦门金龙和厦门金龙旅行车（厦门金旅）虽然在整个客车市场排名靠前，但在新能源客车市场上表现却一直不理想，厦门金龙2015年排名行业第八，2014年排名行业第九；厦门金旅2015年排名行业第七，2014年排名行业第八。可以预见，2016年，随着国家对新能源汽车补贴政策的调整，新能源客车行业竞争格局的变化还会进一步加剧。

表3 2015年国内新能源客车产量一览

企业	2015年（辆）	2014年（辆）	累计增长（%）	2015年份额（%）	2014年份额（%）	份额变化（个百分点）
宇通客车	19784	7240	173.26	17.60	26.41	-8.81
苏州金龙	10541	2380	342.90	9.38	8.68	0.70
中通客车	10224	1689	505.33	9.10	6.16	2.94
南京金龙	8832	1890	367.30	7.86	6.90	0.96
比亚迪	5605	2603	115.33	4.99	9.50	-4.51
东风汽车	5316	331	1506.04	4.73	1.21	3.52
厦门金旅	4894	681	618.65	4.35	2.48	1.87
厦门金龙	4193	675	521.19	3.73	2.46	1.27
九龙汽车	3831	280	1268.21	3.41	1.02	2.39
北汽福田	3514	1607	118.67	3.13	5.86	-2.73
珠海银隆	3189	137	2227.74	2.84	0.50	2.34
安凯客车	3100	997	210.93	2.76	3.64	-0.88
其他	29373	6901	325.63	26.13	25.18	0.95
合计	112396	27411	310.04	100.00	100.00	0.00

注：表中数据包括纯电动客车和混合动力客车。

"十二五"后期,为了赶上新能源汽车的这波景气浪潮,大量客车行业外的资本甚至汽车行业外的资本涌入客车行业跑马圈地,希望在新能源客车行业分得一杯羹。据不完全统计,国内从事新能源客车开发生产的企业已经超过100家,比2009年"十城千辆"新能源汽车示范工程启动以前的客车企业数量增长了60%以上,与之相伴随的是新能源客车行业粗放式的产能扩张,导致整车产能利用率不高,产能过剩严重。有数据显示,目前国内客车整体产能预计超过70万辆,而销量不到30万辆,产能利用率约为43%。如何引导新能源客车行业从粗放式增长转向集约式增长,鼓励技术投入和创新,提高企业自身核心竞争力,将是"十三五"期间摆在客车行业的一大难题。

此外,由于新能源客车的购买和运营都享受地方补贴,地方政府在车辆购买方面拥有很大的话语权和决策权,这就引发了新一轮的地方保护主义。在地方保护的"羽翼"下,很多前几年已经濒临倒闭的当地小型客车企业借助新能源大潮起死回生甚至获得大幅增长,这对于提高我国新能源客车产业的整体技术水平和产品质量档次是非常不利的。推动新能源客车市场的健康可持续发展,仍然任重道远。

表4 2014~2015年纯电动客车产量排行

企业	2015年(辆)	2014年(辆)	累计增长(%)	2015年份额(%)	2014年份额(%)	份额变化(个百分点)
宇通客车	13436	1884	613.16	15.23	14.60	0.63
南京金龙	8796	1890	365.40	9.97	14.65	-4.68
中通客车	8191	345	2274.20	9.28	2.67	6.61
苏州金龙	6670	1215	448.97	7.56	9.42	-1.86
比亚迪	5605	2603	115.33	6.35	20.17	-13.82
东风汽车	5191	196	2548.47	5.88	1.52	4.36
九龙汽车	3831	280	1268.21	4.34	2.17	2.17

续表

企业	2015年（辆）	2014年（辆）	累计增长（%）	2015年份额（%）	2014年份额（%）	份额变化（个百分点）
珠海银隆	3189	137	2227.74	3.61	1.06	2.55
厦门金旅	3027	126	2302.38	3.43	0.98	2.45
北汽福田	2579	838	207.76	2.92	6.49	-3.57
厦门金龙	2526	54	4577.78	2.86	0.42	2.44
安凯客车	2226	952	133.82	2.52	7.38	-4.86
其他	22981	2384	863.97	26.04	18.47	7.57
合计	88248	12904	583.88	100.00	100.00	0.00

（二）座位客车市场形势严峻

作为客车行业中占比最大的细分市场，座位客车（主要包括班线客车、旅游客车、团体通勤班车等几个品种）一直是支撑客车行业销量的主力军。最近十年，座位客车的总体销量占比多数在50%以上，最高时达到68.10%（2007年），最近几年由于公交客车市场的快速增长，其占比逐年走低，2013年首度降到50%以下（49.14%），2014年降到48.61%，2015年重新回到50%以上，上升到50.48%。2014~2015年座位客车销量对比如表5所示。

表5 2014~2015年座位客车销量对比

单位：辆

年份	总计	12米<L	11米<L≤12米	10米<L≤11米	9米<L≤10米	8米<L≤9米	7米<L≤8米	6米<L≤7米	5米<L≤6米
2015	124676	887	28513	11980	5975	14111	15337	21234	26639
2014	109076	830	23665	10916	6072	16012	16684	16773	18124
同比增长（%）	14.30	6.87	20.49	9.75	-1.62	-13.47	-8.78	26.60	46.98

注：L指"车长"。

从图5可以看到，座位客车市场在2015年一反前几年的低迷颓势，出现了14.30%的正增长。在整个"十二五"期间，2015年的座位客车成绩是最显著的。2011年，座位客车销量为13.64万辆，同比微增3.76%；2012～2014年，座位客车每年销量都是下降的，分别同比下降了10.46%、7.50%和3.46%；到2015年，座位客车总体销量陡然上升，增幅超过了14%，净增量达到1.56万辆，但所有的增量都是新能源座位客车贡献的，其中绝大部分都是租赁和通勤用途的座位客车（见图5）。

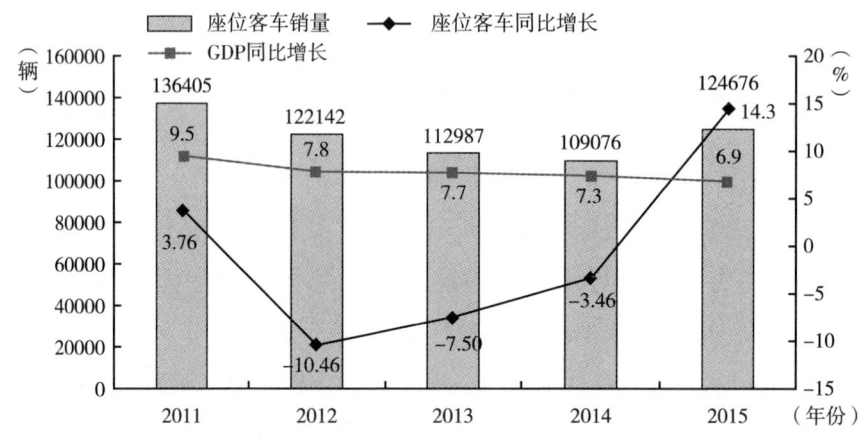

图5 GDP变化与座位客车销量历年走势

也就是说，剔除新能源座位客车，座位客车市场整体仍然是下降的。这也符合"十二五"客车市场的发展大势：公路运力过剩，传统燃料动力（非新能源）座位客车受到经济增速放缓和铁路的冲击，销量不断下滑，公路客运的黄金时代已经一去不复返。

1. GDP增速与客车增速的关系

传统燃料动力座位客车的发展速度，跟两个因素有直接关系。其一是GDP增速；其二是铁路客运的影响。

作为商用车辆的一个分支，无论是承载单位员工通勤客运任务的团体通勤班车,还是承担道路客运任务的班线客车,仍然属于生产资料性质,都跟 GDP 和宏观经济密切相关(见图 5)。GDP 对这个行业的影响表现在:GDP 增速下降,意味着经济活力下降和经济活动减少,与经济活动相关联的客流、商流、物流等方面的流动都会有不同程度的下降。而客流量和商流量持续降低,就会减少人们乘坐客车出行的频率和次数,进而导致经营客车运输的道路运输公司利润下降甚至亏损,使得它们对新车购买的需求下滑。这是一个经济传导机制,因此,最近几年 GDP 从高速转为中速,客车尤其是座位客车的需求量持续下降是不可避免的事情。

2. 公铁竞争

公铁竞争对班线客运市场的冲击,在 2015 年仍然趋于显著化。公路和铁路这对客运行业矛盾体的竞争,从"十一五"开始就日趋激烈,"十二五"期间动车和高铁对公路客运行业的挤压,尤其明显。交通运输部发布的《2015 年交通运输行业发展统计公报》显示,2015 年末全国铁路营业里程达到 12.1 万公里,比上年末增长 8.2%。其中,高铁营业里程超过 1.9 万公里。根据方得网此前的实地调查,基本上各地开通动车和高铁之后的公路客运班线,上座率都大幅下降(尤其是中长途班线),道路运输企业的营业收入和利润也大幅度下滑。随着许多中长途公路客运线路的萎缩,道路运输企业对传统燃料座位客车尤其是 10 米以上大型座位客车的需求也在持续下降。

关于这一点,从一组数据中也可一见端倪:根据交通运输部发布的《2015 年交通运输行业发展统计公报》,2015 年,全国铁路完成旅客发送量 25.35 亿人,旅客周转量 11960.60 亿人公里,比上年分别增长 10.0% 和 6.4%;全国营业性客运车辆完成公路客运量 161.91 亿人、旅客周转量 10742.66 亿人公里,比上年分别减少 6.7% 和 2.3%,平均运距 66.35 公里。一升一降,公铁竞争中谁是胜者,显而易见。

（三）公交客车仅有轻型客车增长

2015年的公交客车市场，基本上围绕"新能源"来展开，传统燃料公交客车市场乏善可陈。表6显示，2015年我国车长5米以上公交客车市场总销量为100688辆，比上年的84291辆增长了19.45%。这个增幅，也是"十二五"期间国内城市公交客车市场年销量的最高增速。从图6可以看到，"十二五"期间，我国公交客车市场的年均复合增长率是10.54%，2015年的同比增长率已经大大超过了年均增速。与之相呼应的是，2015年公交客车销量在客车总销量中的占比也达到近十年来的历史最高点。从2006年到2014年，公交客车占比的历史最高点是2014年，占比为37.97%；2015年的公交客车销量占比再度突破上一年度，达到创纪录的39.25%。

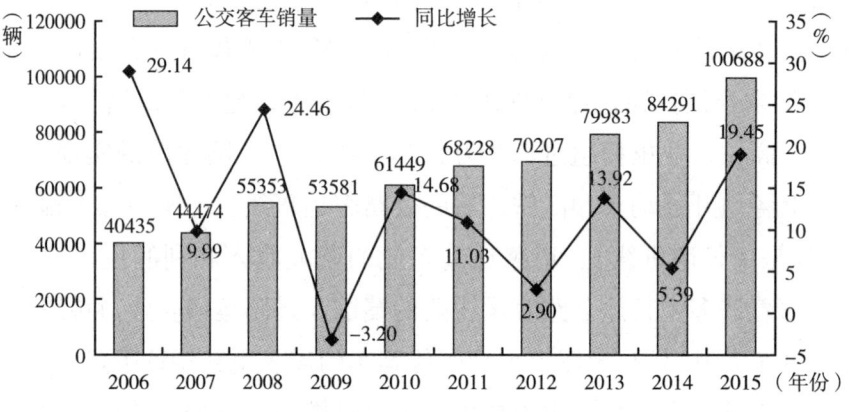

图6 2006~2015年公交客车销量走势（车长5米以上）

公交客车占比的再创纪录，很显然是受到了新能源客车2015年"井喷"的推动。2015年，新能源客车的年产量达到112396辆，同比增长310%。其中纯电动客车生产88248辆，混合动力客车生产24148辆。作为国家"公交优先"政策中的车辆装备和交通承载工具，城市公交客车毫无疑问是新能源客车爆发式增长的直接受益者之一。但是，值得关注的是，大型、中型和轻型公交客车的表现却差异很大。

由表6可见，2015年，车长10米以上的大型公交客车销量为47864辆，同比下降了1.51%；其中，车长12米以上的车型销量同比下降25.84%；11米＜车长≤12米的车型销量同比下降11.95%。7米＜车长≤10米的中型公交客车销量为27631辆，同比也是下降的，下降幅度达到3.08%；其中，9米＜车长≤10米的车型销量同比下降幅度达到28.27%，7米＜车长≤8米的车型销量下降幅度为16.20%。只有一个细分市场的公交客车表现抢眼，就是5米＜车长≤7米的轻型公交客车，其2015年销量为25193辆，同比大幅增长250.73%，净增量达到1.8万辆；其中6米＜车长≤7米的车型的销量增幅更是达到了310.47%，增速非常惊人。6米＜车长≤7米的车型增速这么猛，原因正是之前提到的政策推动力：2015年是车长6~8米纯电动客车市场享受买一辆车即可得30万元高额购车财政补贴的最后一年。

表6 公交客车市场2014~2015年销量对比

单位：辆

年份	总计	12米＜L	11米＜L≤12米	10米＜L≤11米	9米＜L≤10米	8米＜L≤9米	7米＜L≤8米	6米＜L≤7米	5米＜L≤6米
2015	100688	1604	22515	23745	3954	14624	9053	23294	1899
2014	84291	2163	25570	20865	5512	12195	10803	5675	1508
同比增长（%）	19.45	-25.84	-11.95	13.80	-28.27	19.92	-16.20	310.47	25.93

注：L指"车长"。

（四）校车市场前景堪忧

校车市场在"十二五"时期的发展，属于阶梯式的增长。2011年11月16日，在甘肃省庆阳市正宁县榆林子镇西街道班门口，一辆

货车与一辆榆林子镇幼儿园校车迎面相撞,事故共造成21人死亡、43人受伤,其中19名死者是幼儿。受到这起重大恶性事故的刺激和推动,国家相关部委开始重视正规校车的发展,并出台了一系列校车安全法规和法律规范。在此之前,校车市场基本上属于无序发展,大量黑车和不安全车辆充当校车,导致各地校车安全事故不断发生。

从图7可以看出,从2012年起,由于国家出台了多项专用校车安全法规,包括《校车安全管理条例》、《专用校车安全技术条件》(GB24407-2012)和《专用校车学生座椅系统及其车辆固定件的强度》(GB24406-2012)等,正规校车(含专用和非专用)开始进入统计口径并被客车行业所重视,销量也在这一年里获得了飞速增长,当年销量就达到25695辆。但遗憾的是,关于校车购置的国家财政补贴政策一直没有出台,再加上"十二五"后期社会热点事件太多,校车作为其中一个热点事件逐渐被边缘化,这导致从2012年直至现在,校车市场的年销量都保持在2.5万辆左右,校车产业未能获得持续稳定的发展。2012年,中国客车统计信息网统计的校车市场销量是25695辆,2013年反而下降0.46%至25577辆;2014年下降3.57%至24663辆;2015年出现一个微增长,达到24740辆。从销量占比来看,2012~2015年的校车销量在客车总销量中的占比越来越低,2012年占比是11.69%,此后一路下降,到2015年下降到9.65%,反映出这个事关学童出行安全的产业仍然很脆弱,急需国家政策的大力扶持。

2015年,校车市场的集中度进一步提高,宇通客车、桂林客车、东风超龙客车、长安客车、少林客车、友谊客车、上饶客车和中通客车这些行业销量前八强企业的合计份额达到83.28%,比2014年提高了6.3个百分点。其中,宇通客车一家就占了33.35%的市场份额。这家客车企业从很多年前开始就一直在持续关注校车市场,并投入了大量研发资源进行专用校车产品开发,2014年和2015年的市场占有率基本稳定在30%以上(见表7)。

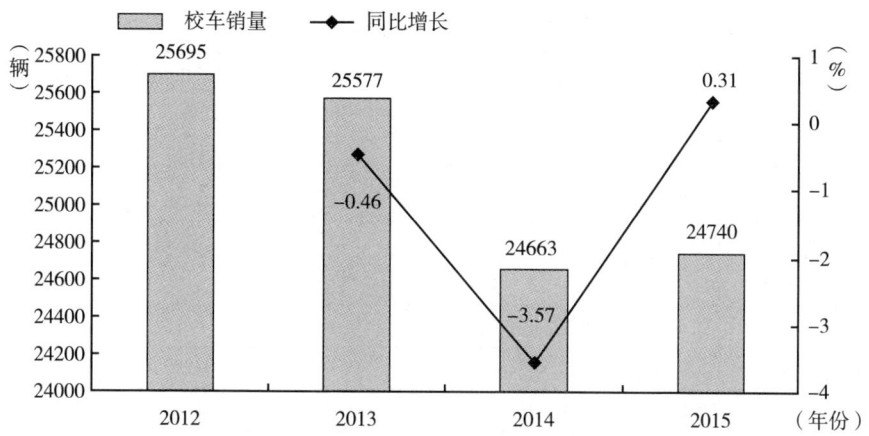

图7 校车市场 2012～2015 年销量走势

表7 校车市场 2014～2015 年销量分布

企业	2015年（辆）	2014年（辆）	同比增长（%）	2015年份额（%）	2014年份额（%）	份额变化（个百分点）
宇通客车	8250	9327	-11.55	33.35	37.82	-4.47
桂林客车	3258	2587	25.94	13.17	10.49	2.68
东风超龙客车	1972	1425	38.39	7.97	5.78	2.19
长安客车	1704	2010	-15.22	6.89	8.15	-1.26
少林客车	1637	1169	40.03	6.62	4.74	1.88
友谊客车	1369	683	100.44	5.53	2.77	2.76
上饶客车	1291	710	81.83	5.22	2.88	2.34
中通客车	1121	1073	4.47	4.53	4.35	0.18
东风襄旅	1034	1786	-42.11	4.18	7.24	-3.06
苏州金龙	893	864	3.36	3.61	3.50	0.11
一汽客车	737	611	20.62	2.98	2.48	0.50
安凯客车	276	244	13.11	1.12	0.99	0.13
厦门金旅	199	238	-16.39	0.80	0.97	-0.17
黄海客车	178	255	-30.20	0.72	1.03	-0.31
烟台舒驰	168	319	-47.34	0.68	1.29	-0.61
亚星客车	163	43	279.07	0.66	0.17	0.49

续表

企业	2015年(辆)	2014年(辆)	同比增长(%)	2015年份额(%)	2014年份额(%)	份额变化(个百分点)
上海申龙	150	520	-71.15	0.61	2.11	-1.50
福田欧辉	143	138	3.62	0.58	0.56	0.02
东风商用车公司东风客车	114	304	-62.50	0.46	1.23	-0.77
豪沃客车	44	283	-84.45	0.18	1.15	-0.97
厦门金龙	39	74	-47.30	0.16	0.30	-0.14
总计	24740	24663	0.31	100.00	100.00	0.00

在2015年的校车市场发展过程中，另外一个不得不提的现象就是，5米＜L≤7米的轻型校车占比居高不下。2015年，轻型校车销量为15980辆，在当年校车总销量中的占比达到64.59%，比2014年的64.19%还略有提高；7米＜车长≤10米的中型校车销量为7354辆，销量占比从2014年的30.67%下降到29.73%；10米＜L≤12米的大型校车销量为1406辆，占比从2014年的5.15%提高到5.68%（见表8）。轻型校车占比过高，对行业的可持续发展是不利的，它意味着得不到国家财政政策支持的校车市场只能依靠价格便宜、相对低端的轻型校车来维持基本运转，而大型的、技术含量更高的、更加安全的校车得不到大力发展，势必会影响到中国校车中长期的产业竞争力，更会影响到学校学童交通出行安全。

表8 大中轻型校车销量占比

车型	2015年(辆)	2015年占比(%)	2014年(辆)	2014年占比(%)
5米＜L≤7米	15980	64.59	15830	64.19
7米＜L≤10米	7354	29.73	7563	30.67
10米＜L≤12米	1406	5.68	1270	5.15
总计	24740	—	24663	—

注：L指"车长"。

(五)天然气客车市场一片惨淡

当新能源汽车产量2015年大幅增长之际，当年的节能型客车产量却继续下滑，而且在2015年可以用"受到重挫"来形容。根据工信部合格证产量统计数据，2015年我国各类天然气客车共计生产23646辆，比2014年的47177辆大幅下降了50%，净减少量达到2.35万辆（见表9）。

表9　燃气客车2014~2015年产量一览

企业	2015年（辆）	2014年（辆）	累计增长（%）	2015年份额（%）	2014年份额（%）	份额变化（个百分点）
宇通客车	5720	11280	-49.29	24.19	23.91	0.28
北汽福田	3283	2892	13.52	13.88	6.13	7.75
厦门金龙	1713	4160	-58.82	7.24	8.82	-1.58
厦门金旅	1426	2778	-48.67	6.03	5.89	0.14
恒通客车	1040	1228	-15.31	4.40	2.60	1.80
中通客车	1037	2775	-62.63	4.39	5.88	-1.49
苏州金龙	1130	3878	-70.86	4.78	8.22	-3.44
安凯客车	1003	1808	-44.52	4.24	3.83	0.41
扬州亚星	611	1774	-65.56	2.58	3.76	-1.18
东风汽车	509	554	-8.12	2.15	1.17	0.98
其他	6174	14050	-56.06	26.11	29.78	-3.67
合计	23646	47177	-49.88	100.00	100.00	0.00

数据来源：工信部合格证产量统计数据。

天然气客车在最近两年连续遭遇挫折，主要有两方面原因。首先就是车用天然气和柴油的价格差越来越小。天然气客车本身售价比柴油客车要高，客车用户采购它的主要驱动力，一是天然气的使用成本低，天然气客车依靠车用天然气相比柴油的价格差，使用成本较低，能够较快收回多出来的购买成本（柴油价格越高，车用天然气价格越低，收回成本越快），并在今后的使用中也能持续降低成本；二是节能环保，使用天然气尾气污染物排放量要远远低于燃油，公交公司为了达到当地政府的环保和减排要求，也会采购一定比例的节能型天然气客车。然而，从2015年1月到2016年6月，国内油价共调整24次，其中2015年有19次，2016年有5次。在这24次调整中，包括13次下调和11次上调，虽然上调次数和下调次数相差不多，但油价上调的幅度远不如下调的幅度那么大。油价的不断下跌，使得车用天然气相对于柴油的价格差大幅缩小，天然气客车使用成本较低的原有优势被严重削弱，甚至在有的地区已经不复存在。对于很多客车用户而言，这大大降低了天然气车辆对他们的吸引力。换句话来说就是，第二个驱动力"节能环保因素"虽然还在，但第一个驱动力已经越来越弱。

其次，2015年新能源之风刮遍全国，许多地方政府和公交公司都把目光聚焦在新能源尤其是纯电动客车上，大量预算也都花在新能源客车上面，天然气客车日趋边缘化。而且，在国家几大部委指定的新能源汽车示范应用推广城市（群），相关管理部门和官员是有考核目标的，如果目标完成不了，很可能对其业绩考核或升迁考核带来影响；而天然气客车的推广和应用则没有相关硬性约束。从环保的角度而言，过于偏重新能源汽车而忽视对天然气节能客车的推广，一手硬一手软，实际上也是不利于我国节能减排事业发展的。

（六）客车出口市场低迷

2015年，新能源客车"一枝独秀"，其他包括天然气客车、传统燃料座位客车、传统燃料公交客车，以及校车等在内的细分市场都出现不同程度的下滑，客车出口也未能幸免。中国的客车产品是汽车产品中最具出口竞争力的一类，我国也是全球最大的客车制造国。但在

2015年，根据中国客车统计信息网统计，我国车长3.5米以上的客车出口销量为35672辆，同比下降20.96%，终结了客车出口从2010年到2014年连续五年上涨的良好势头，进入一个新的调整期。2015年，客车出口金额也同样出现快速下降，当年出口金额为114.89亿元人民币，比2014年的143.07亿元下滑了19.70%。

由于整体出口形势不佳，大型、中型和轻型客车产品的出口都集体"跳水"。如表10所示，2015年，车长＞10米的大型客车出口量为12576辆，同比下降18.91%，出口金额75.49亿元人民币，同比下降20.38%；7米＜车长≤10米的中型客车出口量为7500辆，同比下降24.87%，出口金额30.15亿元人民币，同比下降12.62%；7米以下的轻型客车出口量为15596辆，同比下滑20.59%，出口金额9.25亿元人民币，同比下滑32.69%。最能反映中国客车技术水平的大中型客车2015年出口20076辆，同比下降21.24%。

表10 2015年客车出口销量及销售额统计

分类	2015年 出口量（辆）	2015年 出口金额（人民币万元）	2014年 出口量（辆）	2014年 出口金额（人民币万元）	出口量增长(%)	出口额增长(%)
大型客车(车长＞10米)	12576	754915.02	15508	948195.85	-18.91	-20.38
其中:座位客车	8277	521243.29	7742	500122.73	6.91	4.22
公交客车	4113	228062.76	7763	447977.70	-47.02	-49.09
校车	185	5577.47	3	95.42	6066.67	5745.18
其他	1	31.50				
中型客车(10米≥车长＞7米)	7500	301476.94	9983	345027.09	-24.87	-12.62
其中:座位客车	6467	260272.27	6241	218704.88	3.62	19.01
公交客车	795	35358.11	3258	113798.44	-75.60	-68.93
校车	161	4751.16	465	12185.64	-65.38	-61.01

续表

分类	2015年 出口量（辆）	2015年 出口金额（人民币万元）	2014年 出口量（辆）	2014年 出口金额（人民币万元）	出口量增长(%)	出口额增长(%)
其他	77	1095.40	19	338.13	305.26	223.96
轻型客车(7米≥车长>3.5米)	15596	92538.09	19639	137482.61	-20.59	-32.69
其中:座位客车	15458	90633.63	18824	124568.30	-17.88	-27.24
公交客车	81	960.17	612	8699.66	-86.76	-88.96
校车	14	313.70	39	957.22	-64.10	-67.23
其他	43	630.59	164	3257.43	-73.78	-80.64
合计	35672	1148930.05	45130	1430705.55	-20.96	-19.69
其中:座位客车合计	30202	872149.19	32807	843395.91	-7.94	3.41
公交客车合计	4989	264381.04	11633	570475.80	-57.11	-53.66
校车合计	360	10642.33	507	13238.28	-28.99	-19.61
其他合计	121	1757.49	183	3595.56	-33.88	-51.12

数据来源：中国客车统计信息网。

从具体分析来看，客车出口低迷，是多方面综合因素所致。一方面，2015年世界政治经济形势非常复杂：世界工业生产低速增长，贸易持续低迷，金融市场动荡加剧，大宗商品价格大幅下跌。发达国家经济复苏缓慢，新兴经济体增速进一步回落，世界经济整体复苏疲弱乏力，增长速度放缓；全球政治形势更是战乱频繁，中东战乱向欧洲延伸，整个欧洲和中东地区的地缘政治环境都在持续恶化。这些都对主要面向亚非拉等欠发达地区出口的中国客车造成了很大困扰。

另一方面，2015年由于国内新能源客车井喷式增长，大多数客车企业都把生产资源、技术资源和人力资源等集中投入到新能源市场上，出口市场的经营投入不足，其发展也受到了一定程度的影响。

二 2016年客车市场前景展望

2015年的客车市场,"一升一降"的特征很明显,传统燃油和燃气客车市场出现不同程度的下降,新能源客车迅猛崛起。2016年,这种景象还会延续下去吗?

(1) 2016年客车市场的发展特征将会与2015年十分相似,即:传统燃油和燃气客车市场没有起色,完全要依靠新能源客车来挽救整体不利的局势。与此同时,新能源客车市场内部同时也在发生剧烈变化,热销车型正从2015年的6~8米车型,转变为8~10米车型。

根据中国客车统计信息网的统计,2016年1~7月,我国5米以上客车市场总销量为123037辆,同比增长7.41%,净增量为8484辆(见表11)。其中,10米以上客车共计销售37898辆,同比下降11.67%;7米<车长≤10米的中型客车共计销售46932辆,同比增长34.64%;5米<车长≤7米的轻型客车共计销售38207辆,同比增长3.85%。在增长最快的中型客车市场中,8米<车长≤9米的细分车型增幅惊人,达到111.98%,这个细分车型市场,恰恰也正是2016年1~7月新能源客车市场最受青睐、最好卖、产销量增长最多的车型。而2015年炙手可热的6~7米车型,反而在2016年1~7月出现了大幅下滑,同比降幅达到30.06%。

从工信部合格证产量统计数据来看,2016年1~7月,国内新能源客车市场累计产量为40059辆,较上年同期的24861辆增长61.13%,净增量为15198辆,上面提到的客车整体市场2016年1~7月8484辆的增量,几乎全部从这个15198辆的新能源客车细分市场增量而来。由此可见,2016年1~7月的客车市场只有新能源"一枝独秀",其他细分领域则是"万马齐喑"。

表11 2016年1~7月客车市场销量

单位：辆，%

年份	总计	12米<L	11米<L≤12米	10米<L≤11米	9米<L≤10米	8米<L≤9米	7米<L≤8米	6米<L≤7米	5米<L≤6米
2016年1~7月	123037	1099	20238	16561	3530	28380	15022	12786	25421
2015年1~7月	114553	1125	25833	15949	6860	13388	14609	18281	18508
同比增长	7.41	-2.31	-21.66	3.84	-48.54	111.98	2.83	-30.06	37.35

注：L指"车长"。
数据来源：中国客车统计信息网。

（2）我国新能源客车市场处于起步期，整体竞争格局虽然还不太稳定，但部分优势企业的地位开始稳固下来。以宇通客车、中通客车为代表，它们已经连续两年在新能源客车行业中稳居前三强，这是宇通客车、中通客车在新能源客车技术研发领域持续投入的结晶，也是市场对宇通客车、中通客车新能源客车品质和技术的认可。2016年1~7月，宇通客车新能源客车和中通客车新能源客车分别累计生产7496辆和6439辆，同比增长23.37%和132.71%，市场份额达到18.71%和16.07%（见表12）。未来，"强者愈强"的马太效应也会在新能源客车市场上逐渐明显化，而老的传统客车市场豪强，如厦门金龙、厦门金旅等，如果不能抓住新能源客车市场的发展契机，其市场地位很可能会逐渐衰退。

（3）由于2015年新能源客车市场6~8米纯电动车型"井喷"，部分客车企业为了拿到高额财政补贴，出现虚开合格证、自买自卖等不合规甚至不合法行为，国家几大部委2016年初开始严查"骗补"现象。同时，新能源客车财政补贴政策也将作出新的调整。其调整的

表12 2016年1~7月新能源客车产量一览

企业	2016年1~7月(辆)	上年同期(辆)	累计增长(%)	2016年1~7月份额(%)	上年同期份额(%)	份额变化(个百分点)
宇通客车	7496	6076	23.37	18.71	24.44	-5.73
中通客车	6439	2767	132.71	16.07	11.13	4.94
苏州金龙	2354	2463	-4.43	5.88	9.91	-4.03
北汽福田	2268	880	157.73	5.66	3.54	2.12
安凯客车	2098	864	142.82	5.24	3.48	1.76
南京金龙	2069	1385	49.39	5.16	5.57	-0.41
江苏九龙	1768	1058	67.11	4.41	4.26	0.15
扬州亚星	1539	200	669.50	3.84	0.80	3.04
中车时代	1458	669	117.94	3.64	2.69	0.95
烟台舒驰	1241	0	—	3.10	0.00	3.10
厦门金旅	1230	1833	-32.90	3.07	7.37	-4.30
厦门金龙	1148	1058	8.51	2.87	4.26	-1.39
珠海银隆	1043	764	36.52	2.60	3.07	-0.47
重汽客车	1014	60	1590.00	2.53	0.24	2.29
东风汽车	939	1626	-42.25	2.34	6.54	-4.20
其他	5955	3158	88.57	14.87	12.70	2.17
合计	40059	24861	61.13	100.00	100.00	0.00

注：表中数据包括纯电动客车和混合动力客车。
数据来源：工信部合格证产量统计数据。

大体方向是大幅下调6米＜车长≤8米纯电动客车和8米＜车长≤10米纯电动客车的补贴额度，其中，6米＜车长≤8米的纯电动客车更是补贴削减的"重灾区"。受到这一政策预期的影响，2016年6~8米的纯电动客车在市场中的占比大幅下降，而降幅相对较小、性价比更高的8米级的纯电动客车车型2016年以来明显走俏，月度产量占比甚至超过50%——这个较高的占比，在2015年却是属于6~8米纯电动客车的"荣耀"。以中通客车为例，2016年1~5月中通新能源客车销售数量超过5200辆，其中一款8米级的中通LCK6809EVG车型销售就超过4000辆，占比达到75%以上。

但是，要注意的是，由于市场秩序趋于规范，补贴政策的要求也越来越严格，因此，2016年新能源客车市场不太可能达到2015年的产销规模。笔者判断认为，2016年我国客车整体市场预计将出现小幅下滑；同时，由于调整后的新能源客车补贴政策及细则至今未能正式出台（截至笔者8月26日完稿时），2015年新能源汽车财政补助资金延缓至今尚未发放，不少客车企业的资金链十分紧张，新能源客车行业2016年第三、第四季度的发展令人担忧。

行业发展报告

Industry Development Report

B.3
新经济与汽车产业革命

刘涛雄*

摘　要： 当前诸多变化正在汽车行业悄然兴起，世界范围兴起的新一轮产业和技术革命正在开始改造汽车工业，汽车工业的组织模式和产业结构逐步呈现"新经济形态"。新经济以更加注重产业生态系统的平台经济模式为基本载体；产业创新尤其是颠覆式创新往往由产业以外的行动者做出；未来汽车产业规模经济会更强，带来规模为王和赢者通吃的现象。同时，我们应该充分意识到技术革命和产业革命充满各种不确定性和偶

---

* 刘涛雄，经济学教授，博士生导师；在清华大学汽车工程系、清华大学经济管理学院、清华大学公共管理学院分别获得学士、硕士和博士学位。现任清华大学社会科学学院经济学研究所所长，清华大学创新发展研究院执行院长。

然性，保有迎接各种可能性的开放心态。

关键词： 平台经济　创造性破坏　外部人入侵　产业生态系统

当前，诸多变化正在汽车行业悄然兴起。一方面，以电动汽车为代表的新能源汽车发展不断加速，特别是两三年前美国汽车企业特斯拉取得初步成功，让人为之侧目，无论是对中国的决策层还是汽车业界都产生了震撼性的影响，各种政策措施和业界活动动作频频。甚至说"特斯拉现象"一举改变了中国电动汽车多年徘徊不前的局面也毫不为过。

另一方面，各方新兴产业科技公司纷纷高调进入汽车行业，各路资本和创业者跃跃欲试。日前，阿里和上汽联合推出双方进行战略合作后的首款"互联网汽车"；google、百度等推进的无人驾驶项目也不断取得新进展。面对这些新动向，汽车业界人士依然充满争论，有人认为汽车产业的新一轮革命即将到来，更多的人认为这些依然是噱头大于实质意义，汽车产业的传统之路仍将继续。认清这些变化背后所蕴含的战略意义，无疑对每一个汽车企业和汽车人都是至关重要的。

要理解这些变化的意义，首要的核心是要意识到，这些变化更多的并不是汽车产业内部自然发展的结果，而是当前正在世界范围兴起的新一轮产业和技术革命开始逐步改造汽车工业。对于正在兴起的新一轮产业革命，尽管有多种提法，无论是很多人称为的"第四次工业革命"，还是一部分人更强调的物联网大潮，还是德国政府所宣称的工业4.0，或者是我国政府不断推进的互联网+制造业战略，其本质特征都类似。最重要的特征便是信息技术和传统工业化的深度融合，我们不妨将其统称为"新经济形态"。如果说，信息技术此前更多的是催生了计算机、互联网等新兴行业的发展，现在则正在和传统工业深度融合，并不断催生新的产业形态。信息网络技术与传统工业化成果产生"化学反应"，其影响力必将是巨大的，会对几乎所有工业时代的代表性产品带来智能化改造效应，包括汽车、电器、建筑、家居等无一例外，同时一批新产业如智能机器人、大数据等将进入大众化阶段，全社会生产方式将会被深刻改造。这一轮产业革命甚至可被称为一次新的工业化，同时又催生出诸多全新产业，从促进经济增长角度来说，其潜力之大、影响之深，将远远超过当年的计算机与互联网产业浪潮。汽车作为人类工业革命的典型成果，其行业在这一过程中必然是变革的中心之一。可以说，汽车行业迎来新一轮产业革命已经势不可当。要更好地理解即将来临的这一轮汽车产业革命，更好地理解其基本特征及其广度深度，我们还是要从其缘由——新经济形态的基本特征入手。

一　平台经济与产业生态系统

新经济的蓬勃发展，催生了很多新的产业形态。其中被广为关注的一个现象便是平台经济模式。传统的基于市场交易的产业组织理论主要关注交易双方，并把公司作为交易的一方来理解。如科斯用交易成本理论来解释企业的性质，产生了十分广泛的影响。其认为，一方面市场交易可以促进交易双方福利的提高；另一方面，市场交易是有交易成本的，公司存在的意义便是用公司内部的组织管理行为替代市场，用组织管理成本替代市场交易成本。当公司内部组织管理成本低于市场交易成本时，用公司来替代市场便促进了效率提高。这类传统理论可以称为双边市场理论。

而平台经济理论则认为，市场交易可以是多边参与的，而且多边参与者之间有着复杂的相互影响关系，特别是存在相互影响的外部性；为了有效地治理多边交易，特别是解决其中各方之间的外部性问题，这些交易依附在一个共同的平台之上更有效率，这就使得很多企业甚至产业表现出很强的交易平台性质。一种平台经济模式可以粗略地解构为参与者和公共平台两大要素。比如淘宝是典型的电子商务平台模式，淘宝上各个店家和广大的消费者是平台参与者，公共平台便是淘宝的整个交易和支付系统。参与者之间的外部性表现在，用淘宝进行购物的消费者越多，店家越有可能以更低的搜寻和销售成本卖出更多商品；反之在淘宝上开店的店家越多，消费者越容易以更低的搜寻成本获得更多可选的商品。

  再举一个更加通俗的例子。对于一个夜总会而言，其参与者是光临夜总会的顾客，而夜总会本身则是一个平台。如果我们把顾客区分为男性和女性，那男性参与者和女性参与者之间就有很强的正的外部性，特别是女性参与者越多，男性就越愿意光临这个夜总会。依据参与各方对其他方产生外部性的性质，我们可以粗略地把平台参与者区分为两类不同的情况，一种称为吸引力中心，即这些参与者数量的增加对其他的参与者有正的外部性，会促进更多的其他参与者来参加。比如，夜总会的女性参与者越多，对男性参与者的吸引力就越大。另一种参与者可称之为价值中心，即更愿意付出成本来参与，比如夜总会中的男性参与者。这样我们就经常看到，一个夜总会更愿意对女性参与者给予补贴，而主要通过对男性参与者收取费用来获取利润。

  对于一个更大的平台经济模型，各参与者的成分和相互影响关系可能是非常复杂的，平台的功能便在于厘清这些参与者之间的复杂关系，在各参与者之间进行合理的收益分配，通过平台建设促进各参与者之间的共享经济发展，从而形成整体经济效率。整个平台经济各组成部分相互联系、有机运作的体系，也经常被称为产业生态体系。"平台经济"和"生态系统"这两个概念在经济学语境下可以认为本质上是一致的。新经济形态普遍表现出平台模式的特点，除了刚才提到的电子商务产业外，如谷歌、百度等搜索巨头对搜索引擎的使用者几乎完全免费，而其主要利润则通过广告等其他参与者付费来实现；uber、滴滴打车等则是充分利用司机和乘客之间的相互吸引力，建立连接双方的平台。

平台经济模式正在不断地侵蚀和改变汽车行业的生态体系。当汽车及其使用者被接入一个涵盖商务生活服务、信息交流等的更广阔平台之中的时候，汽车生产只是整个平台体系中的一个局部环节，而创造和掌控平台、维护平台运营才是整个产业生态系统的核心。如阿里巴巴和上汽联合打造刚刚推出的新车便试图借助阿里巴巴的整个网络交易系统，让汽车使用者轻易实现高速公路及停车场的自动付费，更快捷地实现和地理位置、汽车维护等有关的商品与服务的订购与交易；另外，汽车使用产生的数据又源源不断地积累于平台之中，进而和个人的金融服务与保险服务连接起来。尽管我们把这些新现象称为汽车产业新的生态系统，但这一平台模式已经不仅涉及汽车产业层面，更涉及移动生活和商务平台层面。特别是当平台的运行使得商业利润的来源不再主要依赖汽车销售利润时，汽车便可以更低廉的价格卖给消费者，在这种情况下，平台模式便可以轻易打败传统汽车产业模式，从而带来汽车生产销售使用的产业革命。

这场产业革命十分深刻，我们千万不能低估其影响。在汽车产业发展史上能够和这场深刻的产业革命相类比的一个例子，是福特对流水线生产方式的引入。如果说流水线生产方式的引入从根本上改变了现代工厂的生产组织方式，那么平台经济模式的发展和产业生态系统的重构带来的影响重点已经不在工厂生产内部，而在整个产业与产业之间重塑产业组织模式，其影响之深远恐怕不亚于流水线生产方式变革。预见到这种变革，就要求我们认识到，任何一个固守于传统汽车生产销售方式的企业终将被市场淘汰，每一个汽车企业都需要思考自

己该如何接入移动商务和生活平台，如何融入其他更广阔的产业平台，如何定位自身在全新产业生态系统中的角色。

在新的汽车产业生态系统重塑过程中，即使是十分专业的细分行业也可能难以幸免。比如，对市场规模较小的客车行业而言，虽然其生产销售和使用者行为与轿车行业有很大的区别，但同样的是，客车的使用也在创造着各种有用的数据，也需要使用地理信息系统等各种信息交互的渠道，同样需要植入各种智能化的管理系统，同样需要和云端的实时数据交互，更别说同样依赖于各种维护等的汽车配套服务系统。当这些相关要素都被整合至某个统一产业平台之时，客车行业也必然被深度卷入。

二　规模为王与赢者通吃

在物联网时代，万物互联使得每一辆汽车都成为网络上的一个节点，和其他物体实现互联互通，进而使得汽车行业具备了网络经济的特点。网络经济的一个重要特征就是规模报酬递增。网络经济中有个著名的"梅特卡夫定理"，内容可以简单地表述为，一个网络的价值和其节点数的平方成正比。其基本含义是，当一个网络的节点数增加一倍时，会带来网络的价值更多倍数的增加。这是因为网络的根本价值来自节点之间的交互和信息流动，也就是说取决于节点之间连接的数量；而一个网络的连接数和网络节点数的平方是在一个数量级上。如果把一辆汽车看成网络上的一个接入点，那么梅特卡夫定理告诉我们什么呢？它告诉我们，当接入网络的汽车数量成倍增加时，整个网络的价值也会更多倍地增加，这意味着一个汽车企业占有的市场份额越大，它给用户所提供的价值就会越多。这就是经济学上所谓的规模报酬递增。规模报酬递增产业的基本特征是会导致更强的垄断。这是传统工业所不具备的特征，传统工业包括汽车业被认为到达一定经济规模后，规模经济的源泉就会枯竭，进而呈现边际收益递减的特性。尽管汽车业在制造业中已经是规模报酬相对较高的行业，但我们也很少看到绝对垄断的产生。而随着物联网的发展，汽车产业的规模经济可能会大大增强，带来规模为王和赢者通吃的现象，从而导致未来汽车行业垄断的可能性大大增加。同时，汽车产业内部的行业细分壁垒可能会被打破。比如，尽管轿车和客车处于不同的细分行业，但它们可以共享同样的网络，可以共享同样的数据，因此也就更有利于整合细分行业的规模经济，这会使得一大批现在处于各个汽车细分子行业的中小型车企在未来市场上面临更激烈的竞争和更困难的生存环境。

大数据和人工智能等技术的发展会进一步强化规模优势。此时每一个接入网络的节点不仅可以和其他节点有更多交互，而且可以汇聚更多信息，而这些信息又可以与更多的接入点共享，且边际成本为零。需要着重强调的是，这里的规模经济不仅仅是指基于汽车行业的规模，更是指若干不同行业的规模。网络的拓展和数据的积累交互没有行业边界，特别是数据作为信息的载体而言有一个可怕的特点：越是来自不同行业、不同应用场景下的数据，越是彼此不相关的异质性数据，它们相互结合在一起所包含的总信息量越大，能够产生的协同价值就越大。比如，来自汽车驾驶行为的数据和来自医疗行为的数据相结合所能够产生的价值，会远远大于两个汽车驾驶行为数据源的结合。这无疑大大刺激了和汽车毫不相关的行业数据拥有者对汽车应用场景数据的渴望，大大增加了一个在其他行业已经形成优势网络资源的企业对进入汽车行业，实现规模经济的积极性。即使仅仅从生产过程来考察，新的技术革命也正在大大提升汽车行业的规模经济。其中尤其值得关注的是人工智能、3D打印、柔性制造等方面技术的发展。机器人大规模替代工人的现象正在兴起。一旦基于机器人的智能化生产线大规模应用，同一条生产线、同一个工厂生产不同规格不同种类的零部件可能只是启动不同的程序而已，灵活性和通用性大大增加；

这无疑会打破目前基于福特式流水线进行内部生产分工不断细化的工厂组织模式。

在新经济时代,规模本身就会成为企业的竞争优势。为了扩张规模,成功企业会绞尽脑汁深入到每一个相关行业的每一个角落,这样既会提高行业内部的市场集中度,又会提高跨行业集中度,使得像汽车这样的传统工业行业出现自然垄断特征。这方面同时会对国家产业政策,特别是反垄断政策带来挑战。传统反垄断政策的主要出发点是,认为垄断必然造成市场失效,但因为新经济规模报酬递增特征而出现的垄断,其本身是效率促进型的。我们看到,软件行业和互联网行业往往都是少数几家企业独大。早在十多年前,美国就曾发起对微软的反垄断调查,但最终法院在判定时没有完全依照传统的垄断案例思路进行判决,而是考虑了新经济形态所拥有的自然垄断特征,予以一定程度的宽容。2009年,北京市一中院针对人人信息公司诉百度垄断地位一案,也采取了相对宽容的判决,没有认定百度的垄断地位。

三 外部人入侵与创造性破坏

一个产业的创新,尤其是颠覆式创新往往由这个产业以外的行动者做出。第一个意识到这一现象的经济学家是熊彼特,他把这种现象称为"创造性破坏"。现在看来,熊彼特可能是20世纪最重要的经济学家之一,尽管他最后也没有获得诺贝尔经济学奖。所谓创造性破坏,就是一种新的创新性的产品或者商业模式会对现有产业和产品形成替代,甚至将现有市场占有者淘汰出局。也正是因为这样,在这些带有破坏性的创新行为面前,现有市场占有者往往会停滞不前甚至进行抵制,因为他们属于既得利益者,这种创造性破坏会损害他们的现有利益。我们回顾一下汽车发展史上的许多重大创新,确实有很多都不是当时市场上的成功企业所做出的。比如第一个引入大规模流水线生产方式的福特，在创办他的汽车生产厂之前他是爱迪生照明公司的一个电器工程师。特斯拉的创立和发展更是一个典型案例。用汽车界专业人士的眼光来看，马斯克在创立特斯拉之前是一个彻底的外行，没有在任何一个汽车企业工作过哪怕一天。其创始人马斯克最初就宣称要以非汽车行业的方式制造汽车，甚至长时间拒绝承认自己生产的是汽车，而承认是移动智能终端。

特斯拉的成功，除了说明创业者潜质等特定因素外，反映出来的关于产业创新的一般规律至少包括两点。一是现有成功企业尽管可能掌握前沿技术，但是出于市场和自身利益考量，并不愿意推出颠覆性产品。二是技术创新有非常强的不确定性，特别是经常表现出跨界创新的特点，产业内部企业因为路径依赖反而可能受到局限。比如特斯拉最初创立时，一个关键的技术创新在于其电池管理技术。当传统汽车企业认为电动车的最大瓶颈在于电池容量，并投入大量资源进行电池容量集中攻关时，马斯克认为可以基于现有小容量电池，通过把大量小容量电池聚集在一起，并充分运用创业者来自IT行业的优势，打造出一个一流的电池管理信息系统，从而大幅度提升电动车性能。这些说明，在一个行业里已有的经验并不是一个企业或创业者在这个行业中做出重要创新的前提，而在其他行业里所具备的经验或者已有的技术积累完全可能成为本产业创新的来源和竞争优势。

外部力量入侵进行颠覆式创新的方式，在今天新经济形态下迅速发展。新经济形态更强的规模效应和平台经济的特征会增大外部力量入侵的可能性，跨产业互联互通和平台的不断拓展孕育无限可能。一个企业尽管并不身处汽车行业，但是只要其所在行业和汽车行业能够建立某种连接，在一个平台中相互促进，产生协同效应，其就完全有可能借助资本之手，进入汽车行业。众多互联网企业对汽车行业虎视眈眈，就是因为它们看到，汽车接入互联网和它们原有系统形成协同效应，所带来的平台价值极大提升。在这一点上，阿里巴巴的战略已

表露无遗。首先,其可以通过整合汽车行业,打通汽车使用场景下的消费需求和其已有商业网络的互联互通,比如汽车使用者的购物需求、汽车使用、维修保养相关服务和交易。再者,可以通过整合汽车相关特定场景的消费行为,打通与以支付宝为代表的支付系统的互联互通。进一步,通过打通汽车使用数据和其已有数据的互联互通,实现以蚂蚁金服、高德导航为代表的金融保险服务与地理交通数据的互联互通。谷歌、百度等搜索巨头一直对汽车产业虎视眈眈,主要原因便是意图将其在人工智能上的技术优势应用于无人驾驶等方面,打造未来智能汽车,形成基于共性技术和数据的更大产业平台。

同样道理,一批新能源企业甚至娱乐消费企业都可能借助于产业生态系统上的某种联结入侵汽车行业,实现野蛮生长。在此过程中,新经济形态"规模为王"的特征使大家更为清晰地看到跨行业整合可能带来的协同效应和超额利润,尤其是尽快占领规模市场的迫切性,从而极大地推动了资本的进入,使得大规模前期投入不再是问题。尽管汽车生产制造是一个十分专业的行业,但行业外部力量完全可以通过资本运作,通过收购并购、合作生产等手段,将已有的汽车行业内部经验整合进自己的整体战略中。在今天这样一个跨行业整合的大背景下,如果我们仍然局限于就汽车谈汽车、就车企看车企的传统思维,显然已经完全不能适应时代的发展。可以预见,传统意义上的单纯车企的数量未来可能会大大减少,汽车行业的领军者将是能够把汽车行业和其他行业实现最大限度协同效应,能有效利用平台经济模式建立有机产业生态系统的新型企业。

四 对未来变革持开放心态

与此同时,我们还应该用足够开放的心态来看待汽车行业各种新技术的发展。汽车企业和汽车人需要对在未来不长时间内出现的各方面突破性技术进展的可能性有足够的思想准备。既然新产业模式通过将各种产业连接起来，能够极大提升汽车产业的规模经济，提升新技术可能带来的超额利润，那么也就必然会大大刺激技术研发的投入和产生突破性进展的可能性。

比如，因为电动汽车可能对整个汽车产业带来颠覆性革命，现在对电池研发的投入之大在全世界范围内都是史无前例的，而且有多种多样的产业路径和技术路线在不断呈现，非常有可能在较短时间取得突破性进展。而技术革命和产业生态系统变化之间又不是完全线性的关系，其内在联系十分复杂。一个局部的技术革命完全有可能带来整个产业生态系统重构，也可能从根本上改变企业的竞争优势。一个小企业，以一个局部技术进步为契机，借助平台思维，通过资本的力量，完全有可能成为一个更大产业平台的拥有者。比如，一个在电池技术上取得突破的企业，或者一个在汽车智能系统上有优势的企业，完全有可能借助这一点来建立产业平台生态系统，甚至并购大型汽车生产企业和产业生态系统相关企业，实现快速成长。特斯拉在创立之初，其技术上的主要卖点便是电池管理系统。孤立地看待这一电池管理系统，可能并不能发现其有多大的革命性意义；但如果将其和整个电动车生态系统结合起来看，便可能发现其带来颠覆式产业革新的契机。

站在新一轮产业革命的门槛上，我们应该保有迎接各种可能性的开放心态，应该充分理解技术革命和产业革命不是完全能够预测的，而是充满了各种不确定性和偶然性。也正因为这样，大浪淘沙才有潮头和潮尾之别。无论如何，中国的汽车工业、每一个汽车企业、每一位汽车人都应该意识到，一旦汽车产业的新一轮革命大浪卷起，留给你的机会可能就寥寥无几。机遇总是青睐有准备的人，唯有未雨绸缪，方能处变不乱，笑到最后。

B.4
从供给侧改革看客车行业的发展

裴志浩*

摘　要： 交通运输行业的供给侧改革已经从铁路开始了，铁路运输的创新发展给传统运输带来巨大的冲击，公路旅客运输面临着改革创新的新挑战。利用供给侧改革的契机解决客车行业发展的问题，使我国客车行业在技术创新、机制结构创新上有新的突破，真正成为世界客车的强国。

关键词： 客车行业　供给侧改革　行业发展

习近平总书记于2015年11月在中央财经领导小组会议上提出，"在适度扩大总需求的同时，着力加强供给侧结构性改革，着力提高供给体系质量和效率，增强经济持续增长动力，推动我国社会生产力水平实现整体跃升。"

"供给侧"与"需求侧"是相对应的。"需求侧"有投资、消费、出口"三驾马车"，"三驾马车"决定短期经济增长率，而"供给侧"有劳动力、土地、资本、创新四大要素。四大要素在充分配置条件下所实现的增长率即为中长期潜在的经济增长率。需求端主要侧重周期性的问题，供给端主要侧重结构性与长期性的问题。中国经

---

* 裴志浩，中国公路学会客车分会高级技术顾问，曾任长沙客车厂副厂长、总工程师，中国公路车辆机械有限公司副总经理，中国公路学会客车分会秘书长，全国汽车标准化委员会客车分技术委员会秘书长。

济发展到目前阶段，长期性问题是根本原因（包括创新、产品质量、成本、环境保护、运行机制等），但解决长期性问题的同时，也不能牺牲周期性和短期性问题（即需求侧问题）。结构性改革能调整经济结构，使要素实现最优配置，提升经济增长的质量和数量。

单一强调从需求侧刺激经济，用投资、消费和出口"三驾马车"来拉动经济，已经感到力量不足。从出口来看，2015年我国货物进出口总额同比下降7%，其中出口下降了1.8%；2016年1~4月，全国进出口总值同比下降4.4%，其中出口下降了2.1%，进口下降了7.5%。

从投资来看，投资短期内刺激了经济的增长，但是过度投资造成了重化工业的产能过剩，造成了房地产大面积的空房率，给我国经济带来明显的负面影响。据初步统计，钢铁行业产能是12.5亿吨，2015年全年生产了7亿吨，出口1亿吨，富余产能5亿吨左右；煤炭行业产能是57亿吨，2015年实际生产36亿吨，富余产能21亿吨。2016年国家去产能目标钢铁1亿吨，煤炭5亿吨，还远远不能解决问题。36家上市钢企2015年亏损583亿元，2016年一季度又亏损近40亿元，钢材卖出了豆腐价。即使是这样轻量的减产能，考虑到职工安置问题，难度还是很大的。房地产也是"消费侧"投资的主要领域，2010~2013年，在4万亿元投资及其后续效应刺激下，房价和房地产投资再度迎来一波高速增长。2013年房地产投资的完成额在全社会固定投资中的比重占到20%左右，土地出让金收入贡献了地方可支配收入的33%。大量资金投入受到购买力的限制，形成大量房地产库存。2015年中国商品房待售面积7.2亿平方米，另外2015年住宅施工面积73.6亿平方米，施工面积与待售面积之和为80.8亿平方米，按照2015年的销售速度，去库存化的时间为6.3年。此外，国内住宅需求峰值达1200万~1300万套，按每套100平方米计算，住宅需求峰值为12亿~13亿平方米。2015年住宅成交面积达11.2亿平方米，意味着商品房需求增长空间较有限。所以，房

客车蓝皮书

地产去库存去泡沫压力很大。

再看消费，多年来国家一直想通过刺激消费来拉动内需，拉动中国经济增长，但是各种刺激效果都不明显（家电补贴，各种营销宣传、折扣等）。而2015年中国1.2亿人出境游购物市场规模已达到6841亿元人民币，其中自由行游客占80%。中国游客在日本、韩国以及欧美发达国家人均旅游购物支出超过7000元；在伦敦希斯罗机场只有1%是中国人，但中国人创造了25%的免税品销售额。中国人去日本，绝不仅仅是去抢购日本马桶，中国游客什么都想买，无论有钱人还是没钱人到了日本统统变成土豪，电饭煲、保温杯、电热杯、保健品、美容品、小家电都想采购，让日本人既羡慕又恐惧。日本观光厅2015年第三季度数据显示，中国游客消费同比增长2.5倍，达到4660亿日元（约合人民币247亿元），占外国游客消费总量的近一半，中国游客人均支出为28万日元（约合人民币1.48万元）远超外国游客消费平均水平（18万日元，约合人民币9500元）。这说明国人消费有需求，而且随着生活水平的提高，人们的需求不仅满足于"有"，更追求"高"和"精"。而国内产品和国内"供应侧"满足不了人们对高质量精品的需求。

通过"供应侧"改革，提高整个"供应侧"的技术创新、机制创新水平，进而提高供给创新是关系到我国经济社会保持稳步发展的关键。

一 供应侧改革给我国旅客运输带来了巨大变革

我国大范围的"供应侧"改革应该是从铁路开始的。纵观铁路发展走势，从六次提速到客运专线的贯通，再到高铁的全面建设，短短几年时间，铁路发展有目共睹。一票难求的局面被打破了，网络购票大大方便了广大旅客有选择性地购票乘车；车站的建设极大改善了人民群众候车的舒适性、安全性，铁路车厢的更新模式又给人们出行乘车带来了极大满足，快捷、舒适、安全、可靠地乘坐火车出行成为百姓的首选。铁路作为旅客运输的供方，几年改革的成效不仅方便了旅客的出行，也为铁路可持续发展带来了新的发展机遇。

2015年，全国铁路营业里程达到12.1万公里（居世界第二位），比上年增长8.2%，其中高铁营业里程超过1.9万公里（居世界第一位）。2015年，全国铁路开通1157列高铁和1345列动车。2016年5月15日铁路调整运行图，又要增加200多列高铁和动车，同时增发夕发朝至旅客动车，进一步满足旅客出行的要求。2015年全国铁路旅客发送量完成25.35亿人，同比增长10%；完成旅客周转量11960.6亿人公里，同比增长6.4%。2016年1~3月铁路客运量同比又增长了13.5%，旅客周转量同比增加了7.6%。

一系列数字说明，铁路供应侧的改革满足了人们对出行不但要"出得去"还要"出得快、出得好、出得舒服"的要求，大大提升了铁路客运的能力。2015年，铁路客运周转量近几十年来首次超过公路客运周转量（公路为10742.7亿人公里），达到了全部客运周转量的39.8%（公路为35.7%）。

高铁的开通和发展，严重冲击了公路客运市场，特别是干线公路、高速公路的客运市场。近几年，几乎所有的快客都受到冲击，不断退出高速客运市场，快客由长距离客运市场向支线中短距离市场转移，用溃败来形容似乎也不过分。公路客运一直墨守成规，市场分割，小规模经营，缺乏现代化、网络化管理，营运机制保守，加之高速公路车辆行驶混杂，车辆运行准确性、可靠性、安全性受到诸多因素影响，长途夜间行驶受到制约和限制。这些都给旅客带来诸多不便，不能准确、舒适、安全、可靠地到达目的地。因此，大量旅客由原来首选公路高速快客转向铁路。2015年公路旅客运输量161.9亿人，同比下降6.7%，公路旅客周转量10742.7亿人公里，同比下降

2.3%；2016年一季度，公路旅客客运量同比下降了4.3%（铁路上升了13.5%），旅客周转量同比下降了5.8%（铁路上升了7.6%）。公路旅客运输面临改革创新的新挑战，同样也面临供应侧改革的问题。最近在长沙召开的新常态下客运转型之路论坛，客运大佬们齐聚长沙，谋生存，谋发展。这是一个好的开头，起码看到了危机，看到了转型方向，看到了客运改革创新的愿望。

二 关于客车行业发展的几个问题

如何利用"供应侧"改革的契机，解决客车行业发展中的问题，使我国客车业在技术创新、机制结构创新上有新的突破，真正成为世界客车强国，是一个非常值得研究的课题。

（一）关于客车行业产能过剩问题

2016年5月11日国家发改委汽车产能信息发布会介绍，2015年末我国已形成汽车整车产能3122万辆，在建产能超过600万辆。现有产能中，乘用车产能2575万辆，商用车产能547万辆，其中N2和N3类载货车218万辆，客车101万辆。2015年37家主要汽车企业（集团）乘用车产能利用率为81%，产能利用比较合理。商用车产能利用率为52%，产能利用不充分。其中N2和N3类载货车产能利用率为49%，客车为56%。据了解，大中型客车企业中有10多家主流客车企业的产能都扩大到3万辆以上；近20家客车企业的产能达到了1万辆，个别企业产能扩大到5万~6万辆；还有近几年发展起来的新能源客车企业，如珠海银通、南京金龙、山东沂星、杭州长江等企业的产能规模都在万辆以上。整个大中型客车产能可达到70万~75万辆，另据2015年中国公路学会客车分会统计，当年客车产量为29.9万辆，产能利用率仅为42%，产能过剩直接导致的就是价格竞争。

不仅传统客车产能过剩，就是刚刚起步发展不到两年的新能源客车也显现出产能过剩、产能利用率不足的现象。南京金龙2015年累计销售新能源客车8955辆，珠海银隆也实现了新能源客车销售订单7000辆。这些名不见经传的企业近两年高调进入客车市场，加上现有客车企业在新能源客车产品上大量扩产能，都会加剧产能过剩。目前，国内前十家客车企业的产量和规模已经排在全世界客车制造业前十位，再也不能盲目扩大产能和投资了，要把资金投放到技术创新、提高核心竞争力上来。

（二）关于新能源客车

2015年是"十二五"收官之年，在国家政策和地方政策的大力推动下，我国新能源汽车推广交出了十分亮眼的答卷。全年共生产新能源汽车37.90万辆，同比增长4倍。"十二五"期间，新能源汽车累计产销49.7万辆，基本达到50万辆的目标规模。

2015年，我国新能源客车累计销售92428辆，同比增长了3.93倍，尤其是2015年12月当月销售新能源客车26928辆，占全年销售量的近30%。但是，新能源客车迅速推向市场的过程中也暴露出一些深层次的问题。

第一，关于补贴政策。2009年财政部和科技部为了支持国家节能与新能源汽车推广，从节能减排专项资金中安排部分资金用于补助新能源汽车的推广，主要选择部分大中城市（"十城千辆"示范城市）的公交、出租、公务和邮政等公共服务领域进行试点。客车主要为十米以上公交客车，每辆在20万~50万元（不同节油率和电动率）范围内进行补贴。2013年9月，财政部、科技部、工信部和国家发改委四部委又下达了《关于继续开展新能源汽车推广应用工作的通知》，根据通知，2013年新能源汽车推广应用补助标准为：纯电动客车：6米≤车长<8米，每辆补助30万元；8米≤车长<10米，每辆补助40万元；车长≥10米，每辆补助50万元。电动客车补贴范围和补贴力度明显加大，如果各省和地方按1∶1补贴的话，新能源客车国补加上地补，可分别享受到60万元、80万元和100万元的补贴。也就是说，购买6米以上各类纯电动客车几乎可以全部享受国家和地方补贴，不用自己出一分钱。

在电池续航能力尚不足与充电设施有待完善的情况下，政策驱动新能源汽车增长的威力令人惊讶。2015年，国家和地方针对新能源汽车的补贴达300多亿元。但国内新能源补贴政策粗放，缺乏完善的监管措施，使新能源客车普遍存在"重生产、重销售、轻使用"和"重补贴、重扩能、轻研究"的现象。

国家和地方大量的补贴，并没有看到新能源客车发展的预期成果，反而引起社会的强烈反响。2016年3月财政部、科技部、工信部和国家发改委联合组织开展新能源汽车推广应用核查工作，同时研究调整和修改新能源汽车补贴方法。目前关于补贴调整的方案网传很多，补贴方案的变动已对客车市场销售带来了较大的影响。2016年一季度新能源客车累计销售7699辆，虽然同比增长32.2%，但只相当于2015年12月一个月销量（26928辆）的28.6%。

我们调查了重庆、四川、陕西三省市新能源客车生产使用情况。2015年三省市共有新能源客车5783辆，基本都在正常使用，但由于充电设施有待完善，所以大部分混合动力客车主要动力仍以使用燃油为主。从总体调查来看，10米以上公交客车都确确实实地在正常营运，而6~8米客车有很大一部分处于停驶状态，"重购买轻应用"现象比较普遍。

我们在此提出对于新能源客车推广应用补贴的建议：

1. 调整完善补贴政策，因车施政鼓励车辆使用

针对6~8米客车双重补贴后的补贴过度问题，应适度调整客车、

专用车等中央补贴政策。目前中央财政支持的重点是购置环节，建议中央和地方将支持重点从购置环节转向使用环节，根据车辆使用特点创新支持方式，重点支持基础设施建设和车辆使用等。对地方财政负担购置的新能源汽车，可借鉴公交油补政策转向对运营的支持。对租赁车辆，地方可出台与充电量或纯电行驶里程挂钩的奖励补贴政策，建立"多用电，多补贴"的补贴机制。

2. 建立推荐车型目录动态调整新机制，集聚优势资源扶优扶强

改变财政支持方式，由普惠制补贴向"奖优罚劣"转变，聚集科技和产业资源，支持技术先进产品。根据产业技术发展水平定期研究提高进入推荐车型目录的技术门槛，适时提高进入目录的企业门槛，大力支持持续进行研发投入、水平不断提升的企业，从而建立鼓励优势企业做强的领跑制度。通过实施有进有出的动态调整机制，逐步淘汰缺乏技术实力、难以保障持续售后服务、唯补贴导向、趁机捞一把的企业，建立奖优罚劣的淘汰新机制。

第二，关于新能源客车关键技术。目前，国内的新能源客车发展对补贴依赖较严重，需要从"补贴驱动"向创新驱动转型。随着补贴逐渐退减，补贴将不会再是竞争武器，而竞争必须依靠技术创新、政策创新、商业模式的创新。

目前，技术创新仍是新能源客车发展的关键。新能源客车的核心技术问题仍在电池、电机、电动管理系统。首先，第一个目标就是要增加纯电动汽车续驶里程，这主要取决于锂离子动力电池的特性，并涉及电池能量、整车重量、温度特性、循环寿命等多个方面。其次，要进一步增强整车及动力电池的安全性、可靠性。这主要取决于整车系统的安全设计、动力系统控制的管理设计，以及动力电池的安全性设计。就电池产能来看，2015年末，国内19家动力电池企业已达305亿瓦时。根据有关报道，2016年加上扩建电池项目，产能可能会达到430亿瓦时，从总量上完全能满足国内新能源

客车蓝皮书

汽车市场的需求。因此，关键是要提高动力电池的比能量。目前国内动力电池的比能量大约为130kW/kg，车辆续驶里程在150km～200km；2020～2025年预计比能量能提高到250Wh/kg～300Wh/kg，车辆续驶里程在300km～400km。部分客车企业开始研究开发氢燃料电池客车，并且产品投入了试运行，为我国新能源客车开辟了一个更新更高的发展平台。

第三，关于驱动电机的关键技术。目前，无论永磁同步电机还是交流异步电机在技术上都是比较成熟的，尤其是采用双电机驱动的技术。双电机的直驱系统无论是低速大扭矩还是二次加速都有良好的性能表现，能更好地满足使用要求。另外，已经批量应用的轮边电机、轮毂电机更能提高电动客车的动力传递和整车驱动性能。2015年，我国12家电机生产企业生产驱动电机70万台，电机控制系统68万套，产能基本能满足市场需求。

关于电控系统，主要应在电动系统控制和管理方面，在技术成熟的基础上，加强电子干扰和主动安全防护的研究，提升整车的可靠性。此外，为了提高电动客车续驶里程，满足客户使用要求，整车的轻量化设计和制造将成为新能源客车的一项重要技术。为了减轻车身的整体质量，许多客车企业选用铝合金和高强钢作为车身结构件的主材，大大减轻了整车自重。在车身设计方面，优化结构设计，采用先进的计算机模拟设计和分析，可进一步减轻车身自重。科学的整车动力匹配，合理选择电池类型和品牌，也能给整车轻量化带来很好的效果。

新能源客车是全世界近几年才发展起来的一种新型动力客车，与传统客车相比，它在动力系统特别是电池、电机、电控、动力传动系统等方面有本质的差别，许多新技术、新课题都有待我们去研究。只有扎实认真地去解决这些关键技术问题，才能使我国新能源客车得到更好地推广和应用。

（三）客车产业的技术创新

我国客车产量和销量多年来一直居世界首位，我国客车产量前十位的企业，也能排名世界产量前十位，我国一直是世界客车保有量、需求量第一的国家。但是我们的客车技术还不能堪称世界一流，还不能说是世界客车强国。世界最大的客车生产国理应成为世界一流的客车强国。要成为世界客车强国，首先在技术上要达到或超过世界先进水平，并引领客车产业的发展。要实现客车产业的技术创新，标准化是基础。2016年4月6日，李克强总理主持国务院常务会议，会议决定实施《装备制造业标准化和质量提升规划》，强调坚持标准引领建设制造强国，是结构性改革尤其是供给侧结构性改革的重要内容。要瞄准国际标准，加快关键技术标准研究，节能与新能源汽车是规划中的十大重点领域之一。

"十二五"期间，全国汽车标准化委员会客车分技术委员会（简称客标委）组织行业完成33项国家和行业标准的制修订工作。正在组织制修订的还有八项标准。

已完成的国家标准包括：

"客车用安全标志和信息符号"

"客车结构安全要求"

"客车上部结构强度要求及试验方法"

"长途客车内空气质量检测方法"

"低地板及低入口城市客车结构要求"

"专用校车安全技术条件"

"客车座椅及其车辆固定件强度"

"专用校车学生座椅系统及其车辆固定件强度"

"客车灭火装备配制要求"共九项。

已完成的汽车和交通行业标准包括：

"客车平顺性评价指标及限值"

"客车全承载整体框架式车身结构要求"

"客车质心位置测量方法"

"营运客车类型划分及等级评定"

"青藏高原营运客车技术要求"

"公共汽车类型划分及等级评定"

"乡村公路营运客车结构和性能通用要求"

"纯电动城市客车通用技术条件"

"混合动力城市客车技术要求"

"液化天然气客车技术条件"

"客车电涡流缓速器装车性能要求和试验方法"

"客车发动机缓速器装车性能要求和试验方法"

"客车液力缓速器装车性能要求和试验方法"

"汽车底盘集中润滑供油系统"

"客车用24.5英寸气压盘式制动器性能要求"

"城市客车塑料座椅及其车辆固定件的强度"

"城市客车塑料座椅"

"客车电磁击窗器"

"客车用阻燃橡胶地板"

"客车应急锤"

"客车外推式应急窗"

"客车CAN总线技术要求"

"客车线束用波纹管技术条件"

"客车乘客门门泵"共二十四项。

列入计划正在组织制定的标准包括：

"客车前部结构强度要求及试验方法"

"专用校车系列型谱"

"客车空气悬架结构及技术要求"

"客车前部防撞梁技术要求"

"客车约束隔板"

"营运客车内饰材料阻燃性评价方法"

"客车空气净化装置技术条件"

"客车防追尾系统性能要求和试验方法"

"客车内饰材料燃烧特性"共九项。

这些标准涵盖了客车基础性要求、客车整车结构安全要求、客车通用性方法要求，包括了新能源客车、专用校车在内的各种类型客车的要求，以及客车所采用主要零部件总成的要求。这些标准的制定、修订，极大提升了我国客车的整体技术水平。例如：专用校车标准的修订使我国校车整车安全性能得到明显提高；新能源客车的标准中明确了安装电池箱专用灭火和采用阻燃地板铺料的要求，这些要求可进一步提高电动客车防火、灭火的性能。正在制定的"客车前部结构强度要求及试验方法"不仅填补了国内空白，在国际上也是首次对客车前部结构强度提出要求，其客车正面壁撞试验方法也是世界首次。

未来，我们要围绕进一步提升客车主动安全和被动安全要求，实现客车整体技术的提高。随着整个汽车行业的技术进步，主动安全和被动安全技术更多地在客车产品中得到应用。例如，盘式制动器、缓速器、汽车制动防抱死装置、汽车自动灭火装置、无内胎子午线轮胎、制动间隙自动调整装置、客车CAN总线技术、客车动力转向、客车空气悬架、承载式车身技术、客车上部结构强度翻滚试验等，这些新技术和新产品的采用，极大提升了我国的客车安全性。

最近正在组织修订的GB7258"机动车运行安全技术条件"国标，增加了车长大于11米的客车装备车道偏离报警系统（LDWS）的要求，据了解，目前国产LDWS已在客车上累计安装了2万多套。该国标还规定车长大于9米的客车应具备（电子）制动力分配功能，制动气压应达到1000kP（10公斤压力）。这些装置的采用将进一步提升客车行驶的安全性能。

客车产业技术创新的重点仍旧在三个方面，即：主动安全、新能源和智能化。汽车智能化目前逐渐成为热门话题，长安乘用车无人驾驶由重庆到达北京，宇通客车也在郑州到开封间成功进行了无人驾驶客车试验。有专家预计2020年汽车自动驾驶将实现道路运行，特别是在高速公路上，车主可选择自动驾驶，然后处理其他事务，车内变成移动终端，可以上网、发E-mail、与他人交流沟通。

（四）客车零部件企业技术进步和产品升级

客车企业以组装生产为主，客车整车的技术提升有赖于客车零部件的技术进步和产品创新。客车零部件强，客车产业就会强，所以一定要把我国客车核心零部件水平提升上去，20世纪90年代，我国客车零部件厂家积极学习和引进国外先进技术和产品，迅速提升了国内客车的整体水平，大大缩小了和世界先进水平的差距，也为今天国内客车行业的良性发展打下了基础。但近几年来，受到客车市场环境的影响，客车零部件企业新产品开发的积极性有所减弱，产品技术进步有所滞后，影响了客车行业整体技术水平的提升。

因此，客车整车企业应该多鼓励、协助和支持客车零部件企业的产品开发，在资金、技术、市场开拓以及新产品使用等方面积极帮扶零部件企业。只有我们的客车零部件技术提升了，产品做强了、做精了，客车的整体水平才能实现"质"的提升。

（五）客车营销模式的创新和改革

2016年初，受新能源客车补贴政策调整各种传言的影响，几乎所有客车企业的新能源客车销售都感到有些束手无策。究其原因，新能源客车定价不是按照汽车销售常态的正向定价而是逆向定价，以补贴多少来确定销售价格，补贴未定，销售价格也无法确定。

另外，我们整个客车营销特别是车价的确定、车辆的配置要求，受市场和用户的制约太大。满足市场需求是客车营销始终遵循的原则，但如果过分强调，就会失去客车技术进步引领市场需求的作用。客车企业应该组织起来认真研究，确定共同遵守的营销行规，避免过度竞争和打价格战，引导行业健康发展。

三　抓住"十三五"机遇，推动客车行业供应端创新

从近年来发布的一系列官方数据来看，客车行业虽然仍面临诸多挑战，但机遇仍存。

2015年，全国公路总里程457.73万公里，其中高速公路12.35万公里。全国公路营运客车83.93万辆，比上年同期减少了0.8%，其中大型客车30.49万辆，同比减少了0.6%。2015年全国城市及县城拥有公共汽电车56.18万辆，比上年末增加了6.2%，其中BRT车有6163辆，同比增加了15.4%。全国公交运营线路总长度89.43万公里，比上年末增加了9.4%。

2016年5月，国家发改委、交通运输部联合印发了《交通基础设施重大工程建设三年行动计划》。根据规划，2016~2018年，国家重点推进水路、铁路、机场、城市轨道交通项目303项，涉及项目总投资约4.7万亿元。在公路方面，以"三大线路"区域通道内高速公路为重点，实施国家高速公路网剩余路段建设和繁忙路段的改扩建工程，推进普通国道提质升级及未贯通道路路段的建设。

2015年末，我国城镇常住人口77116万人，常住人口城镇化率为56.10%，比上年末提高了1.33个百分点，随着城镇化率的提高，今后几年，将有5000多万人口移居到城市。2015年1~12月国内外

旅游人数41亿人次,其中入境旅客2598.54万人,预计2016年国内外旅游人数约43.8亿人次,增长9.5%,入境游1.37亿人次,增长2.5%。到2020年国内旅游出行率将比2015年提高一倍。

公路建设的发展,现代城市公交优先政策的落实,人口城镇化率的提高,国内旅游业的迅速发展,都将为全国百姓道路出行提供更大的发展空间。近几年来我国的客车行业始终保持健康发展,新技术、新产品不断投放市场,在整个汽车行业中完全具有了独立知识产权和拥有了自主品牌。我国早已是世界最大的客车需求大国,也是世界最大的客车制造国,只有抓住"十三五"发展的契机,真正从客车制造供应端做好技术创新和产业提升,才能实现从客车大国到客车强国的"客车梦"。

参考文献

1. 国家统计局:《2015年国民经济和社会发展统计公报》,2016年2月29日。
2. 交通运输部:《2015年交通运输行业发展统计公告》,2016年5月5日。
3. 国家铁路局:《2015年铁道统计公告》,2016年3月3日。
4. 《我国锂电产业链将从数量时代进入质量时代》,中国汽车工业信息网,2016年5月2日。
5. 王秉刚:《十三五是新能源汽车大规模推广战略期》,《经济观察报》2016年2月28日。

B.5
电动巴士技术发展分析

王 健*

摘 要： 电动化是未来全球公共交通的发展趋势，涉及能源与公共交通行业。电动巴士发展的基本法则是提高能源效率，高效地运载更多乘客。能源效率是运营商选购巴士的基本标准，电动化的核心是基于电力牵引和模块化部件所组成的车辆，利用电动机牵引驱动巴士行驶的技术路线可分为：中央式、分布式和轮毂直驱式。将巴士动力源移到车轮上，车身设计具有更大弹性，电动机直接驱动车轮行驶，取消机械传输系统，可大幅缩短动力传输路径，提高传输效率，能耗比传统电动巴士最多可减少一半，除节省成本和减轻车重之外，更让车内空间加大。

关键词： 电动化 电动巴士 能效 驱进系统 轮毂直驱式

一 中国新能源汽车政策

中国政府承诺大力推行节能减排措施，大幅降低二氧化碳排放，

---

* 王健，重庆交通大学公共交通学者，厦门理工学院中国未来巴士系统研究中心首席专家，《中国巴士与客车》年鉴主编，公共交通国际联会会员、中国土木工程学会巴士快速交通技术推广委员会专家组成员，中国城市公共交通学会常务理事、学术委员，中国公路学会客车分会专家委员会成员、《欧洲客车周》与《亚洲客车周》评审团成员。

增加森林面积，使用气候友好科技，并在2020年之前使非化石能源占一次能源消费的比重达到15%，实现减排40%以上。针对这些节能减排承诺，中国政府在"十一五"规划纲要中，将新能源汽车的发展列为主要措施之一。

从国家"863计划"电动汽车重大专项开始，科技部把大力发展电动汽车作为促进汽车工业发展的战略性举措；2009年"十城千辆工程"的启动，促使电动汽车进入快速发展阶段。

在国家和地方补贴的经济刺激下，中国的电动巴士（Electric Bus）产销量已位居世界第一，但其中也不乏未达到安全技术标准或产品一致性的车辆，还有一些并未实际使用，新能源汽车的发展面临诸多管理问题。

二 欧盟《零排放的城市巴士系统》

欧盟《更清洁、更美好的城市交通行动》（CIVITAS）旨在转变市民、规划师、政治家和各行业的态度，实现更环保的交通模式，并确保各种交通方式的可持续发展。改变人们的交通出行方式（多乘坐公共汽车）无疑是降低油耗与减少碳排放的最好策略，30多个国家的200多个城市一起分享知识、解决方案和研究成果。示范项目城市采用全盘综合和个体参与方式，实施一整套交通解决方案，解决城市中各种交通方式的各种问题。

所谓的电动化（Electrification），是指能源行业和公共交通行业之间建立的一种联系；这种联系所形成的新服务领域就是电动交通（Electric Mobility），它涉及电网运营商、汽车制造商和用户。无论是电动化还是电动交通，欧洲术语中的电动车辆（Electric Vehicles）包括有轨电车、地铁和无轨电车，这些交通方式在欧洲国家每年运送9000万乘客，巴士（本文所使用的"巴士"专指公共汽车，客车泛指公共客车与公共汽车等各种载客汽车）仍然是承担公共交通客运总量（60%）最大的交通方式。由国际公共交通联盟（UITP）牵头的欧盟第 7 研究框架项目"零排放的城市巴士系统"（ZeEUS，FPT7），类似于中国"十城千辆节能与新能源汽车示范推广应用工程"，开展为期 4 年（2013 年 11 月～2017 年 4 月）的研究，主要目标是：（1）通过在城市公共交通网络的中心区示范运营情况来评估电动巴士系统的经济、环境和社会可行性；（2）为决策者提供指南和工具来确定在什么条件下，何时以及如何引入电动巴士；（3）促进市场购买电动巴士。欧盟为这个项目提供了 1350 万欧元基金（总预算 2250 万欧元）。示范项目联合 40 家行业协会、巴士制造商、公共交通运营商、能源供应商、技术供应商、工程咨询、大学和研究中心，亚历山大·丹尼斯（英国）、伊利萨尔（西班牙）、索拉利斯（波兰）、斯柯达（捷克）、VDL（荷兰）和沃尔沃（瑞典）等六家巴士制造商提供 35 辆示范电动巴士（包括部分车外供电的双源无轨电车、车载电能储存的电池电动巴士，以及车载小型发电机组的插电式混合动力巴士），分别在巴塞罗那（西班牙）、波恩（德国）、卡利亚里（意大利）、格拉斯哥（苏格兰）、伦敦（英国）、明斯特（德国）、比尔森（捷克）、斯德哥尔摩（瑞典）等城市示范运营，建立零排放巴士观测台来密切关注全球城市巴士系统电动化的发展情况，广泛收集电动巴士运营的经验，讨论载客量大的电动巴士技术进展，通过年度报告、网站、论坛来交流信息，推动参与示范运营的城市和公司取得收益。巴士的电动化涉及部门如图 1 所示。

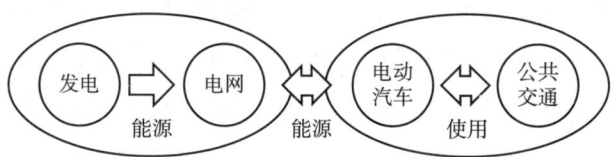

图 1　巴士的电动化涉及能源与公共交通两个部门

欧洲公路运输研究咨询委员会（ERTRAC）在《都市交通与运输电动化》研究报告中提出的主要技术挑战包括：

1. 能量存储系统（成本、性能、寿命、安全）
2. 动力推进技术（能量回收、范围延伸部分）
3. 系统集成（部件相互影响的能源效率）
4. 电网整合（充电、计量、可再生、V2G）
5. 安全（防撞性、高压、应急）
6. 交通系统集成（道路基础设施、多种交通方式的使用）

三　电动交通的发展趋势

发展电动交通是公共交通系统技术发展的必然趋势，不论将来的燃料电池、材料电池或油电混合动力如何变化，电动汽车的变化只是储存能源的方式不同，动力系统都是电驱系统，增程插电式混合动力的驱动系统与电池电动汽车相同，只是车上装置一台小型发动机来提供电能，基于成本的考虑，这可能成为未来过渡时期的主流。

图 2 显示了电动化可实现公共交通零排放和无噪声的目标。

罗兰贝格管理咨询公司与亚琛公司发布的《电动交通指数》（E-mobility Index），根据技术支持（电动汽车性能＋国家研发基金）、产业发展（电动汽车产量＋供应商的生产水平）与市场行情（电动汽车销售比例）三项指标，对全球 7 大领先汽车国家（德国、法国、意大利、美国、日本、中国与韩国）进行评估，排名结果如图 3、图 4 所示。2015 年中国的产业发展排名已从 2013 年的第 6 位跃居第 1 位，技术支持排名从 2013 年的第 4 位下降到第 5 位，市场行情排名从第 6 位上升到第 5 位，中国政府为电动交通研究与开发所提供的资金是全球最多的（补贴总额超过 76 亿欧元），遗憾的是其综合排名居于榜单中下游，中国汽车行业试图在电动交通领域"弯道超车"的目标仍然任重道远。

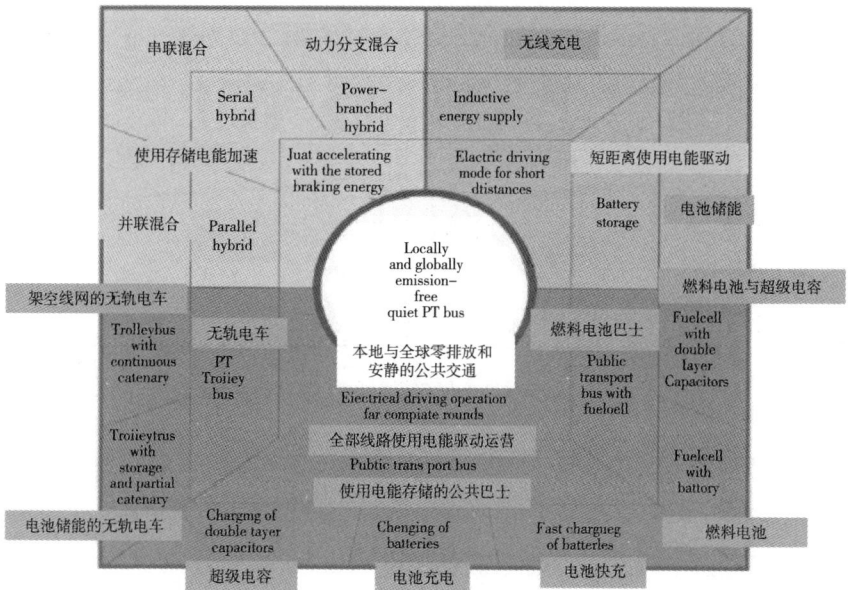

图2 电动化可实现公共交通零排放和无噪声的目标

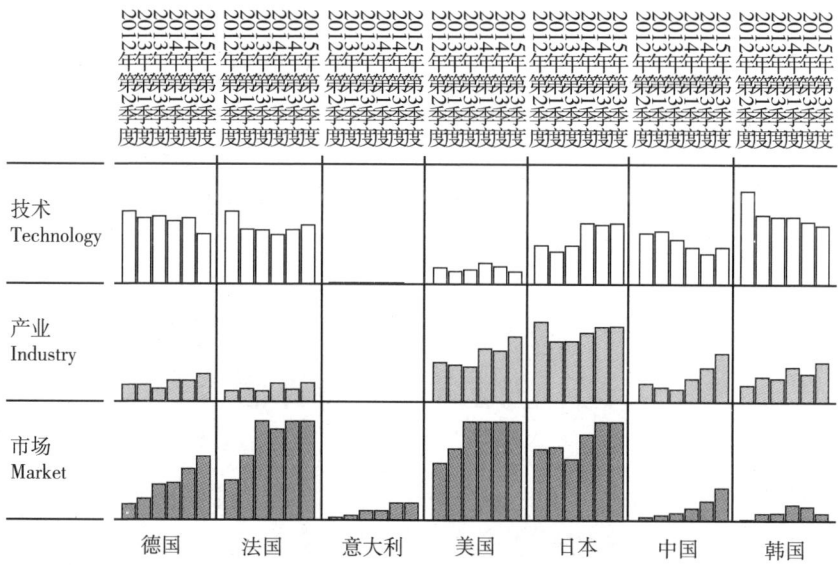

图3 全球电动交通指数国家排名榜

资料来源：罗兰贝格管理咨询公司与亚琛公司。

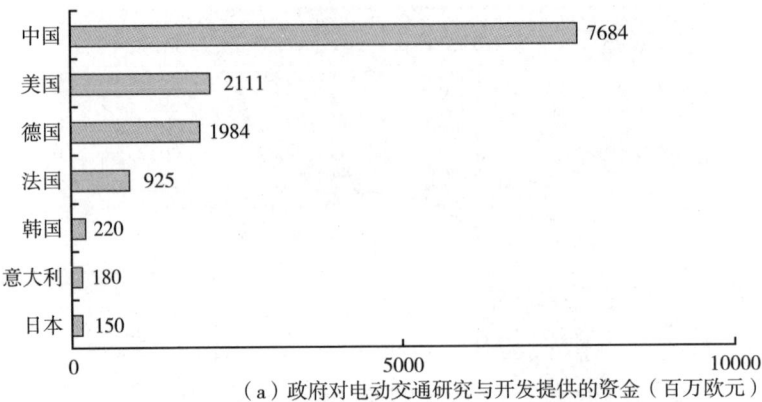

(a) 政府对电动交通研究与开发提供的资金(百万欧元)

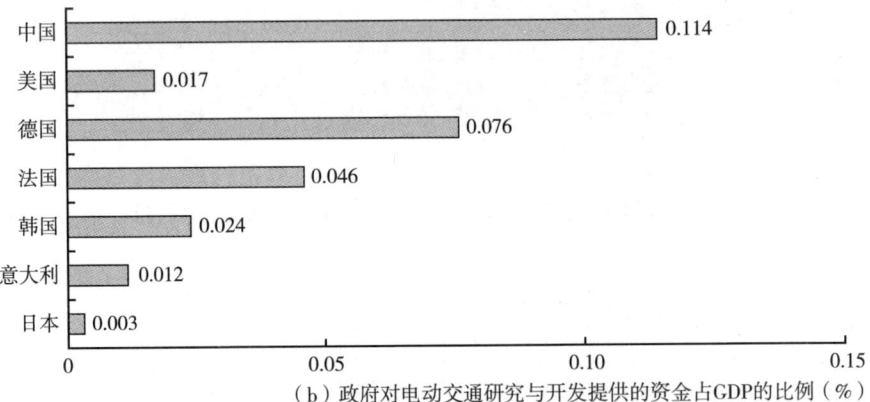

(b) 政府对电动交通研究与开发提供的资金占GDP的比例(%)

图4 各国政府对电动交通产业的研发支持

资料来源：罗兰贝格管理咨询公司与亚琛公司。

四 巴士能源效率评估

所谓的能源效率（Energy Efficiency），是指输出的能源（产品、服务或绩效）与输入的能源之比或其他数量关系，体现为每单位燃料消耗量（体积或质量）的车辆行驶距离，或每单位车辆行驶距离的燃料消耗量（体积或质量）。汽车能源效率标准为每百公里油耗量

(L/100公里），电动汽车能源效率标准为每百公里电耗量（千瓦时/100公里）；不同交通方式的能源效率差距很大，比如从自行车的每公里几百焦（kJ）到直升机的每公里几十兆焦（MJ）。对公共交通运营来讲，电动巴士运送乘客的能源效率指标为每千瓦小时所运送的乘客距离（人公里/千瓦时），它主要取决于车辆利用率（载客多少），其次是车辆电耗量，它们之间的关系如图5所示。随着车辆载客率的提高，电动巴士的能耗量显著下降（能源效率提高）。

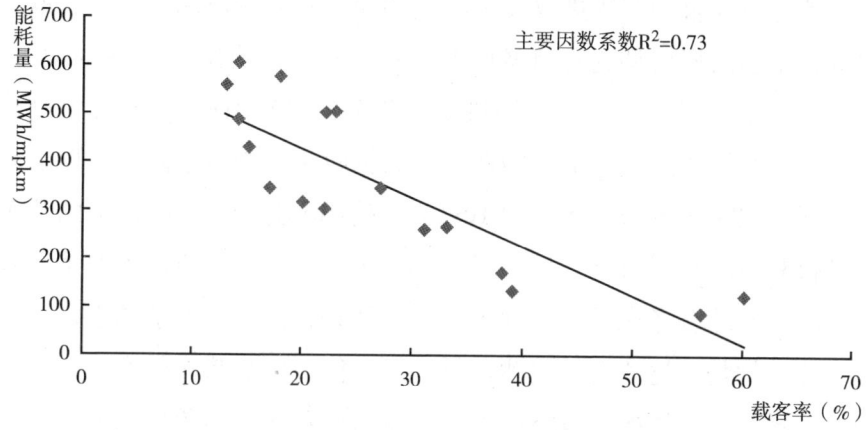

图5 载客率对能源消耗的影响

资料来源：BESTRANS 2004。

公共交通运营商抱怨巴士制造商官方提供的能源效率指标与实际的能源消耗量差距太大，因为许多车辆所标示的油耗量是车辆在实验室中选经济车速时最省油的百公里耗油量，缺乏现实的参考意义。中国汽车油耗测试方法基本沿用《新欧洲行驶循环》（New European Driving Cycle），已颁布的《乘用车燃料消耗量限值》（GB19578 - 2004）、《轻型汽车燃料消耗量试验方法》（GB19233 - 2008）和《轻型混合动力电汽车能量消耗量试验方法》（GB/T19753 - 2005），通过整车测试来检验和评价能耗及排放性能；正在制定《重型商用车辆燃料

消耗量限值》行业标准，要求通过发动机性能测试来评定能耗及排放性能，不从整车角度进行法规试验，回避整车测试所需的造价昂贵的底盘测功机试验程序，欧洲、美国和日本的汽车法规体系都采用这种路线。无论是基于13种操作模式测量的《欧洲稳态测试循环》（ESC），还是包括在城市、农村和高速公路上行驶的《欧洲瞬态循环试验》（ETC），都更多的是考虑发动机动态特征和整车性能，都是试验环境下的模拟测试结果，这是欧盟汽车型式认证的基本要求。

针对不同重型车辆排放技术法规和使用不同排放测量方法，联合国世界车辆法规协调论坛（WP29）在《1998年协定书》的框架下，制定了《全球统一的重型发动机认证规程》（WHDC），通过对全球重型商用车辆实际使用情况的调查和数据收集，制定了瞬态试验循环（WSTC）和稳态试验循环（WHSC），覆盖欧盟、美国和日本的典型车辆行驶情况，尽可能地反映了世界范围内重型发动机的道路实际运行情况，并综合考虑了目前和未来重型发动机的排放性能的发展。

遗憾的是，这些发动机测试循环既不能反映重型车辆在实际使用中的能耗及排放情况，也不能充分反映公共巴士走走停停的典型运营情况，传统的法规和测试方法都不足以有效地模拟公共交通车辆的运营情况。2000年，国际公共交通联盟（UITP）根据欧洲公共交通运营商的统计数据（商业速度、平均车站停靠时间、平均站间距、载客率等），提出了标准化公共巴士燃料消耗测试项目，目的是在公共交通行业建立一个标准化的模块测试循环，以减少不同城市和国家定制测试循环的多样性，降低成本。

五 国际公共交通联盟《行车路试标准》

2004年，国际公共交通联盟发布了第一版测试12米单体柴油巴士燃料消耗的《行车路试标准》（SORT），2009年修订为适用测试各种单体巴士的燃料消耗标准；2014年其发布测试混合动力巴士的燃料消耗标准（SORT-HY），2015年发布测试天然气巴士燃料消耗的标准；目前正在制定适用电动巴士的《行车路试标准》（SORT-HEV），以提供可比较公共巴士燃料消耗值（数据可靠、具有可比性）的工具。这些数据的可用性可以避免公共交通运营商每次与制造商签订车辆购买合同时重复相同的测试，因而节省时间和金钱。

在成本合理化的语境下，《行车路试标准》（SORT）由3个模块（循环）组成，总的路试循环由平均时速12km的市区循环（SORT1）、平均时速17km的混合循环（SORT2）和平均时速27km的郊区循环（SORT3）组成，根据需要的精度多次重复路试循环测试。每个循环都由三部分（梯形）组成，每部分的基本特征都是加速、匀速和减速的过程，每部分之后是"停站时间"，每个模块后的"停站时间"代表乘客上下车的时间（包括开车门和关车门），通过这种方式重复相同的模块就构成了一个标准化的运营循环，它比较真实地反映了城市公共交通服务车辆不断起-停的运营过程（见图6）。

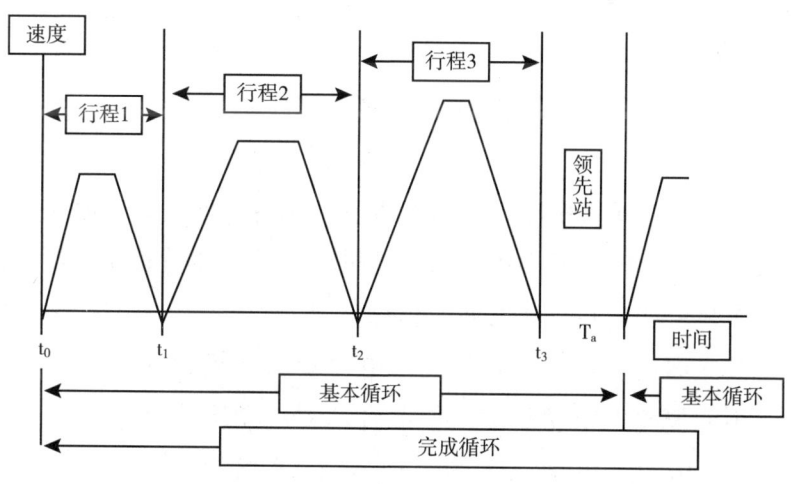

图6 行车路试标准循环架构示意

资料来源：UITP。

3个循环的测试结果分别代表三种城市路况下的巴士燃料消耗量,但这并不完全等同于实际运营的燃料消耗量,因为实际的车辆油耗还取决于驾驶风格、载客量、地形与气候条件等。运营商可以根据3个循环占当地运营路况的比重来确定综合的路试燃料消耗量,通过加权平均的方式来计算。许多欧洲城市的公共交通运营商都采用自己的行车路试测试循环结果作为车辆采购招标的参考。

《行车路试标准》(SORT)在一个特定的框架内,比较不同车辆(无轨电车、公共巴士、压缩天然气巴士、混合动力巴士和电动巴士)的能耗,可以为公共交通运营商提供极有价值的燃料消耗信息,也是公共交通规划和监控遵循能源效率管理行动的基本原则:没有客观的测量就无法进行科学的管理。《行车路试标准》(SORT)充分考虑交通密度、停靠站数量、线路地形、车辆载客量及商业速度等重要参数,通过标准化的行车路试获得测量结果。另外,还可重复获得简单的路试结果,具有一定的可比性,对巴士制造商、运营商和认证机构都是很有用的工具。

六 电动巴士的技术路线

由于巴士在城市中的运营常态大多是额定转速,其内燃机运行时能量损耗巨大。因此,内燃机与电动机相比较的能效是非常低的,电动化已成为全球公共交通发展的趋势。

公共交通电动化的核心是基于电力牵引和模块化部件所组成的车辆。不同概念的电动巴士,像混合动力电动巴士会采用小型内燃机(ICE)作为纯电动巴士的一种型式;纯电动巴士因为零排放,被认为是公共交通车辆最清洁选择的里程碑;而适度的混合动力概念,以及完全的混合动力汽车则是推进汽柴油行驶里程最大化愿景的切入点。

电动巴士动力推进系统的主要组成部件见图7。

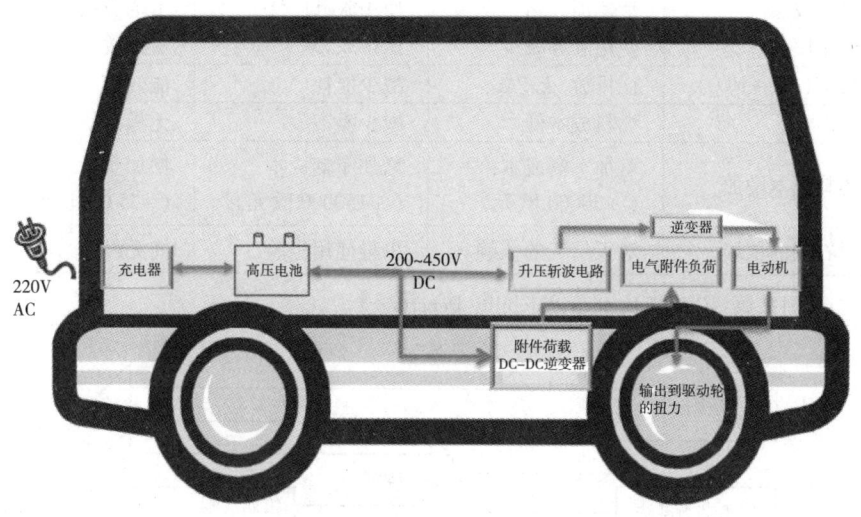

图7　电动巴士动力推进系统的主要组成部件

尽管电动巴士具有很多优点，但其也有弱点，如行驶里程受限、电池充电时间过长、整体的能效有限，以及储能系统的成本高等。这些方面都会找到解决方案，如储能子系统（电池、超级电容），电力驱动和智能电网子系统。另外，智能系统的整合还可以优化电力驱动的总管理。

要提高电动汽车的能源效率，不可避免地要受电池的基本限制，这就需要重新考虑汽车的基本概念和使用。尽管电动汽车在许多年前就开始实验，但到目前为止还不具备大规模发展的必要条件，因此，制定电动汽车的整合方案是很重要的。

城市公共巴士采用不同动力推进系统的技术特征比较见表1。

电动巴士发展的基本法则见图8。

表 1　城市公共巴士采用不同动力推进系统的技术特征比较

柴油巴士	天然气巴士	混合电动巴士	电池电动巴士
技术成熟	新建加气站	使用服务广泛	示范应用
使用服务广泛	使用服务减少	低排放,减少 CO_2	零排放
污染($PM + NO_x$)	低排放、无 PM	减少能耗	能效高
噪声	燃料成本低	减少噪声	无噪声
燃料成本增加	增加车辆成本（+30000 欧元）	增加车辆成本（+150000 欧元）	增加车辆成本（+250000 欧元）
对石油的依赖	对天然气的依赖	少量使用经验	尚无经验

资料来源：City of Bremen, Mobility Department。

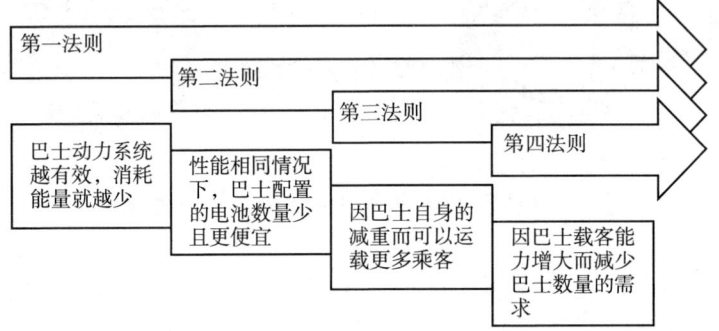

图 8　电动巴士发展的基本法则

七　电动巴士的技术创新

相比内燃机,基于电动机驱动车轮的推进系统是先进的。使用电力具有清洁排放和再生制动的优势。到目前为止,从研究的角度来看,最值得关注的推进系统技术是氢燃料电池发电。在燃料电池巴士完全商业化之前,其他动力电池与混合动力推进技术和部件仍值得研究开发。

（一）储能系统（电池系统、电池和电容）

增加电池能量密度和容量、安全、寿命、循环寿命,促进机械、电力和数据通信接口的标准化快速发展,以及减少成本都是储能系统大规模生产所面临的最大挑战。对纯电动汽车和插电式混合动力车来说,高能量是最重要的,它决定电动驱动的行驶范围。锂离子电池具有出色的能量和功率密度特性,目前来看是混合动力和电动汽车最有前途的下一代电池技术选择。由于电极和电解质材料有各种各样的选择,可能在未来会发现可以提供更高性能或更好匹配用户需求的其他系统。两个主要的研发路径一是基于锂离子电池系统,进一步改善能量密度,单体电池达到每公斤 200~400Wh;二是对新的电池材料系统的基础研究,能量密度高达每公斤 500Wh 以上。

(二)电机

电动汽车对电机的基本要求是体积小、重量轻和成本低,同时还要增加功率和扭矩。电机在车辆应用过程中要能够承受严酷的温度和机械振动,其解决方案必须提高效率。

电机和机械传动之间的机械一体化,必须妥善解决减轻重量、体积和成本,高效率、驾驶舒适等问题,例如,一种选择是匹配两速或三速动力换挡变速箱,另一种选择是在两轮或四轮上应用轮毂电机,配备一个主动式悬挂系统就能实现对车辆动力的更好控制。

(三)能效辅助系统

能效辅助系统(如空调、动力转向和照明)意味着汽车要增加一部分能量需求。传统的供暖是利用内燃机燃烧过程的余热,而电动汽车所有辅助装置的能量都依靠主要的能源存储装置——电池,任何附加损失都会减少汽车行驶里程。因此,新的电力辅助装置和车辆热管理,以及创新的供暖系统解决方案都是市场十分需要的。提高公共交通系统中电动巴士的性能需要研究改进低能耗辅助部件(公共巴士、有轨电车、地铁的取暖、通风和空调）的能源效率，一些公用设施车辆，如垃圾车，辅助系统的电气化是减少温室气体排放和噪声的一种有效的方法。

（四）电机和车轮的主动控制单元

电驱动系统的电动机技术由直流向交流发展，这是因为交流电动机的耐用性和高速性能是直流电动机所无法替代的；把交流电动机集成到轮毂中，通过改变磁铁的磁性强弱、线圈的结构，在一定程度上可以提高电动机的功率或转矩，满足公共巴士高转矩和高功率的要求。

电动巴士与传统客车完全不同，其推进系统根据运营要求和车辆技术参数（如车速、功率、加速性等），来确定电动机参数。电动机是在三个不同的物理原则下（磁场、静电和压电）运转的，主要由定子和转子构成，按电动机类型分为无刷电机和有刷电机两大类；按结构和工作原理可细分为直流、异步和同步电动机；按使用的电源分为直流、交流和脉冲电机；按机械结构分为摩擦传动、中轴链轮传动和轮毂驱动。直流电动机按结构及工作原理可分为无刷直流电动机和有刷直流电动机；交流电动机分为单相电动机和三相电动机。

开发电动巴士推进系统新技术必须通过一系列的步骤：

（1）概念发展——提出新技术新"点子"；

（2）技术研究与开发——探讨概念成为现实的可能性，如果这个概念成为预期的现实，需要研究和进一步探索；

（3）车辆研发、设计和整合——"点子"发展到足以完成最初的目标并合理工作就要开始将这一技术整合到巴士设计中，与其他系统配合工作；

（4）制造和组装集成——到这一阶段，概念已可以嵌入到实

际可工作的车辆上,因此需要造出至少一辆原型车来论证如何工作;

(5) 车辆演示、测试与评估——在小批量的车辆上进行测试和评估;

(6) 发布、营销和支持——在大量预生产车辆上测试该项技术,并准备发布;

(7) 完整的产品供应——该项技术已经在生产中大量应用,这被视为完全商业化,将继续改进。

八 电机驱动系统的前景

利用电动机牵引驱动巴士行驶的技术路线可以分为三大类:

(1) 中央式电动机驱动模式。传统的电动巴士采用中央式电动机取代内燃机,电力经由电动机输出的动能经过变速箱、传动轴、主传动器、差速器、半轴传输到车轮来驱动客车行驶,只改变客车的动力源而没有改变驱动系统。

(2) 分布式电动机驱动模式。分布式驱动电动巴士将电动机分散布置到各车轮(包括轮边、轮内和轮毂中),减少了差速器和车桥等部件,提高了传动效率。与传统中央式电动机结构相比,分布式电动机的车身结构更加紧凑,车内空间利用率高。

(3) 轮毂电机直接驱动模式。如前所述,轮毂电机没有传统轮毂装置,由电机直接驱动车轮,最明显的好处是动力传输的路径大幅缩短,能量损失减少,传输的效率大幅提高(见图9)。轮毂电机除动力传输效率高之外,还减少了大量传动组件,节省了成本,降低了重量,更让车内空间加大,设计的自由度大幅提高。动力源移到车轮上,传统的客车发动机舱和轮包也不复存在。

图9 米其林的主动车轮（左）e–Traction 的轮毂电机（右）

（一）中央式电动机驱动模式（见图10）

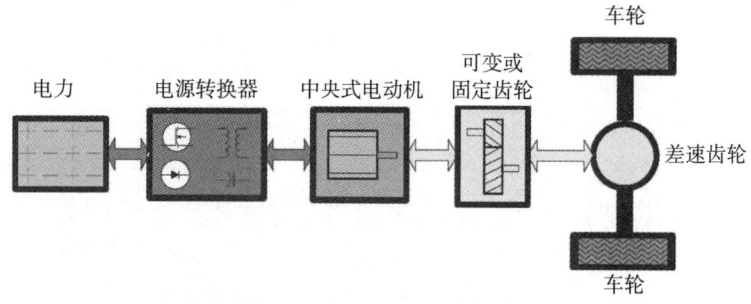

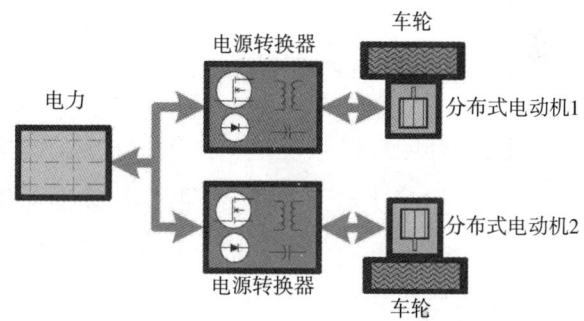

图10　电动巴士推进系统的中央式与分布式电动机布置

（二）分布式电动机驱动模式

分布式电动机推进系统的基本特征是将牵引电机安装在驱动轮附近（轮边电机，Wheel Motor）或安装在驱动轮内（轮内电机，In - Wheel），通过行星齿轮机构实现电动机在高速运行下减速驱动车轮旋转；或将牵引电机安装在驱动轮内的轮毂上（轮毂电机，Hub-Motor），直接驱动车轮行驶；这些分布式的电动机通称为车轮电机或电动轮（in-wheel-motor，IWM），包括有减速机构的间接驱动和无传动装置的直接驱动。通俗地讲，轮毂电机是指电机转子本身就是轮毂，在转子上面安装轮胎；轮边电机是指轮毂和电机是分离的，电机安装在轮毂旁边，通过或者不通过减速直接驱动车轮；轮毂电机则没有传动装置，由电机直接驱动车轮（见图11）。

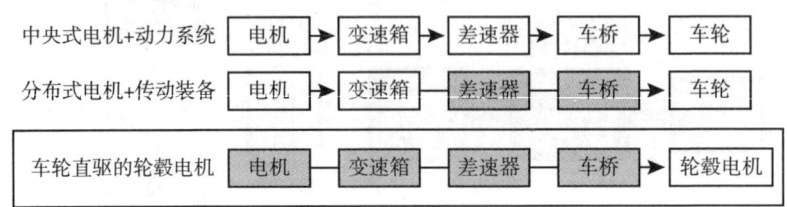

图11　电动巴士推进系统的不同驱动传动链

（三）轮毂电机直接驱动模式

轮毂电机没有传统轮毂装置，由电机直接驱动车轮，最明显的好处是动力传输的路径大幅缩短，能量损失减少，传输的效率大幅提高。这也是公共巴士电动化发展的一个重要方向。

从车轮驱动控制的观点来看，采用轮内电机具有一些先天优势。四个车轮都安装轮内电机，客车立刻变成四轮驱动车，且各车轮的动力还是完全独立控制。

从某种程度上可以说，现代电动巴士与传统电动巴士推进系统的本质差异在于是否使用传动装置（见图12）。轮毂电机的转子直接驱动轮毂旋转（转速较低），电能转化为动能驱动车轮行驶，减少车辆滚动阻力47%，充分体现其能源效率，完全摆脱机械传动系统的约束，使电气化集成控制成为可能。轮毂电机把动力独立发送到每个轮毂，用软件监测每个轮毂的状况，因此节省车内空间和车身重量。通过电子控制器实现每个轮毂从零到最大速度之间的无级变速和轮毂之间的差速要求，动力控制成为软连接，因此，理论上讲，轮毂电机系统是电动汽车发展的最终驱动形式。与内燃机和中央式电动机等传统集中驱动方式相比,其动力配置、传动结构、操控性能、能源利用等方面的技术优势极为明显(见图13)。

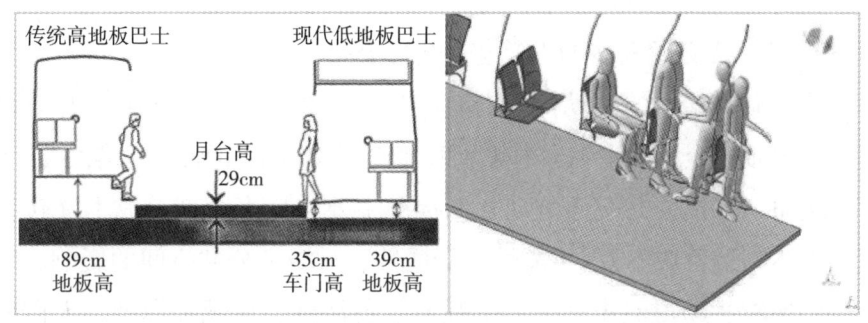

图12　电推进系统完全可以满足巴士的通达性要求

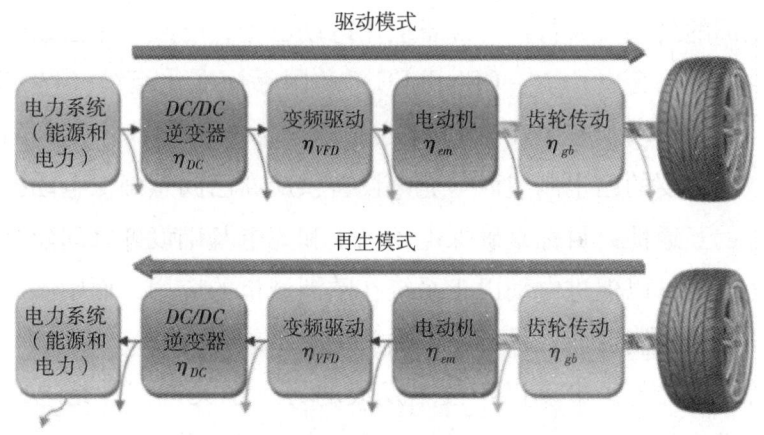

图13　电动巴士的电力系统潮流示意

德国工程师费迪南德·保时捷(Ferdinand Porsche)早在1900年就开发出世界上第一部采用轮内电机驱进系统(前轮分别用轮内电机)的电动汽车(Lohner Porsche),时速可达56公里,在巴黎世界博览会上展出并卖出300多辆。而内燃机动力的大幅提升,超越了轮内电机在传动效率上的优势,汽车动力技术便走向了内燃机大一统的天下。

客车蓝皮书

九 展望

全球公共交通发展的大趋势是电动化。

中国政府给予的电动汽车财政支持,其补贴金额是按照车长来设定的,导致车企为获取财政补贴而增加车辆电池容量配置的错误行为。客观地讲,评估公共交通电动化的标准主要包括寿命期总成本(包括投资成本与运营成本)、可靠性、舒适性、对城市公共空间的影响、对电网的影响、经得起未来考验的投资、灵活性、法规和标准、人们的接受程度(包括乘客与驾驶员)。电动巴士发展的最基本法则是提高能源效率,高效地运载更多乘客才是电动巴士技术发展的大方向。

欧洲的公共交通行业正准备应用电动巴士,已经开始通过欧洲电工标准化委员会(CEN - CENELEC)和国际标准化组织(ISO/IEC)推进标准化活动,有望在2019年实施欧洲标准,2020年实施国际标准。欧洲主要的巴士制造商与充电设备供应商已同意确保电动巴士充电设施的互通性,目标是确保电动巴士和充电基础设施之间建立一个开放的接口,以促进电动巴士系统在欧洲城市的应用,而中国同一个城市不同巴士制造商提供的充电插头仍然不兼容。

除电池之外,电动巴士技术发展的另一个关键部件是电驱动系统。电动汽车的驱动技术可以划分为三代,第一代为中央式电动机,第二代为轮边电机,第三代为轮毂电机。当巴士的动力源移到车轮上,车身造型设计、空气动力学曲线设计乃至于结构补强设计都有更大的弹性;电动机直接驱动车轮行驶,不再通过机械传输系统来驱动车轮,可大幅缩短动力传输路径,提高传输效率,其能耗与传统电动汽车相比,最多可减少一半;减少大量传动组件,除节省成本和减轻车重之外,更让车内空间加大,设计自由度大幅提高。欧洲的轮毂电机驱动系统已经开始产业化,中国在这方面亟须追赶。

B.6 中国客车企业走向海外的五种模式

陈静仪*

摘　要： 在经济下行压力加大，结构性产能过剩十分明显的背景下，越来越多的中国客车企业开始以全球经济一体化的视野进入国际市场。然而，全球经济的萧条，国际环境的纷繁复杂，对企业来说，既是一种机遇，也是一种挑战，企业"走出去"不但是一个实践话题，也是一个理论话题。为此，对中国客车走向海外的模式进行梳理和总结，就成为一件很有必要的事情。

关键词： 技术输出　资本输出　品牌共享　散件组装

一　共存共赢模式

在中国企业"走出去"的战略中，"陌生"是经常碰到的词，"陌生的市场""陌生的文化""陌生的政治环境"等。

中国企业在一个不同于自己国家的环境中经营，会因经济、社会、法律、文化等条件的差异而引发一系列成本和风险。减少跨国经营中的成本，降低品牌风险，寻求熟悉当地市场的代理商，不失为一个低成本、高效率的选择。

---

* 陈静仪，中国客车专家，资深媒体人。

与当初跨国公司进入中国市场一样，面对陌生的法律、法规和消费习惯以及不确定性的市场前景，谙熟中国市场运作的代理商成为最佳的合作对象。这些代理商不仅在当地有广泛的人脉，而且了解当地市场的需求，并有现成的销售渠道。这使得跨国公司能够快速融入目标国市场当中。

基于此，中国客车企业在扬帆出海中，往往将代理商作为"走出去"的重要战略选择。而代理商的好坏，更成为企业"出海"能否成功的重要因素。

（一）经典案例

1. 案例一

2015年，宇通客车在巴黎的客车业掀起了"中国旋风"。10月14日，"第23届法国客车运营商联合会（简称FNTV）会议"在法国首都巴黎举行，除了法国主管交通的部长、巴黎市长、巴黎大区委员会副主席，以及FNTV主席外，大会还破例邀请宇通客车董事长以世界客车最大供应商身份坐上主席台，并讲话。在此之前，从未有客车企业登上过FNTV年会的主席台。

11月30日，举世瞩目的巴黎气候大会召开。大会期间，主办方向外界展示了即将在巴黎大区最大的客运企业——RATP公司（巴黎大众运输公司）试运营的五辆新能源客车，其中仅有一辆非欧洲品牌客车，即宇通客车的纯电动客车。

"中国旋风"的刮起，法国DCG集团功不可没。DCG集团是宇通客车在法国的经销商，其从1921年就开始从事客车销售业务，迄今拥有员工200名，每年在法国基本保持350辆客车的销量，在当地占两成的市场份额。不仅如此，DCG集团与法国众多客运企业有多年的业务往来，与政府相关部门也有较深的人脉关系。上述这两件在法国引起轰动的事件，与DCG集团主席皮埃尔的运作有很大关系。

对于宇通客车选择与 DCG 合作，法国 FNTV 主席米歇尔如此评价："宇通客车选择与 DCG 合作非常正确，DCG 集团是有近百年历史的企业，信誉非常好，且专业做客车。这能让宇通客车在法国市场一炮打响。"

事实的确如米歇尔所说，2011 年 DCG 集团与宇通集团签订合作协议，2013 年就销售了 50 辆宇通客车，2014 年销售了 200 辆，2015 年更是销售了 250 辆。

宇通客车在选择海外代理商中有一套严格的流程，除了实地考察了解合作对象的真实情况以外，还会重点衡量三方面的情况：专业度；有无客户群；对宇通品牌是否有信心。

选择标准是宇通客车在法国获得成功的关键因素。在签订合作协议后，基于长远考虑，双方并没有急于卖车，而是花了不少时间来做产品改进，使产品更适合欧洲客车市场的标准。不仅如此，凭着对宇通客车的信心，DCG 每年自掏腰包，邀请用户到宇通客车实地考察。当代理商有强烈的意愿将宇通客车作为自己的事业来发展时，宇通客车在目标市场国的营销就成功了一半。

2. 案例二

在非洲，埃及是厦门金龙旅行车有限公司（以下简称金旅客车）最成功的一个市场。金旅客车之所以能获得现在的成功，很大程度上得益于代理商的努力。

金旅客车在埃及只有一个代理商，就是 EL KASRAWY 公司。EL KASRAWY 公司创立于 1979 年，其最早在埃及代理丰田汽车品牌。公司以汽车、地产和旅游运输为三大主营业务，是埃及重要的汽车营运商。

多年与丰田的合作，让 EL KASRAWY 公司传承了不少"细微之处见精神"的丰田式管理模式。而丰田留给 EL KASRAWY 公司的服务理念、渠道布局、配件资源调配等立足之本，让 2010 年才进入埃

及客车市场的金旅客车更是受益匪浅。

双方合作后，EL KASRAWY公司详细的市场产品分析、布局合理的销售网点，以及覆盖埃及每一个城市的售后网络，让金旅客车的产品价值得到了最充分的体现。短短几年时间，金旅客车在埃及市场取得了飞跃发展。以海狮车为例，近几年，在埃及局势动荡、整体汽车销量下降30%的情况下，金旅海狮始终保持着良好的发展态势，尽管其价格高于其他竞争产品，但销量始终名列前茅。尤其是2015年，金旅海狮逆市飞扬取得了两位数的增长。

这一切成就的取得与代理商的努力不无关系。自2011年以来，埃及政坛动荡与经济不景气，导致了埃镑持续贬值，非官方市场价格与官方汇率差距明显。埃镑贬值使埃及物价出现显著上涨，带来了新的社会不稳定因素。为此，埃及政府不但动用大量外汇储备，力图支撑埃镑与美元的汇率，还开始限制外汇的使用。外汇使用的受限，使许多代理商不能从事经营活动，导致许多品牌的海狮车出口受阻。而EL KASRAWY公司凭借在埃及的人脉关系，通过资源配置拿到了外汇，解决了最棘手的海狮车进口问题。

（二）模式总结

中国客车企业在进入国际市场的初期，因为不熟悉海外市场，会面临渠道、本土化等诸多问题的挑战。一个问题处理不好，就可能让企业在进军海外时遭遇滑铁卢。不愿过多投资和不愿冒风险的企业，会以较少投资，利用中间商现有的销售渠道去营销，而不必自己去处理出口的单证、保险与运输等业务。

同时，企业在保持自主进退国际市场及改变国际营销渠道的灵活性的情况下，也不需要承担市场风险。但这种模式的缺点在于，多数利润可能被中间商赚取，并且企业无法直接掌握客户信息，不能及时把握客户的需求变化，也无法掌握市场第一手信息，而且容易受制于人。为此，愿与企业共同发展，并有专业精神的强大代理商就成为中国客车企业进军目标市场国的选择。

二 借助当地力量的技术输出模式

对于CKD，国人并不陌生。改革开放，国门大开，中国的轿车工业就是从CKD起步，发展成为今天的世界汽车大国。大众、通用、丰田等跨国汽车公司也正是从CKD的技术输出开始，占中国市场的巨大份额。

CKD，英文全称为"Completely Knock Down"，其表现形式是进口散件，利用当地劳动力组装生产汽车并出售。

由于散件组装涉及较为详细的产品清单以及生产制造流程的技术转让，所以，散件进口国不仅要支付散件的费用，而且每组装生产一辆汽车，都要支付给技术提供方转让费。因此，技术转让才是CKD出口的核心。

当年，德国凯斯鲍尔、奔驰、尼奥普兰，瑞典沃尔沃等都曾以这种方式进入中国客车市场。随着时代的变迁，中国客车业在日益壮大的同时，也正从以"产品输出"为导向的外向型经济发展模式，向用客车技术硬实力"说话"的技术输出型模式转变。

值得注意的是，在这种转变中，技术合作的方式最得到客车业的认可。就目前情况看，有几个特点。一是目标市场国的销量达到了一定规模，为了降低成本、扩大市场，而选择投资建厂。中国客车企业以转让许可的方式，授权代理商在当地用散件生产组装客车。二是目标市场国的企业为了提高本国的客车制造水平，引进中国的技术，在企业内部用散件组装生产。这类似于当年的安凯客车，用技术合作的方式组装凯斯鲍尔客车。安凯向德国凯斯鲍尔支付技术转让费，其组装的客车使用"凯斯鲍尔"商标。

在企业"走出去"的战略中,这种无须企业投资、风险低、融入当地最有效的散件组装方式,最受中国客车企业推崇。这种借助当地力量"出海"的方式,越来越多地应用在欠发达国家。

(一)经典案例

1. 案例一

2005年,400辆宇通客车出口古巴的消息震动了中国客车业。它不仅是中国客车业当时出口最大的一笔单项贸易,也是中国首次以客车CKD散件的方式出口。

当时,古巴如同30多年前的中国,公共交通落后。处于卖方市场的客车,在该国每年约有1000辆的需求。为此,古巴急需客车产品和技术,支持本国经济社会的发展。

采用CKD方式,不仅能节省大量的运费,更重要的是通过对宇通车型的组装,引进和消化先进的制造技术和经验,可以推动古巴制造业的发展。就如同跨国企业进入中国一样,古巴要用市场换取中国的客车技术。于是,古巴政府提出要引进技术,由古巴国内的汽车组装企业组装客车。自2005年开始,古巴通过组装生产客车,在交通领域节省了12%~15%的外汇。

此举对于宇通客车来说,同样意义重大。在向古巴输出散件、技术的同时,宇通客车实际上也在输出品牌:在古巴当地每生产一辆客车都要支付技术转让费,并且要使用宇通的商标。因此,不光是客车出口,品牌也出口了。

与单纯的CKD组装客车不同,宇通客车根据当地的路况、法规、运行环境等,对产品进行适应性技术改进后,再进行CKD出口。在筹建古巴的客车组装厂时,协议约定需派8名宇通客车员工常驻古巴(实际上有20多名宇通的技术人员常驻)。这些人既负责解决生产上的技术问题,也负责解决售后配件和运营中出现的问题。不仅如此,宇通客车还培训了一批当地的技术和管理人员，以期建立并不断完善古巴的客车运营体系。

正是由于融入当地，利用当地的有效资源，宇通客车不仅占据了古巴新品客车90%以上的市场份额，而且成为古巴客车的代名词。

2. 案例二

2006年，中国客车开始走进菲律宾，将其引入菲律宾的是金旅客车的代理商某跨国汽车公司。

在此之前，菲律宾日韩客车占主导，其对中国客车并不认可。经过该代理商不懈的努力和拓展，以及金旅客车对其客车进行的当地化改进和完善，其产品逐渐得到当地市场的认可。

这一良好的开局，使"中国客车制造"越来越多地受到菲律宾的欢迎。中国汽车技术研究中心的数据显示，近5年，除2012年中国与菲律宾南海争端升级，导致中国客车出口急剧缩水外，其余4年，中国向菲律宾出口客车均以两位数的速度增长。目前，中国客车占据了菲律宾客车市场80%的份额。

中国客车在当地市场逐步得到认可，也意味着中国客车的市场逐渐有了规模。2009年，该跨国汽车公司决定投资建厂，以期绕过本国的贸易壁垒——关税等，用散件组装金旅客车。当然，这只是降低客车成本的部分考虑。更重要的还有以下几个因素：一是可以降低运输成本；二是建组装厂将会提高竞争力；三是可以获取本国政府在发展政策上的支持；四是可以树立持久发展的形象，让用户对金旅品牌有信心；五是建厂的同时，也解决了售后服务急需的配件问题，为用户运营价值最大化创造条件；六是当今后生产和销售形成一定的规模后，可以利用比较优势参与东盟十国的大市场竞争。

金旅客车对菲律宾散件组装客车的技术出口，使其在菲律宾的销售收入连续几年出现了30%以上的增长，市场占有率始终位列第一。

CKD 的出口方式，让金旅客车不仅收获了品牌口碑，而且每组装一辆客车就会收获不菲的技术转让费。

（二）模式总结

中国客车企业在"走出去"的战略中，已经由进入国际市场初期的通过目标市场国代理商的间接出口，开始向契约式进入的技术出口升级。这无疑是中国客车企业国际化的一次升华。相较于代理商的间接出口，技术出口更有利于改变中国制造的低廉产品形象，有利于扩大和占领当地的市场，有利于客车售出后的服务，有利于扩大中国品牌在当地的影响力。但由于没有资本的介入，企业对当地的合作工厂没有管理的话语权，产品质量的控制完全取决于当地投资企业的责任心。

三　资本输出模式

在跨国公司的主导下，全球一体化的进程越来越快。在中国制造与全球一体化的融合与冲突中，"你不国际化，就会被国际化"的压力共识，让越来越多的中国企业将国际化作为企业发展的重要战略。

海尔、华为、中兴等中国企业，为"中国制造"树立了国际化榜样。在"走出去"的战略中，它们不仅在世界各地有了更大的市场，其品牌也开始在世界上掷地有声。

中国的崛起，离不开土地、资源、劳动力等要素成本的优势。但是，随着中国经济的快速发展，过去的要素成本红利正消失殆尽。"走出去"，从产品输出向品牌、资本输出转型，已成为代表中国品牌国际化形象的海尔、华为、中兴等企业拓展全球资源布局、重构企业全球价值链的必由之路。

实际上，在改革开放中形成大国竞争优势的中国客车业，也在尝试着这种转型。宇通、比亚迪等企业就是从产品输出向资本输出转型的中国客车领军企业。

改革开放以来，中国客车业不仅是市场竞争最充分的行业，也是开放度非常高的行业。中国客车企业与世界不少跨国公司都有过合资合作的经历，对它们的管理、技术方式和制造过程有一定的了解。更主要的是，中国客车业通过立足自身、引进消化吸收再创新的发展道路，凭借大国的市场优势，已经形成具有客车强国禀赋的产业。

中国客车市场不但是世界上最大的市场，而且需求层次丰富，与全球客车市场的梯次相仿，在需求结构方面具有得天独厚的优势。基于此，中国客车企业在"走出去"的过程中，以市场规模、产品覆盖和适应世界市场能力的独特优势，形成了区别于其他跨国公司，具有中国特色的国际竞争力。

然而，在与跨国公司的国际竞争中，中国客车业与中国家电行业相比，国际化程度不算很高，主要表现在资本输出的投资建厂上。

从跨国公司的国际化经验看，通过资本输出的海外投资，可以充分利用当地国吸引外资的各种优惠政策，便捷地获取当地的资源和市场。而资本强大的力量，又赋予资本输出企业对当地市场规则和贸易格局重要的话语权。为此，跨国公司将海外投资视作国际化战略的必然选择。现在，中国客车业经过多年"走出去"的国际化实践，也开始像家电业一样，从产品输出向品牌、资本输出转型。

（一）经典案例

1. 案例一

2015年3月，委内瑞拉政府和宇通客车正式签署了合资建厂协议。这一在委内瑞拉亚拉奎州圣费利佩市的合资工厂，年设计生产能力为3600辆客车。工厂建设分阶段进行，第一阶段工厂建成后，每月组装90辆客车；第二阶段到2016年底工厂建成后，可实现在当地

全散件组装,并创造2000个直接就业岗位及4000多个间接就业岗位。该工厂采用柔性生产线设计,能满足不同种类客车产品的生产制造,规划投放产品包括8~12米的公交车、校车等。2016年3月,宇通客车在委内瑞拉投资的CKD工厂首批100辆客车下线并交付使用。

宇通客车在委内瑞拉投资的这个项目,委内瑞拉政府给予了高度重视。委内瑞拉政府高层不仅出席了合资工厂投入运行及100辆客车正式下线仪式,委内瑞拉总统马杜罗还亲自批准,为这个合资项目提供4.8亿玻利瓦尔的流动资金。

实际上,委内瑞拉的经济,正如改革开放初期的中国,亟须吸引外资,引进技术。而宇通客车的投资,可以带来技术和经济的外溢效应,被视为推动该国经济增长的重要动力。委内瑞拉副总统AristóbuloIstúri在100辆组装客车下线仪式上说:"委内瑞拉宇通客车厂为该国的玻利瓦尔经济计划启动了工业引擎。可以帮助政府改善交通,满足交通运输的需要,并带动43家配件供应商,开辟11个新的领域。"

显然,宇通客车在委内瑞拉的投资建厂,形成了本土化的品牌效应,而制定的涵盖交通规划、服务网络建设、车辆设计、车辆后台监控系统等的一系列解决方案,更是由产品的价值对接转向产业价值链的对接。这一渗透到当地市场规则和标准的做法,使其在当地市场形成了垄断优势。

不仅如此,根据双方合作备忘录,宇通客车未来在当地生产的产品不仅可以在委内瑞拉国内销售,还可以进入部分加勒比海地区、中美洲和南方共同市场(含阿根廷、巴西、玻利维亚、智利、秘鲁、巴拉圭、乌拉圭、哥伦比亚和厄瓜多尔等12国)的部分国家。

2. 案例二

2015年10月21日,在习近平主席和英国威廉王子的共同见证下，比亚迪同英国最大的客车制造商 ADL（亚历山大丹尼斯有限公司）签署了高达 65 亿元人民币的合资协议。根据协议，双方将共同生产纯电动客车，其中，比亚迪提供电池与底盘，ADL 制造车身，并共同负责对车辆进行现场维修和保养。

此次合作第一个项目的订单是伦敦 51 辆 12 米单层电动客车。这个订单是欧洲最大的电动客车订单，届时，比亚迪的电动动力系统、底盘将与 ADL 车身一起，在 ADL 苏格兰福尔柯克工厂进行组装。

比亚迪对英国的投资，来自伦敦交通局（TFL）的计划——2020年前，伦敦市所有单层公交车要实现零排放的目标。51 辆 12 米单层电动客车，是为伦敦打造的第一个大规模零排放单层电动公交车队。目前伦敦共有 9000 辆公交车，每日运输客流量达 650 万人次，超过了巴黎和纽约的公交车运输客流量总和。

如此前景的规模，以及英国良好的投资环境，使比亚迪做出了投资英国 ADL 公司、生产纯电动客车的选择。其实，比亚迪的选择还有另一个目的，ADL 是业界公认的设计和制造两轴和三轴双层客车的世界领导者，业务范围覆盖英国、中国、新加坡、美国、加拿大等国。与其合作不仅可获得市场，也可获得技术。比亚迪对欧洲这一世界客车高端市场输出技术和资本，对其品牌的高端化会产生较大的影响。

（二）模式总结

投资进入模式是跨国公司进入国际市场的一种长期、稳定的战略行为。这种模式属国际化的高级阶段，一般所说的跨国进入指的是投资进入，这也是当今跨国企业进入国际市场所采用的最普通的模式。投资进入最容易实现目标市场国的本土化，而本土化是提高当地市场认同感的基础。有了认同感，品牌在当地才会植根，品牌也才会产生溢价。但利益大，风险也大。海外投资中，当地的政治、

经济等不确定因素以及对本国企业实施保护等，都可能导致投资的失败。

四 品牌共享模式

在产能近乎饱和、传统动力市场逐步萎缩的环境下，中国客车企业走向海外，参与国际竞争，似乎已是唯一的选择。然而，在"走出去"的路途中，产品贸易输出的方式越来越显脆弱，市场不稳定，利润被一层层分割，再加上国际市场对中国客车品牌的认知度不高，使得没有品牌溢价的中国客车处于市场的最底端。

如何才能让中国客车走向国际市场，世界经济发展的规律显示，品牌国际化是必由之路。根据联合国工业发展组织的最新统计，世界级的国际化品牌占全球品牌数量的比重不到万分之一，但产品却占到全球市场的40%以上，销售额更占据了全球的半壁江山。

在"中国制造"中，最早"走出去"的家电企业，已在品牌国际化方面觉醒。海尔以建立海外生产基地，组建海外人才团队，打通海外销售渠道的模式进行品牌国际化营销；格兰仕以制造链的方式切入，用"格兰仕制造"的世界市场占有率来曲线创造品牌的国际化；TCL则以并购为手段，通过与汤姆逊的合作，获得其在欧美市场的百年品牌与技术，使品牌问题迎刃而解，大大节约了品牌推广成本。

不过，除了格兰仕的品牌国际化路径，海尔和TCL的品牌国际化尽管可以实现从产品输出向品牌输出的转变，但巨额资本的投入，使中国的客车企业望尘莫及。

在中国客车企业走向海外的国际化经营中，有没有自己独具特色的品牌国际化模式？苏州金龙海格客车与瑞典斯堪尼亚的合作，似乎是有别于其他品牌国际化的模式。没有投资风险，双方不仅以技术互补的方式联合制造客车，而且知识共享，实施双品牌战略。

（一）经典案例

2009年10月，在比利时Kortrijk世界客车博览会上，斯堪尼亚不但全球首发一款斯堪尼亚·海格统领（Touring），还对外宣布了一件对其全球扩张具有战略意义的大事——这款由斯堪尼亚和苏州金龙共同打造的豪华客车，将利用其销售渠道销往欧洲等全球市场。

斯堪尼亚是一家有着"公路之王"美誉的世界著名商用车制造商，同时也是全球著名客车底盘供应商。一百多年对商用车生产的专注和执着，使其商用车动力系统和传动系统均处于世界领先地位，是全球用户认可的重卡和客车业巨头。斯堪尼亚不仅在全球市场拥有良好的品牌形象，而且经过多年经营，在全球已有庞大的销售和服务网络。

而此时的苏州金龙经过多年的发展，已成长为中国最具成长潜力的客车企业，其市场规模和影响力仅次于宇通客车，在海外市场的表现也格外引人关注，苏州金龙近几年的海外业绩始终名列中国客车业前茅。

尽管如此，苏州金龙与其他的中国客车企业一样，经过多年在海外市场的拼搏，靠中国低廉的劳动力价格、高性价比的产品，成功实现了"产品国际化"。但是，对于要实现"客车强国"梦想的中国企业来说，"产品国际化"不足以在世界范围内获得影响力，不足以长期占有海外市场，不足以有更大的优势参与国际竞争。

现实告诉苏州金龙，要想在国际舞台上长袖善舞，必须实现品牌的国际化。然而，在国际市场中，品牌推广需要高昂的成本和时间，但风云变幻的市场能给中国客车企业时间吗？

苏州金龙与斯堪尼亚的独特合作模式，打开了"中国制造"品牌国际化的另一扇窗口。这是一次技术和品牌合作探索的尝试。斯堪尼亚利用苏州金龙客车生产的规模、成本以及先进的制造工艺等生产

要素资源，完成客车的组装制造；苏州金龙则利用斯堪尼亚的底盘技术、全球庞大的销售渠道和服务网络，进军国际市场。更重要的是，苏州金龙借用斯堪尼亚品牌的全球影响力，用海格和斯堪尼亚的双LOGO战略，渗透国际高端市场。

在双方优势互补的基础上及共同努力下，斯堪尼亚·海格统领从2013年起就开始步入稳健的发展轨道。2013年，其在全球的销量为160辆，2014年达到400辆，2015年达到450辆，2016年预计销售600辆。

更令人欣喜的是，斯堪尼亚海格统领客车的出口，90%是销往世界高端市场——欧洲。目前，斯堪尼亚·海格统领占据了中国高端客车出口欧洲的大部分份额。与斯堪尼亚合作的双品牌战略，提高了苏州金龙海格客车在海外的品牌溢价能力。苏州金龙出口到欧洲的8米、9米海格自有品牌的车型，就是因其与斯堪尼亚合作生产高端产品，而提高了用户对海格客车的认同感。

（二）模式总结

苏州金龙与斯堪尼亚的合作模式，既不同于资本合作，也不同于收购兼并，更不同于贴牌生产；这是一种战略性、商务性、技术性的合作。这种合作，双方没有更多的利益冲突，不存在技术升级的矛盾，也没有市场范围的限制，相反，两者构成了一个利益共同体。苏州金龙以这种合作方式为手段，将自己这个不算知名的品牌与斯堪尼亚这个国际知名品牌结合起来，为自己争取了时间，打开了国际市场。

五 借力经济外交模式

近几年，中国经济外交渐渐进入一个火红的时代。2015年全年，习近平主席用42天时间，8次踏出国门，跨越赤道南北，出访亚欧美非四大洲10个国家,参加了9次国际会议。

从国家领导人频繁出访的报道上看,经济和贸易在领导人出访的议程中所占分量越来越重。中国需要世界,世界也需要中国。在中国经济转型,亟须企业"走出去"的当口,中国"经济外交"中的一项重要任务就是帮助中国企业"走出去"。

于是,我们在国家领导人的历次出访中,不断看到商业合同、贷款与援助等大单的签订;也不断看到很多中国企业家陪同国家领导人出访。

实际上,国家也通过一些外交形式,推动中国企业在境外发展,并通过各种方式寻找商业与市场的时机,为中国企业"走出去"创造更多条件。

就在中国政府利用各种外交途径,彰显中国经济力量时,中国的客车企业也在借助国家的经济外交,打开国际市场。

(一)经典案例

1. 案例一

2015年10月,习近平主席访问英国,签订了超过300亿英镑的外贸订单。中英经贸协议的规模引起了世界广泛的关注。在世界的关注中,一项与中国客车"走出去"相关的协议,震动了英国,也震动了全球。在习近平主席和英国威廉王子的共同见证下,比亚迪同英国最大的客车制造商ADL签署了高达65亿元人民币的合资合作协议。

借助领导人出访这种特殊传播环境,不仅可以增强中国企业在当地的影响力,也能给企业带来一定的品牌附加值。

其实,客车企业最早受益于中国经济外交的,是宇通与古巴的贸易订单。2004年,时任中国国家主席胡锦涛出访拉美,与时任古巴国务委员会主席的卡斯特罗参加涉及诸多领域的16项协议的签字仪式,16项协议中就包括宇通出口古巴200辆客车、200套散件,总价值2.4亿元的贸易大单。

这一由国家领导人推荐，涉及两国战略层面的经济外交，受到了古巴国家领导人的高度重视。宇通在古巴的散件组装项目，被视为改变古巴落后的交通和经济状况的国家项目。

如此的背景，相当于当年桑塔纳在中国的影响力，而宇通借用经济外交的力量融入当地，利用当地的有效资源，使其成为古巴客车的代名词。

2. 案例二

近几年，在中国的经济外交中，"援助大单"和"贷款大单"成为国家"体现合作共赢"，创造企业"走出去"商机的另一途径。

2015年底，习近平主席在中非合作论坛约翰内斯堡峰会上发表演讲承诺，将为非洲提供600亿美元的发展资金。资金包括提供50亿美元的无偿援助和无息贷款，以及350亿美元的优惠性质贷款及出口信贷额度，约有50个国家有资格获得这笔资助。

中国政府向不发达国家提供发展资金，就像中国在几十年前对基础设施需求相当巨大，但由于债务压身，没有资金满足这些需求一样。非洲这些不发达国家也不会错过这个通过开发资源来获取和偿还贷款的机会。而中国进出口银行提供的资助性贷款，均以石油（或其他资源）为担保，而贷款的项目主要是基础设施建设。

宇通在委内瑞拉投资建厂的项目，借力的就是中委基金。中委基金支持委方基础设施项目，委方通过向中国增加原油和燃料油供应偿还贷款，同时加强与中方在石油领域项目的合资合作，以"贷款换项目、石油还贷款"的方式推动中委能源合作。其中，宇通的投资建厂就是以贷款换项目的一种。

同样，在非洲，中国有许多大的铁路、公路基础设施建设项目，这些项目由中国进出口银行提供资助性贷款，这些贷款均以石油（或其他资源）为担保，主要用于资助需求国的基础设施建设。而在这些大的承包工程中，客车作为其中的子项目进入了承包工程的采购清单。

（二）模式总结

中国的经济外交，正成为中国领导人频频出访的重头戏。在领导人横跨全球的出访中，众多政府间协议和企业间商业合同也随之而来。

通过经济外交，带动中国具有比较竞争优势的企业和行业"走出去"。这是中国经济外交的重要出发点。客车企业只有勇于创新、积极开拓，方能借助中国与世界相互需要的"大势"，方能乘着中国领导人积极推动的"东风"，通过平等的市场交换，在尊重所在国法律和传统的基础上，基于双赢原则，推进企业自身在海外的发展。

参考文献

1. 王辉耀等：《中国企业国际化报告（2014）》，社会科学文献出版社，2014。
2. 张群：《中国货物贸易结构演进研究》，东北师范大学博士学位论文，2015。
3. 余淼杰：《中国模式的进出口》，FT 中文网，2011 年 6 月 2 日。
4. "中美企业国际化经营比较研究"课题组：《我国企业国际化经营情况调研报告》，2012 年 12 月。
5. 蔡思宁：《中国汽车企业国际市场进入模式选择研究》，吉林大学硕士学位论文，2014。
6. 《联合英国客车巨头　比亚迪拿下近百亿电动大巴订单》，《证券时报》2015 年 10 月 22 日。
7. 施敏颖：《中国企业境外营销网络创建模式比较》，《商业时代》2013 年第 22 期。
8. 齐玮：《中国制造业海外进入模式分析》，中国海洋大学硕士学位论文，2014。

9. 吴崇、蔡婷婷：《跨国公司海外投资进入模式与绩效的多视角整合研究——基于中国制造业上市公司数据的经验分析》，《世界经济研究》2015年第11期。
10. 付少龙：《中国企业进入国际市场的动因及模式研究》，华中科技大学硕士学位论文，2013。

B.7
互联网＋汽车客运发展之路

于怀勇*

摘　要： 互联网和汽车客运发展迅猛、高铁冲击、P2P租车挑战，汽车客运怎样才能在新形势下取得好的发展？汽车客运行业在"顺潮、应潮、弄潮"，把握新的发展机遇的同时，要坚持行之有效的管理：教育员工热爱本职工作；建设优秀的员工队伍；建立优秀的企业文化，使企业处于优势地位；认清自身特点；以人为本；认清影响企业经济效益的主要因素；用计划考核控制成本；提出提高汽车运输效益的有效方法。

关键词： 客运集约化　互联互通　智能运输　主动安全

互联网在汽车运输中的应用，线上线下相结合的O2O用车市场风起云涌，P2P租车平台、滴滴出行、神州租车、一嗨租车、凹凸租车、白龙马租车、GO租车、嗒嗒巴士……林林总总，热闹异常。

一场互联网与汽车客运的产业革命正在兴起。历史潮流，顺势者昌，逆势者亡。汽车客运企业应该投身到这场新兴的产业革命热潮中，"顺潮、应潮、弄潮"，做一个适应时代潮流的经营者。

---

* 于怀勇，深圳市汽车维修行业协会副会长、秘书长。

客车蓝皮书

一 我国的汽车客运发展历史及现状

1949年新中国成立以来的汽车客运发展历史，到目前为止可以划分为：计划经济时代、计划经济与市场经济过渡时代、政府指导下的市场经济时代。

（一）计划经济时代（1949~1980年）

新中国成立初期到十一届三中全会之前，国内汽车客运实行高度集中的计划经济管理体制。由于运力短缺、运输设备落后、公路通车里程少等因素，买车难、买票难、乘车难是当时的一大社会问题。

（二）计划经济与市场经济过渡时代（1980~2011年）

这三十年的过渡期间，由于计划体制与市场体制并存，计划经济的做法长期没有得到改变，政府习惯于干预企业的生产经营活动，企业习惯于俯首听命，造成了许多不符合市场经济运行规律的现象。

（三）政府指导下的市场经济时代（2011年至今）

2011年后，政府不断加大对企业的"简政放权"力度，尽可能放开企业的手脚，让企业在公平竞争的市场环境中，通过激烈的市场竞争，物竞天择，适者生存，自主发展，汽车行业也进入快速发展期。

1949年我国的汽车保有量仅有5万辆。经过60多年的发展，2015年我国仅客车保有量已经高达1.3亿辆（含轿车），是新中国成立时的2600倍，其中新能源汽车保有量达到58.32万辆。汽车客运运力短缺的时代已经一去不复返。

二 汽车客运在综合客运交通运输体系中的状况

要实现"互联网＋汽车客运"的更好发展,就必须了解汽车客运在综合客运交通运输体系中的状况,做到知己知彼,百战不殆。

我国的综合客运交通运输体系,由道路客运、铁路客运、水路客运、航空客运组成。道路客运是综合客运交通运输体系中最大的、最普遍的和最基础的客运方式,它将铁路客运、水路客运、航空客运有机地组成一体,使乘客真正实现了"门对门"运输。

在我们的现实生活中,乘客坐火车、乘轮船、上飞机之前一般都要首先经过汽车客运。下火车、下轮船、下飞机之后,通常还要经过汽车运输才能到达目的地。因此,可以说,要实现乘客的空间位移,基本上都要经过道路客运环节。没有汽车客运,就不可能组成综合客运体系。道路客运是历史最悠久、最重要、最普遍、最基础的客运方式,也是其他客运方式不可或缺的组成部分。

因此,要充分认识汽车客运在综合运输体系中的普遍性、基础性作用;在火车站、客运码头、空港做好汽车与其他运输方式的衔接,才能充分发挥汽车客运的优势。要在其他运输方式不能进行客运的地方,发挥汽车运输的独特作用。

随着铁路提速、航空客运班次增加和高铁贯通,汽车客运的发展受到了较大冲击。以石家庄到太原的铁路客运专线为例:石太客运专线开通后,发往北京的班次由3列/天,增加到8列/天,高峰时再加开4列;客流由每天4000人次增加到8000人次。而太原汽车站在铁路客运专线开通后,发往北京、石家庄、沈阳的日发班次同比下降70%以上,客流量下降85%以上。更有甚者,厦深高铁的开通,竟然导致原来在深圳与福建之间从事汽车客运赫赫有名的某快速客运有限公司,在短短的两年时间内破产倒闭。

在综合客运交通运输体系中，汽车客运具有其他运输方式无法替代的作用。在与其他客运方式并存的条件下，只有明白汽车客运点多、机动、灵活、投资小、建设周期短、"面上客运"、"门对门"运输、中短途运输的优势，充分发挥汽车客运自身优势，才能在各种客运迅速发展的同时，扬长避短，优势互补，各取所长，共同发展。

根据交通运输部最新数据①：2015 年末，全国公路总里程 457.7 万公里，比上年末增加 11.3 万公里；公路密度 47.68 公里/百平方公里，提高 1.18 公里/百平方公里；公路养护里程 446.56 万公里，占公路总里程的 97.6%（见图1）。

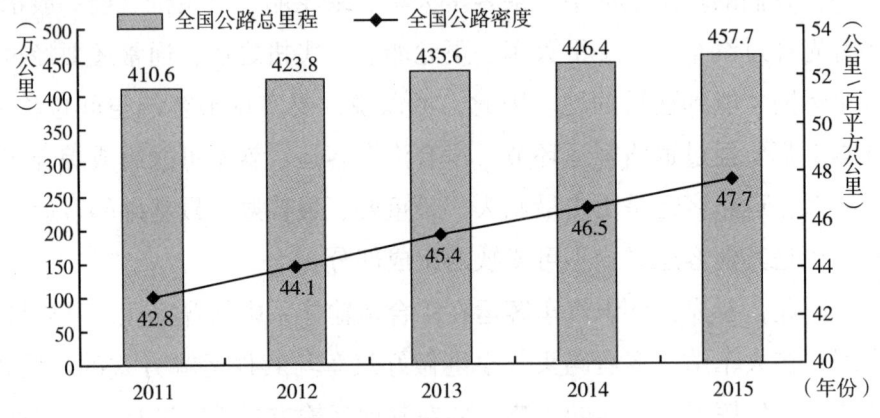

图1　2011~2015 年全国公路总里程及公路密度

2015 年末，全国等级公路里程为 404.63 万公里，比上年末增加 14.55 万公里。等级公路占公路总里程的 88.4%，比上年提高 1.0 个百分点。其中，二级及二级以上公路里程 57.49 万公里，增加 2.92 万公里，占公路总里程的 12.6%，比上年提高 0.3 个百分点（见图2）。

2015 年末，各行政等级公路里程分别为：国道 18.53 万公里

---

① 参见交通运输部《2015 年交通运输行业发展统计公报》，2016 年 5 月 5 日。

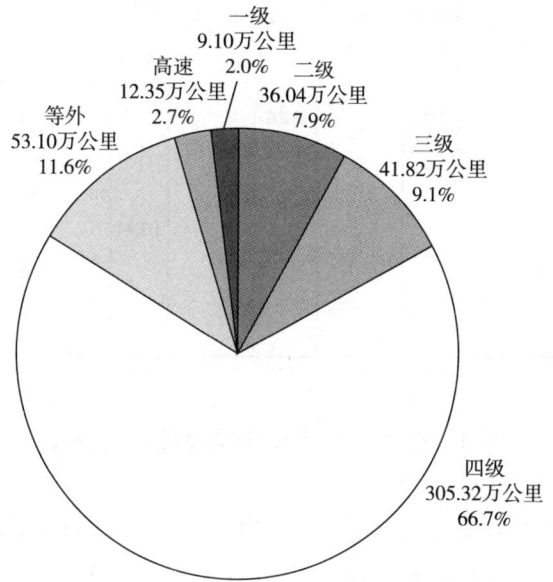

图 2　2015 年全国各技术等级公路里程构成

（其中普通国道 10.58 万公里）、省道 32.97 万公里、县道 55.43 万公里、乡道 111.32 万公里、专用公路 8.17 万公里，比上年末分别增加 0.61 万公里、0.69 万公里、0.23 万公里、0.81 万公里和 0.14 万公里。

2015 年末，全国高速公路里程达到 12.35 万公里，比上年末增加 1.16 万公里（见图 3）。其中，国家高速公路 7.96 万公里，增加 0.65 万公里。全国高速公路车道里程 54.84 万公里，比上年末增加 5.28 万公里。

2015 年末，全国农村公路（含县道、乡道、村道）里程为 398.06 万公里，比上年末增加 9.90 万公里，其中村道 231.31 万公里，增加 8.85 万公里，占比 58.1%（见图 4）。全国通公路的乡（镇）占全国乡（镇）总数的 99.99%，其中通硬化路面的乡（镇）占全国乡（镇）总数的 98.62%，比上年末提高 0.53 个百分点；通

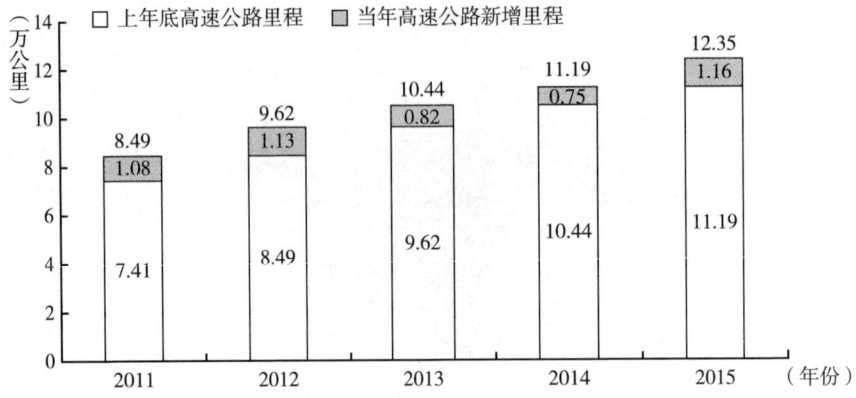

图3 2011~2015年全国高速公路里程

公路的建制村占全国建制村总数的99.87%,其中通硬化路面的建制村占全国建制村总数的94.45%,提高2.68个百分点。截至当年末,全国有99.01%的乡镇开通了客运线路,乡镇通车率比上年末提高0.06个百分点;94.28%的建制村开通了客运线路,建制村通车率比上年末提高0.96个百分点。

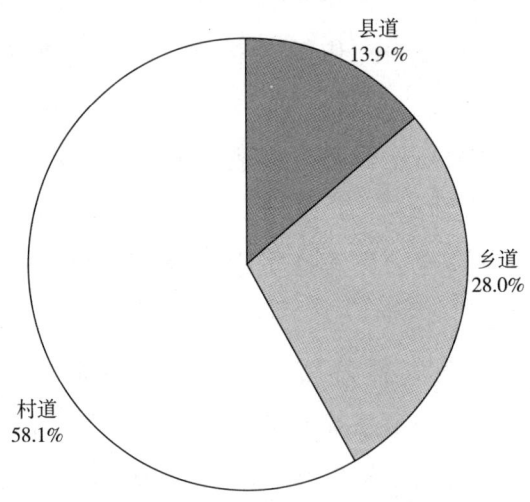

图4 2015年全国农村公路里程构成

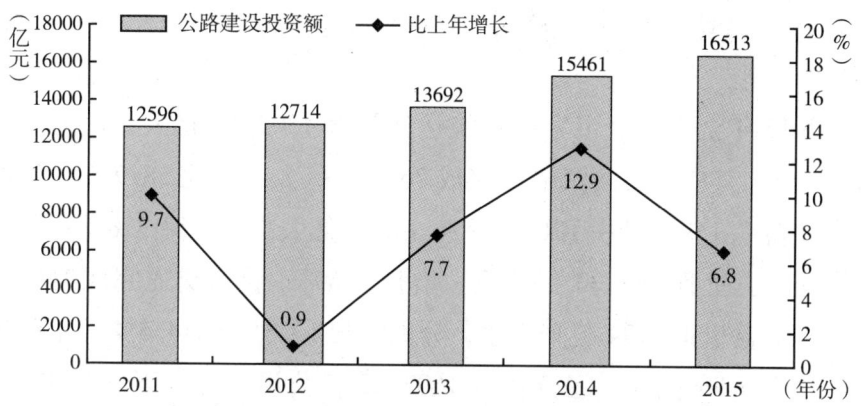

图5　2011~2015年公路建设投资额及增长速度

2015年末，全国城市及县城拥有公共汽电车56.18万辆和63.29万标台，比上年末分别增长6.2%和5.9%；其中BRT车辆6163辆，增长15.4%。全国有25个城市开通了轨道交通，2015年新开通3个。拥有轨道交通车站2092个，同比增加263个，其中换乘站180个，增加29个；运营车辆19941辆、48165标台，分别增长15.3%和15.3%，其中，地铁车辆18098辆，轻轨车辆1434辆，分别增长15.3%和4.5%。出租汽车运营车辆139.25万辆，增长1.6%。城市客运轮渡310艘，减少5.8%。

2015年，全国营业性客运车辆完成公路客运量161.91亿人、旅客周转量10742.66亿人公里，比上年分别减少6.7%和2.3%，平均运距66.35公里。

2015年末，全国拥有公共汽电车运营线路48905条，运营线路总长度89.43万公里，分别比上年末增加3853条和7.66万公里。其中，公交专用车道8569.1公里，增加1671.8公里；BRT线路长度3081.2公里，增加290.9公里；全年新辟、调整、撤销公共汽电车运营线路条数分别为3952条、5727条和810条。轨道交通运营线路105条，运营线路总长度3195.4公里，增加13条、379.3公里，其中地铁、轻轨线路分别为85条、2722.7公里和10条、341.2公里。

2015年全年，城市客运系统运送旅客1303.17亿人，比上年下降0.9%。其中，公共汽电车完成765.40亿人，占比58.7%（见图6），下降2.1%，其中BRT客运量14.32亿人次，下降3.0%；公共汽电车运营里程352.33亿公里，增长1.6%；轨道交通完成140.01亿人，运营里程3.74亿列公里，分别增长10.5%和14.5%；出租汽车完成396.74亿人，运营里程1602.42亿公里，分别下降2.3%和1.0%，平均每车次载客1.94人，空驶率32.0%；客运轮渡完成1.01亿人，下降5.2%。

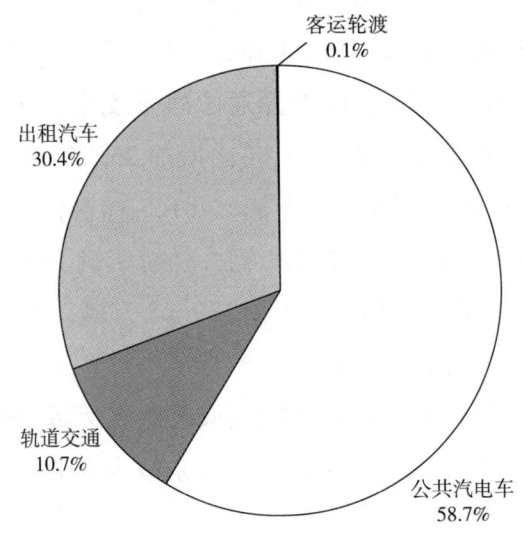

图6 2015年城市客运系统客运量构成

由图7可以清晰地看到，在综合客运交通运输体系中，汽车客运依然是最主要的客运方式。

从图8可以看到，80km以内的运输需求，汽车运输是最适合的运输方式。

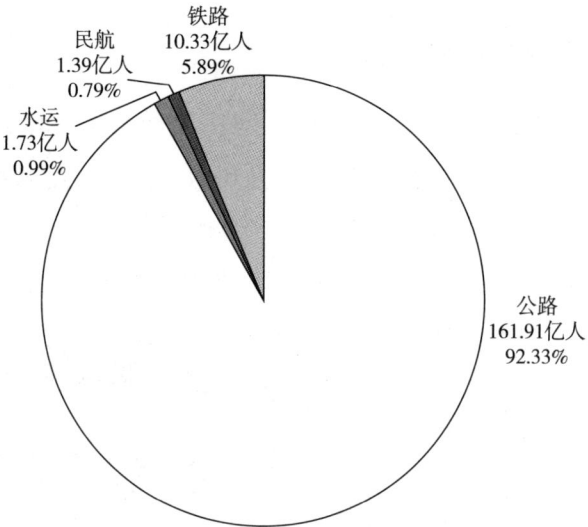

图7　2015年各类客运量及其占比

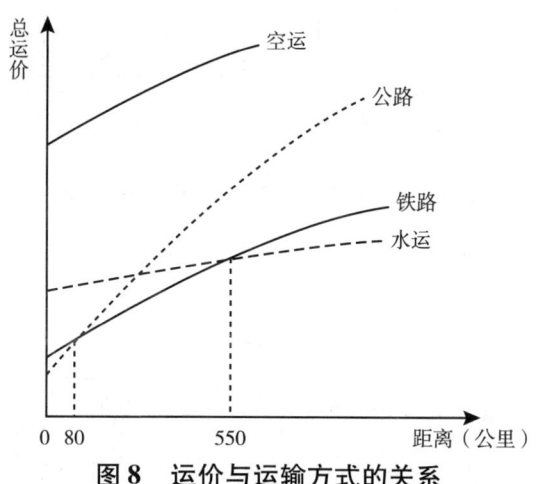

图8　运价与运输方式的关系

三　互联网＋汽车客运发展之路

要弄清"互联网＋汽车客运"发展之路，必须首先弄清"中国互联网的现状"，以及在互联网迅速发展情况下，汽车运输与互联网之间的动态关系。

（一）中国互联网现状

中国互联网是全球第一大网络，网民人数最多，联网区域最广。截至2015年6月，中国网民规模达6.68亿人，互联网普及率为48.8%；手机网民规模达5.94亿人，占比提升至88.9%，手机作为网民主要上网终端的趋势进一步明朗（见图9～图12和表1）。

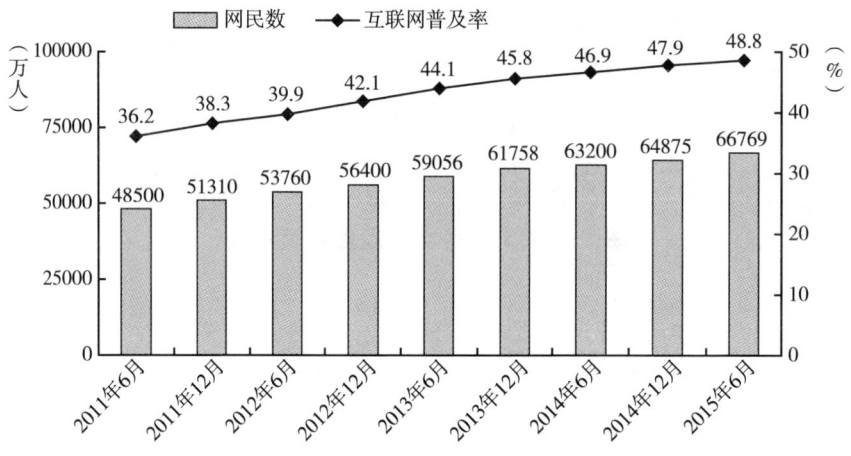

图9　中国网民规模和互联网普及率

来源：CNNIC中国互联网络发展状况统计调查。

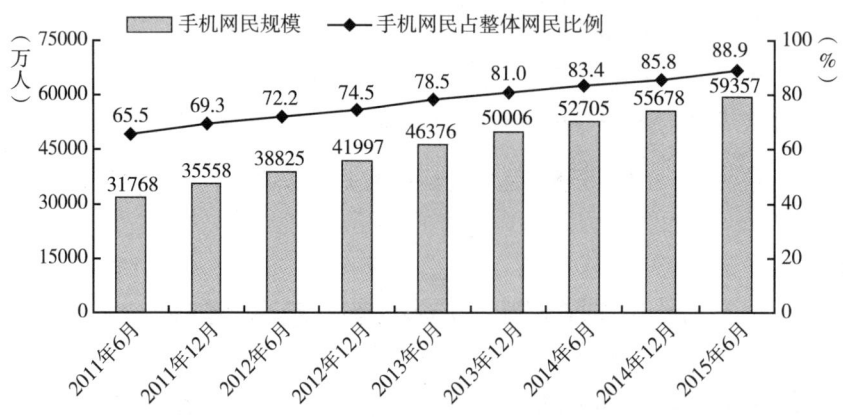

图10　中国手机网民规模及其占网民比例

来源：CNNIC中国互联网络发展状况统计调查。

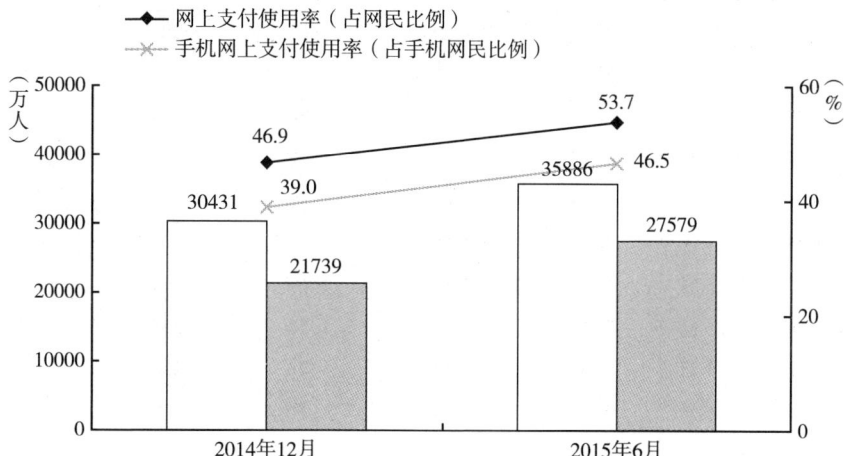

**图11 2014年12月~2015年6月网上支付/
手机网上支付用户规模及使用率**

来源：CNNIC中国互联网络发展状况统计调查。

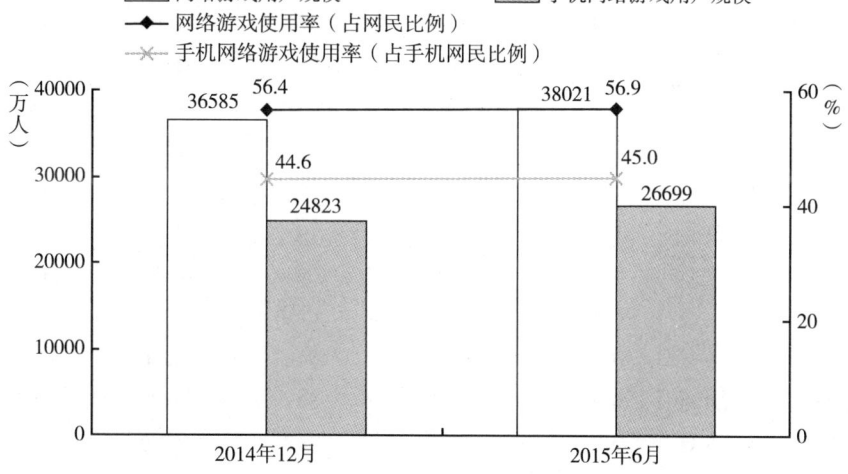

**图12 2014年12月~2015年6月网络游戏/
手机网络游戏用户规模及使用率**

来源：CNNIC中国互联网络发展状况统计调查。

表1 CNNIC历年中国互联网统计数字摘要

发布时间	网民数（亿人）	手机网民数（亿人）	农村网民数（亿人）	网站数（万）	—
2015年7月23日	6.68	5.94	1.86	357	—
2015年2月3日	6.49	5.57	1.78	335	—
2014年7月21日	6.32	5.27	1.78	273	—
2014年1月16日	6.18	5.00	1.77	320	—
2013年7月17日	5.91	4.64	1.65	294	—
2013年1月15日	5.64	4.20	1.56	268	—
2012年7月19日	5.38	3.88	1.46	250	—
2012年1月16日	5.13	3.56	1.36	230	—
2011年7月19日	4.85	3.18	1.31	183	—
2011年1月19日	4.57	3.03	1.25	191	—
发布时间	网民数（亿人）	上网计算机（万）	CN域名（万）	宽带用户（万）	拨号用户（万）
2010年1月15日	3.84	—	1345	34600	—
2009年7月16日	3.38	—	1296	32000	—
2009年1月13日	2.98	—	1357	27000	—
2008年7月24日	2.53	8470	1190	21400	—
2008年1月17日	2.1	7800	900	16300	2338
2007年7月18日	1.62	6710	615	12244	3160
2007年1月23日	1.37	5940	180.3	9070	3900
2006年7月19日	1.23	5450	119	7700	4750
2006年1月17日	1.11	4950	109.7	6430	5100
2005年7月21日	1.03	4560	62.3	5300	4950
2005年1月19日	0.94	4160	432	4280	5240
2004年7月20日	0.87	3630	38	3110	5155
2004年1月15日	0.795	3089	34	1740	4916
2003年7月21日	0.68	2572	25	980	4501
2003年1月16日	0.591	2083	17.9	660	4080
2002年7月22日	0.458	1613	12.6	200	2682
2002年1月15日	0.337	1254	12.7	—	2133

续表

发布时间	网民数（亿人）	上网计算机（万）	CN 域名（万）	宽带用户（万）	拨号用户（万）
2001年7月17日	0.265	1002	12.8	—	1793
2001年1月17日	0.225	892	12.2	—	1543
2000年7月27日	0.169	650	9.9	—	1176
2000年1月18日	0.890	350	4.8	—	666
1999年12月5日	0.400	146	2.9	—	256
1998年6月30日	0.1178	54.2	0.9415	—	46
1997年10月31日	0.063	29.9	0.4066	—	25

（二）互联网+汽车客运带来的影响

"互联网+"代表一种新的经济形态，即充分发挥互联网在生产要素配置中的优化和集成作用，将互联网的创新成果深度融合于经济社会各领域之中，提升实体经济的创新力和生产力，形成更广泛的以互联网为基础设施和实现工具的经济发展新形态（国家发改委《关于2014年国民经济和社会发展计划执行情况与2015年国民经济和社会发展计划草案的报告》名词解释）。

"互联网+汽车客运"时代，汽车客运已经不再是一个传统行业，它跳出了一个行业范畴，互联网早就"随风潜入夜"，传统的汽车客运企业必须对互联网"顺潮、应潮、弄潮"。"互联网+汽车客运"已经成为传统汽车客运行业的一个强劲的发动机，是效率的引擎，是创新的引擎。传统的汽车客运企业只有积极主动、创造性地拥抱互联网，才能适应汽车客运行业的发展要求。

"互联网+汽车客运"行业，目前已经进入高速发展期，以汽车客运联网售票、车联网、客运资讯、GPS卫星定位调度指挥、Wi-Fi和互联网、监控类应用为基础，向其他服务环节延伸。同时，汽车客

运O2O模式将继续推动行业快速发展。"互联网+汽车客运"的发展，可以用三个阶段来概括。这三个阶段也是随着PC机向移动互联网的发展而逐渐演变的。我们现在所处的阶段正是第三个阶段。

第一个阶段是2000年到2011年，这个阶段的特点是：汽车客运GPS卫星定位系统应用、汽车客运联网售票、门户网站兴起、汽车客运资讯为先。以汽车客运资讯切入市场，为移动终端积累大量乘客。

第二个阶段是2011年到2014年，这个阶段的特点是：移动应用逐渐丰富，数量剧增。汽车客运资讯门户开始向移动端延伸，汽车故障远程监控、汽车客运全程管理、驾考、行车辅助、汽车交易、汽车后市场等其他服务环节应用日益丰富，汽车客运移动端服务链正在一、二线城市成型，并向三、四线城市迅速发展。

第三个阶段是2014年至今，这个阶段的特点是：以汽车客运O2O模式为核心的汽车服务快速发展，线上线下的产品和服务共同发展，互联网巨头也在这个时候进入市场，促进线上线下资源整合，盈利模式逐渐完善，商业化进程加速。

汽车客运行业正在经历高铁冲击、网络约车服务的竞争。汽车客运O2O领域也正进入一个残酷的搏杀阶段。其中典型而带有示范效应的事件是："邮政行业不努力，顺丰就替他努力；银行不努力，支付宝就替他努力；通信行业不努力，微信就替他努力；出租车行业不努力，滴滴快的就替他努力。""百度干了广告的事，淘宝干了超市的事，阿里巴巴干了批发市场的事，微博干了媒体的事，微信干了通讯的事，不是外行干掉内行，是趋势干掉规模！"这是网上流行的两个段子，从中我们可以看到，互联网时代对产业的改变，对过去的资源整合模式的颠覆，看到不被互联网改造的产业和企业的危机，看到汽车客运行业面临的"互联网+汽车客运"的严峻形势。

2016年春运高峰期，公路客运量依然高居榜首，累计发送旅客11.8亿人次。根据全国出行统计，每年乘坐长途大巴出行的旅客超过 190 亿人次，公路客运的市场规模远远超过铁路、水运和航空客运市场，汽车客运仍然是最大的客运行业。2016 年公路客运占整个客运行业的市场份额由 91% 下降至 85%，这是由于受到铁路、航空客运市场的冲击，滴滴和优步、凹凸等网络约车的影响，汽车道路客运市场同比下降了 6 个百分点。

（三）依托大数据和互联网技术，汽车客运市场将得到有效挖掘

根据最新统计，航空和铁路客运出行，互联网订票占比较高，分别为 78% 和 68%，通过网络预订的用户均超过了 60% 且稳步攀升。但是，公路客运通过互联网预订的人群集中在一、二线城市，三、四线城市基本仍处于空白，汽车客运的互联网普及率不足 1%。由于缺乏政策法规，汽车客运市场乱象丛生，亟待整治以提升乘客满意度。

根据最新统计，我国已经拥有 6.67 亿互联网用户，并且这一数字还在逐年增长。汽车客运的经营者必须清醒地看到这样的发展趋势，汽车客运出行的互联网应用也将迅速增长。要使"互联网＋汽车客运"得到更好的发展，主要应该采取以下措施：

（1）在汽车客运企业内部加强互联网工程技术人员队伍建设和组织建设。

（2）车联网：利用 GPS 卫星定位系统，使所有车辆上网在线运营，进而实时掌握车辆运营的驾驶员状况、乘客状况、车辆位置状况、车辆行驶速度、燃油消耗情况、车辆技术状况、车辆故障远程救援等信息；实行汽车客运联网售票、预约售票、客运班线在线售票。

（3）实现汽车客运"一票游"。即：乘客只需要买一张汽车客运班车票，就可以在全国范围内自由上下车。

（4）利用互联网技术优势，加强应收票款管理，防止营运票款流失。

（5）利用互联网技术优势，实现燃料、材料、轮胎考核到单车、单人。实行百车公里燃料定额考核、千车公里材料定额考核和千车公里轮胎费定额考核。

（6）降低燃料成本，实现汽车客运低成本、绿色、低碳发展。

（7）利用互联网技术，堵塞燃油非正常损耗的管理漏洞。

（8）带头实现汽车运输O2O、P2P，真正成为"互联网+汽车客运"的赢家。

（9）在"互联网+汽车客运"中应用全面质量管理理念，采用PDCA循环方法循环前进，尽快将互联网与汽车客运的叠加效应发挥到最佳状态。

四 汽车客运未来发展趋势

互联网的快速发展，使汽车客运互联互通成为发展趋势，汽车客运条块分割、画地为牢的现状必将成为历史。届时，乘客可以买一次车票，在约定时间内随时随地乘坐客运汽车进行商务活动或旅游，随时随地上、下车，从而真正实现汽车运输"门对门""点对点"，体现其机动灵活、方便快捷、经济及时和舒适的运输特性。

（1）汽车客运集约化发展，将会愈加明显。由于汽车客运生产模式点多线长、单独作业、环节复杂、动态因素多，管理难度大，政府从乘客安全角度考虑，一直在提倡汽车客运集约化经营。

近几年广东粤运集团通过兼并和收购，入主阳江朗日汽运、韶关汽运、清远汽运、河源汽运、梅州汽运、佛山公交、汕尾汽运、汕头汽运、肇庆汽运、潮州汽运等，在短短几年时间内已经发展成为国内首屈一指的汽车运输集团。还有深圳运发集团兼并收购深圳市交通运输公司、深圳市深华汽车运输有限公司、深圳市南方通发汽车运输公司等，以及新国线汽车运输集团在全国兼并收购和组建分公司等案例，清晰显示，汽车运输集约化发展趋势明显。

（2）汽车客运方式多元化趋势明显。现阶段已新增了校车客运、约车客运、代驾客运、专线租赁客运、房车客运等。未来，汽车客运方式会不会出现新的形式呢？值得期待。

（3）汽车客运企业经济结构多元化趋势明显。过去以国营和集体经济为骨干，垄断汽车客运市场的局面已经一去不复返，道路运输企业"多元化""多级化"发展趋势明显。各种经济成分和体制的道路客运公司如雨后春笋，一派生机和繁荣，私有化倾向正在加剧。

（4）汽车客运行业在开放和发达地区已经进入激烈竞争时代，部分地区运力过剩的矛盾日益突出。

（5）从2012年3月1日开始已经停止卧铺客车的注册登记，这意味着卧铺客车有可能在15年后彻底退出市场。

（6）汽车客运车辆档次向高等级车辆发展趋势明显，普通和低等级汽车在经济发达地区和干线公路上已趋于退出市场。

（7）客运汽车的采购普遍采用招投标方式，客运汽车的选购将更重视高安全性、人性化、低能耗、环保型和新能源的车辆。

（8）不断提高汽车客运服务质量，成为汽车客运企业经营的主要竞争手段。

（9）汽车客运将更加注重人性化、私密化：设置像火车卧铺车厢一样的私密空间车厢，迎合乘客个性化、私密化需求；视频设备、音响设备、无线通信设备更加符合乘客个性化需求。

（10）绿色、低碳、环保、纯电动汽车客运的发展成为主流，客运汽车的科技含量不断提升。新能源汽车客运已成为绿色、低碳发展公共交通的方向。目前，在政府财政补贴条件下，新能源汽车客运得以迅猛发展。要继续取得好的发展，必须解决车辆制造成本高、使用成本高、车辆续驶里程短、充电时间长、电池寿命短、充电网络建设滞后等问题。

有关资料显示，21世纪二三十年代，全世界电动汽车的生产量将占到各类汽车年产量的20%~30%，年产量将达到1000万至2000万辆。根据我国的新能源汽车产业规划，到2020年，纯电动汽车和插电式混合动力汽车生产能力要达到200万辆、累计产销量要超过500万辆，燃料电池汽车、车用氢能源产业与国际同步发展。到2020年，当年生产的商用车新车燃料消耗量接近国际先进水平，技术水平大幅提高。新能源汽车、动力电池及关键零部件技术整体上达到国际先进水平，掌握混合动力、先进内燃机、高效变速器、汽车电子和轻量化材料等汽车节能关键核心技术，形成一批具有较强竞争力的节能与新能源汽车企业。

未来，以氢气或酒精为主要燃料的大型公共汽车也将逐渐进入实用阶段，使用这种燃料的发动机与同容量发动机相比，质量减轻30%，体积减小20%；热效率高达48%以上，使汽车的高速节能、质量减轻、小型化成为现实。

(11) 智能运输系统是未来汽车客运的发展方向。智能运输系统简称ITS（Intelligent Transportation Systems），是将先进的信息技术、数据通信传输技术、电子控制技术及计算机处理技术等综合运用于整个地面运输管理体系，使人、车、路及环境密切配合、和谐统一，使汽车运行智能化，从而建立一种在大范围内全方位发挥作用的实时、准确、高效的公路运输综合管理系统。

智能运输系统可提高公路交通安全水平，减少交通堵塞，提高公路网的通行能力，降低汽车运输对环境的污染，提高汽车运输生产率和经济效益。随着智能运输系统技术的发展，电子技术、信息技术、通信技术和系统工程等高科技在公路运输领域将得到广泛应用，物流运输信息管理、运输工具控制技术、运输安全技术等均将产生巨大的影响，从而大幅度提高公路网络的通行能力。

无人驾驶智能客运汽车将成为发展亮点：智能汽车的安全性高，

可以避免人为因素造成的交通事故，大幅度降低人工成本、规范驾驶操作、减少机械磨损，因而必将成为未来汽车客运的发展方向。

（12）客运汽车的主动安全技术将得到普遍应用。利用高科技的汽车电子主动安全系统，未来在理论上可以避免重特大事故和死亡事故的发生。汽车轮胎技术状况，有轮胎技术状况监控设备；汽车的行驶轨迹，有高级驾驶辅助系统；汽车的技术状况，有远程故障监控和自动监控。ADAS、CAN、DMT、TPMS发展迅速，是因为它们代表了汽车客运先进技术的应用方向，可以为汽车客运带来巨大的经济利益和安全保障。高级驾驶辅助系统（Advanced Driver Assistance Systems，ADAS），正在得到广泛应用。它是利用安装在汽车上的各种传感器，实时感应在汽车行驶过程中周围的环境，并收集数据，进行静态和动态物体的辨识和侦测，通过运算与分析，提供相应的预警，从而有效增加车辆和道路安全性的主动安全技术。高级驾驶辅助系统采用的传感器主要有摄像头、雷达、激光和超声波等，可以探测到各种不同汽车行驶状态的实时变量。传感器通常位于车辆的前后保险杠、侧视镜或者挡风玻璃上。常见的高级驾驶辅助系统有：行人及车辆防撞警示系统、车道偏离警示系统、自适应巡航控制系统、自动刹车、车灯自动调节、盲区检测等。

汽车CAN总线技术正在迅速普及。CAN即控制器局域网，英文全称为Controller Area Network，属于现场总线的范畴，是一种有效支持分布式控制或实时控制的串行通信网络。其总线规范已经被ISO国际化标准组织确定为国际标准，并被公认为是最有前途的现场总线之一。而CAN-Bus总线技术的应用，可以大量减少车体内线束的数量，线束数量的减少则降低了故障发生的可能性。CAN总线是汽车整车电子电气控制的"神经"系统，用于车辆中各种传感器信息的采集，各种电子控制模块之间的信息交换，各个功能总成的监控和故障诊断，因此是汽车智能化操控和车联网V2X：即车对外界的信息交换应用的基础。

DMT（Diagnostic Multiplexing Telemetric 车载总线－故障诊断－车联网的简称）技术是在 CAN 总线技术基础上的升级，正在迅速兴起。它实现了车辆与监控、机务及运营平台之间完全的互联互通，更好地解决了客车运营中对车辆"安全性、经济性和故障报警"的需求问题，对于提升客车和公交车智能化水平和全生命周期运营经济效益有极大的帮助。

TPMS（Tire Pressure Monitoring System）系统是主要用于汽车行驶时，对轮胎气压进行自动监测的汽车主动安全产品。它可以通过记录轮胎转速或安装在轮毂中的内置压力和温度电子传感器，对轮胎的各种工况，实时自动监控。当轮胎出现漏气、低压、高压、高温等危险状态时，该系统就会发出危险信号，提前进行预警，提醒驾驶员车轮已经不能正常工作，从而有效预防爆胎和最大限度地避免由爆胎引发的交通事故，预防轮胎的早期损坏，降低轮胎消耗。

（13）轻量化、高科技材料将加快进入客运汽车制造领域。塑料汽车必将使汽车客运轻量化、简约化：汽车设计专家预计，目前已崭露头角的塑料汽车今后有望大批量生产，多种汽车的外壳和大部分零件将被塑料取代，这将是汽车制造业的一大革新。汽车诞生近百年来，始终与钢铁结下不解之缘，因为钢铁坚硬，比其他金属成本低，耐撞能力强和不易磨损，因而成为制造汽车的主要材料。但是，在科学技术日新月异的今天，经专家鉴定，一种新型的坚硬塑料完全可以取代钢铁制作汽车。而塑料汽车只有 1100 多个零件，汽车的装配时间可由每辆的 19 个小时缩短为 6 个小时。同时，塑料外壳可省去喷漆工序，汽车制造的流程可缩短。它在制造成本上比钢铁汽车减少了 1/3，而且在报废后可以回收再生利用。

绝缘泡沫能吸音，未来汽车客运更宁静：在未来，乘客可以享受一个更为安静的乘车环境，这是由于有一种能吸收汽车不同部分产生的噪音的泡沫塑料的应用。

陶瓷发动机制造技术进一步发展，那时，可以制造出以高强度耐热陶瓷为主要材料的发动机，并达到汽车发动机年产量的10%以上。

（14）目前的汽车新技术运用及主要变化趋势是：新能源汽车、清洁能源汽车发展迅速，发动机高压共轨技术、废气涡轮增压技术、汽车电子技术、汽车智能管理技术、缓速器技术、自动变速箱技术、尾气净化技术、空调和换气技术、人体工程技术、天然气发动机技术、混合动力技术、安全带技术、餐饮设备技术、多媒体技术、代用燃料技术等将加快普及运用。现代客运汽车已经成为集合机械、电子、计算机、控制工程、材料工程、生物工程、信息工程等多学科技术交叉的技术密集型产品；成为架在四个车轮上的计算机控制系统；成为代表一个国家技术发展程度的标志之一。

参考文献

1. 〔美〕雷·库兹韦尔：《人工智能的未来：揭示人类思维的奥秘》，盛杨燕译，浙江人民出版社，2016。
2. 〔德〕康拉德·莱夫：《BOSCH 汽车电气与电子》（中文第 2 版，德文第 6 版），孙泽昌等译，北京理工大学出版社，2014。
3. 陈才君等：《智慧交通》（第 2 版），清华大学出版社，2015。
4. 何承、朱扬勇编著《大数据技术与应用：城市交通大数据》，上海科学技术出版社，2015。
5. 交通运输部工程质量监督局编《公路水运工程施工安全标准化指南》，人民交通出版社，2013 年。
6. 邵春福编《交通规划原理》（第 2 版），中国铁道出版社，2014。
7. 熊光明等：《无人驾驶车辆智能行为及其测试与评价》，北京理工大

学出版社，2015。
8. 胡思继编《交通运输学》，人民交通出版社，2011。
9. 吴兵、李晔编《交通管理与控制》（第五版），人民交通出版社，2015。
10. 任福田等：《交通工程学》（第二版），人民交通出版社，2008。
11. 袁振洲：《道路交通管理与控制》，人民交通出版社，2007。
12. 沈国江、张伟：《城市道路智能交通控制技术》，科学出版社，2015。

B.8
2015年中国客车上市公司竞争力分析

舒慕虞*

摘　要： 2015年五家客车上市公司的竞争力对比中，究竟孰强孰弱？

本文将采用洛桑国际管理学院提出的国际竞争力评估体系，从营销绩效、经济绩效、企业效率、基础设施四个一级指标来研究并定性、定量地分析宇通客车、金龙汽车、中通客车、安凯客车、亚星客车这五家客车上市公司竞争力的强弱。

关键词： 宇通　金龙　中通　安凯　亚星

一　企业竞争力模型选择

企业竞争力是指，企业在市场竞争中从外部获得资源，并利用资源实现自身价值的综合能力；另外，还包括在竞争性市场中，一个企业向市场提供的产品与服务能比其他企业更有效，以及获得盈利和自身发展的综合素质。

尽管企业竞争力的含义较复杂，但它应该是一个可以比较的概

---

* 舒慕虞，方得网资深编辑记者，自2012年起就职于商用车行业媒体至今，曾参与编写《客车蓝皮书——中国客车产业发展报告（2013）》，早年供职于《中国对外贸易》杂志社和《东方企业文化》杂志社，并担任主编。

念，可以通过一系列具有外显性的量化指标来进行测度。按照瑞士洛桑国际管理学院（IMO）提出的评估体系，企业竞争力模型由4个一级指标构成，即经济表现、政府效率、企业效率和基础设施，且各个一级指标再由二级指标组成。

根据IMD提出的这种评估体系，本文将从营销绩效、经济绩效、企业效率、基础设施4个一级指标及其所包含的二级指标，来分析2015年客车类上市公司的竞争力。每个指标的细化见表1。

表1 客车企业竞争力指标构建

一级指标	营销绩效	经济绩效	企业效率	基础设施
二级指标	市场规模	净利	员工能力	固定资产
	销售增长态势	净利率	生产能力	固定资产增长率
	销售收入	净资产收益率	研发能力	在建设施
	营销体系	资产负债率	产品体系	信息化建设

二 营销绩效分析

营销绩效是指，在一段时间内，企业的经营效益和经营者的业绩，包括在营销的作用下，产品的市场占有率、销售增长的趋势以及销售收入、营销体系的建设等。

在分类指标中，本文将从市场规模、市场增长态势、销售收入、营销网络四个方面对客车行业上市公司进行对比分析。

（一）市场规模

1. 总体概况

从图1可以看出，2015年，国内客车市场规模（5米以上车型）

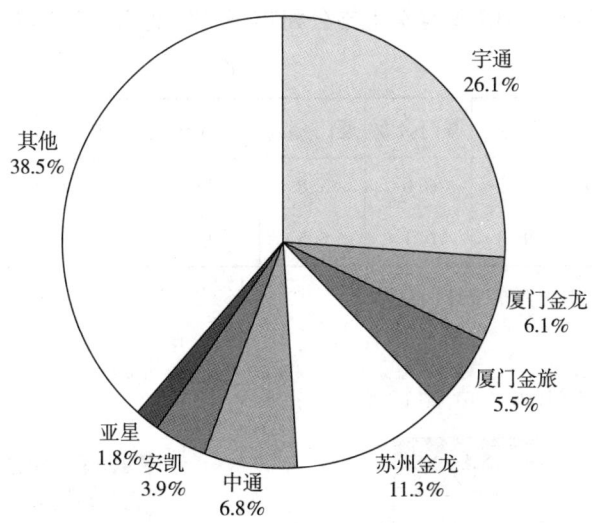

图1　2015年客车市场构成及五家客车上市公司占市场的比重

注：厦门金龙汽车集团作为客车类上市公司，旗下主要由厦门金龙、厦门金旅、苏州金龙三家企业组成，以下简称"金龙集团"。

资料来源：中国客车统计信息网。

保持了之前的态势：宇通客车依然一马当先，占据市场1/4以上的份额；金龙集团紧随其后，由旗下的厦门金龙（也称"大金龙"）、厦门金龙旅行车（也称"厦门金旅"）、苏州金龙这"三龙"构成的总体市场份额也占了近1/4。可以说，宇通客车和金龙集团两强争霸市场，其实力明显强于其他企业。

留下来的另一半市场，则由中通、安凯、亚星及其他公司瓜分。

2. 市场变化

从各家企业数据对比来看，5家客车上市公司在2015年的合计市场份额有所下降，从2014年的64%下降到2015年的61.5%，减少了2.5个百分点，这也给其他客车企业留出了更多市场空间（见表2、图2）。

表2 2014~2015年客车上市公司市场份额变化（5米以上车型）

单位：%

对比数值	宇通	厦门金龙	厦门金旅	苏州金龙	中通	安凯	亚星
2014年市场份额	27.7	6.6	5.8	11.5	5.8	4.7	1.9
2015年市场份额	26.1	6.1	5.5	11.3	6.8	3.9	1.8

资料来源：中国客车统计信息网。

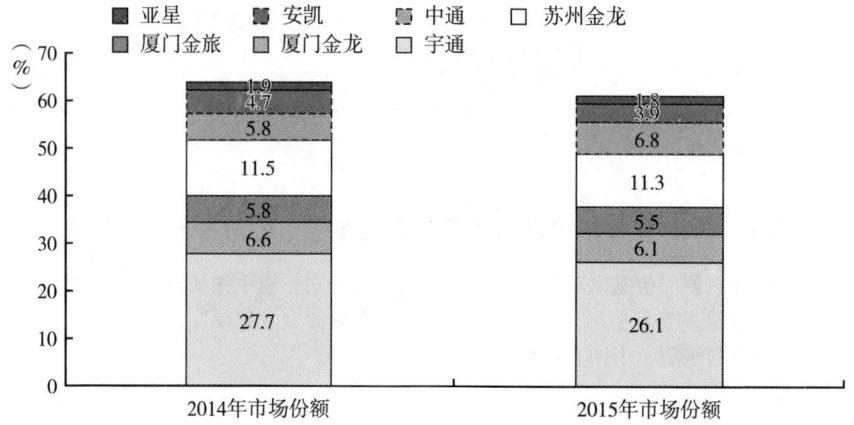

图2 2014~2015年客车上市公司市场份额变化（5米以上车型）

资料来源：中国客车统计信息网。

对比2014~2015年份额数据变化，中通是唯一一家市场份额增长的企业，从2014年的5.8%增至2015年的6.8%，市场份额增加了1个百分点；而宇通、厦门金龙、厦门金旅、苏州金龙、安凯、亚星的市场份额分别下滑了1.6、0.5、0.3、0.2、0.8、0.1个百分点，亚星与苏州金龙的下滑幅度最小。

此外，"三龙"之和的金龙集团，其2015年的市场份额为22.9%，比2014年的23.9%下滑了1个百分点。

（二）市场增长态势

从行业整体市场增长态势来看，2015年，中国客车统计信息网统计在内的70多家客车企业5米以上车型的客车总体销量为256502辆，比2014年的221986辆增长15.55%。

表3 2014~2015年客车上市公司市场销量及其增长率（5米以上车型）

单位：辆，%

对比数值	宇通	厦门金龙	厦门金旅	苏州金龙	中通	安凯	亚星
2014年销量	61398	14564	12902	25615	12792	10454	4281
2015年销量	67018	15578	14141	29056	17505	10017	4492
销量增长率	9.2	7.0	9.6	13.4	36.8	-4.2	4.9

资料来源：中国客车统计信息网。

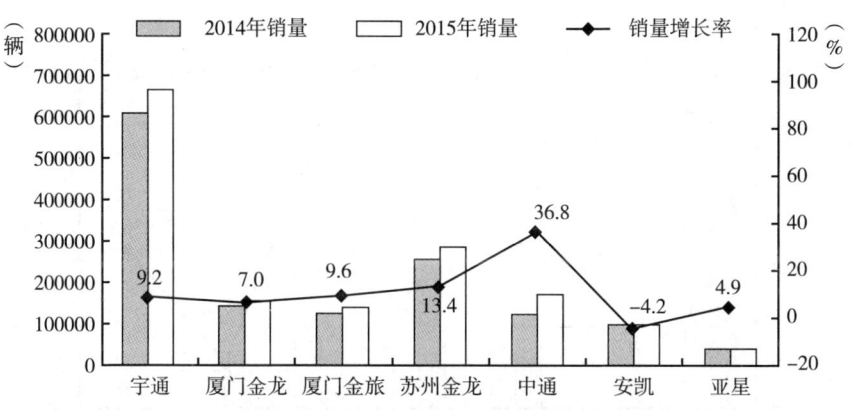

图3 2014~2015年客车上市公司市场销量及其增长率变化（5米以上车型）

资料来源：中国客车统计信息网。

从表3和图3可以看出，2015年，宇通客车仍然一马当先，当年销售67018辆，比"三龙"之和的金龙集团的58775辆，还多出近一万辆（8243辆）。

2015年，销量增长幅度最大的是中通客车，其17505辆的销售成绩比2014年的12792辆上涨了36.8%，增长势头最为强劲。而且，继2012年其5米以上车型销量超过厦门金旅后，中通客车2015年再超厦门金龙，跃升到行业第三位。

销量增长幅度排名第二、第三位的分别为苏州金龙、厦门金旅，两家企业2015年的销量增幅分别为13.4%、9.6%。同时，2015年，苏州金龙仍以29056辆的销量稳居行业第二，且与第三名拉开了1万多辆的差距。

此外，2015年，安凯销量为10017辆，比上年下滑4.2%，是五家客车类上市公司中唯一一家下降的企业。

（三）销售收入

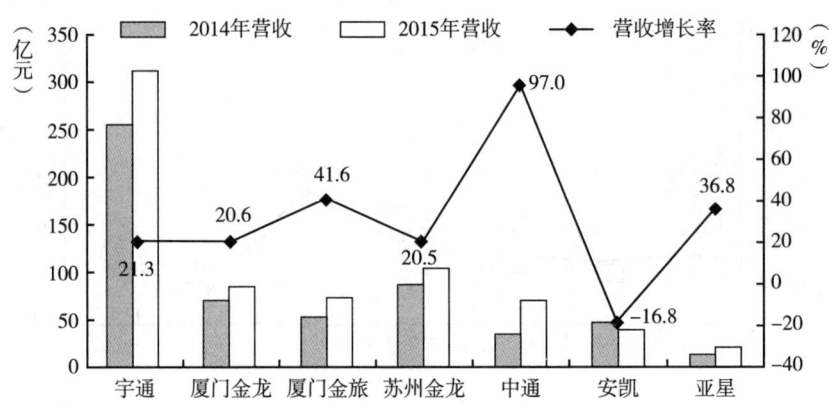

图4 2014~2015年客车上市公司营收变化

资料来源：客车上市公司及相关公司年报。

如图4所示，受纯电动客车市场爆发式增长的拉动，2015年，有4家客车上市公司的营收"正"增长，且同比增幅均高于20%。

作为客车行业的龙头，宇通仍保持遥遥领先的地位，2015年营收高达312.1亿元。在营收基数本身就非常大的条件下，宇通2015年仍能保持21.3%的增长速度，这也反映出其市场竞争力非常强。

从2015年营收"正"增长企业的相关数据来看，中通客车增长最快，营收达到71.1亿元，同比增长97%；厦门金旅增长排第二位，营收达到75亿元，同比增长41.6%；亚星客车增长到第三位，营收达到2.02亿元，同比增长36.8%。

由于销量下滑，安凯客车2015年营收仅为40.2亿元，同比下降16.8%，其年报上公布的原因是"受控参股子公司主要经营指标同比严重下滑的影响"。

（四）营销网络

由于客车产业属于典型的B2B（Business To Business）行业，其以企业与企业之间的双向信息沟通、交易为主。这种B2B营销模式也就决定了，客车企业不仅要适应市场需求推出令用户满意的产品来推进市场，更要加强服务体系的建设，并提高对市场需求的敏锐感知性。

通过对各家上市公司相关年报的整理，将五家客车上市公司的营销网络体系列表呈现，供读者参考（见表4）。

从各客车上市公司营销体系的建设来看，宇通客车是五家客车上市公司中营销网络建设最完备的，其充分运用信息管理系统，率先开设了国内客车4S店新模式，并建有完善的海内外售后服务网站及配件库。

金龙集团的销售网络建设仍以办事处传统模式为主。大面积的轻客经销商退网现象的出现，对于稳定经销商队伍产生了较大影响。

其他几家企业由于在年报中披露的有关销售网络建设的信息过少，这里不做过多评价。

表4 客车上市公司营销网络

客车企业	营销网络建设
宇通客车	1. 国内市场：国内销售由直销和经销相结合，以直销为主，以经销为辅。2015年度国内销售按照区域共划分为14个经营大区，网络直销人员超过600人，实现对全国所有市县的深层有效覆盖。另外，全国共有合约经销商240家，覆盖所有省份及重点城市，2015年度经销商整体销售额占公司国内销售额的比重约为29%。 公司独资建立了8家4S中心站，并拥有遍布全国的1000余家宇通客车特约服务网点，服务半径60公里；180余家配件经销商的配件储备可及时满足客户的配件需求；通过覆盖全国的售后服务网——CRM服务系统，实现了对客户车辆维修的全程跟踪和及时的满意度回访；通过在线培训平台系统，实现了总部对服务站的远程技术支持及在线测评。 2. 海外市场：宇通客车在海外市场的认可度较高，已进入130多个国家和地区，其中包括法国、英国、澳大利亚等发达国家，且在委内瑞拉、古巴、阿联酋（迪拜）、澳大利亚、俄罗斯等区域建立了多家子公司或办事处。 此外，宇通的海外服务网络覆盖了全球主要市场，包括160余家授权服务站、270余个授权服务网点。
金龙集团	1. 国内市场：国内轻客销售实行代理制为主的销售模式，国内大中客销售则实行直销和经销相结合的渠道模式。2015年度国内轻客销售共有签约经销商210余家，覆盖所有省份及重点城市。2015年轻客销售新增门店61家，退网门店64家。大中客销售在全国各省份均设有销售办事处，直销人员超600人。 国内售后服务体系拥有超过300人的驻外服务工程师队伍，以及遍布全国各省份的1200余家特约服务网点，200余家配件经销商，为金龙产品的服务提供了可靠的保障。通过400个客户服务快速响应平台，实现了对客户反馈的快速响应和服务支持。 2. 海外市场：公司产品已远销比利时、泰国、菲律宾、伊朗、俄罗斯等140多个国家和地区，厦门金龙、厦门金旅与苏州金龙车辆在各个市场都广受欢迎，品牌美誉度较高。在"一带一路"国家战略引领下，公司2015年在中东与东南亚等地区取得重大收获。 公司在海外的经销、服务网络覆盖全球主要市场，有180多家经销商服务网络及授权服务点。
中通客车	公司经营以订单为主线，实施客户化定制。销售模式以直销为主，经销为辅。坚持国内和国际两个市场发展。 推出了针对纯电动客车的"5+3"运营新模式，这是国内首个针对纯电动客车全生命周期的运营模式，为用户解决在产品选购、融资、日常监控维护、充电、售后与配件供应、应急处理等方面所遇到的问题。

续表

客车企业	营销建设
安凯客车	公司建立了以安凯国内销售公司、江淮客车国内销售公司、客车板块国际公司、新能源营销公司为核心的四大营销和服务体系，国内销售以"安凯+江淮"双品牌分网运作为主。 优化经销渠道，坚持直销+经销双轮驱动，扎实提升营销和服务体系的活力，巩固在大中型客车中的行业地位，扩大新能源市场份额；同时继续加强产品研发及供销渠道建设，为更多用户带来多元化的供销渠道及全新产品。
亚星客车	公司产品销售以国内市场为主，同时大力开拓海外市场。经营以直销为主，经销为辅，以订单模式提供标准化及定制化的产品。

资料来源：客车上市公司年报、企业内部资料。

（五）小结

从对2015年客车市场份额、市场销售额、市场增长态势以及营销网络的综合分析来看，宇通客车的表现最为稳健，在"营销绩效"指标评价方面，其竞争力排在第一位。其次，中通表现也十分突出，市场销量增长强劲，步入行业前三甲，其竞争力排名列第二位；其余企业在营销绩效竞争力方面的排名依次为苏州金龙、厦门金旅、厦门金龙、安凯客车和亚星客车。

三　经济绩效分析

在对"经济绩效"指标的评价上，本文主要根据五家客车上市公司年报中的关键数据，对净利润、净利率、资产负债率、净资产收益率这四个二级指标进行分析对比。其中，净资产收益率和资产负债率这两项指标能更好地反映公司未来优势。

(一)净利润

净利润(净收益),又称为税后利润,是指在利润总额中按规定缴纳了所得税后公司的利润留成。它是衡量一个企业经营效益的主要指标,可以反映出一个企业经营的最终成果。也就是说,净利润越高,企业的经营效益越好,净利润越低,企业的经营效益越差。

表5 2014~2015年客车上市公司净利润实现情况

单位:亿元

对比数值	宇通	厦门金龙	厦门金旅	苏州金龙	中通	安凯	亚星
2014年净利润	26.13	0.32	0.66	2.59	2.80	0.24	-1.45
2015年净利润	35.35	2.24	1.79	4.81	3.99	0.40	0.20

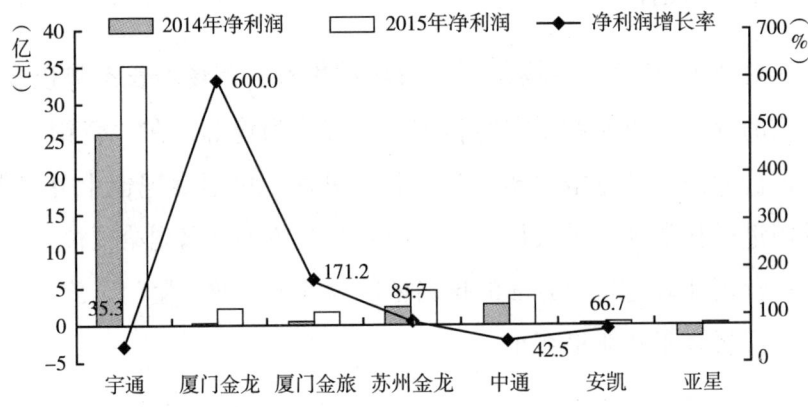

图5 2014~2015年客车上市公司净利润变化

资料来源:相关年份客车上市公司年报。

从表5和图5来看,2015年,在纯电动客车大卖的影响下,不但各家客车企业营收基本实现了正增长,而且由于纯电动客车售价较高、利润较大,各家客车上市公司的净利润数据也都非常好看。

最大的亮点就是，厦门金龙净利润增长6倍，从2014年的0.32亿元增长到2015年的2.24亿元，远远超过其当年的营收增长速度，反映出公司盈利能力的提高。除了厦门金龙外，金龙集团中的另外两家企业——厦门金旅和苏州金龙，2015年净利润增幅也较高，分别为171.2%和85.7%，净利润分别达到1.79亿元和4.81亿元。

第二大亮点就是亚星扭亏为盈，其2015年净利润为0.2亿元，相比2014年1.45亿元的亏损，算是"起死为生"。亚星年报披露，其利润增长点主要是抓住了新能源市场爆发的机会，2015年销售新能源客车1521辆。

第三大亮点则是宇通客车成为商用车行业中净利润最高的企业，2015年以其净利润35.35亿元的业绩，进入了沪深证券交易所2844家上市公司净利润排名前100强队列，且排名第87位（在汽车行业中排名第6位）。据宇通年报分析，2015年，宇通把握住国内新能源市场爆发的机会，纯电动客车销量增长较大，其新能源客车共计销售20446辆，同比增长176.1%。

此外，安凯客车虽然2015年营收有所下滑，但同样实现了净利润较大的正增长（66.7%），也同样得益于新能源客车销量的大幅增加。

（二）净利率

净利率，是衡量企业经济效益的一项重要指标，说明企业每单位收入能净赚多少钱。

从图6来看，代表各家公司2015年净利率的曲线，基本处于代表2014年净利率曲线的上方。这反映出，各家客车上市公司2015年净利率普遍增长，经营盈利能力均有所提高。

从各家公司净利率数据对比来看，宇通客车的净利率高达11.3%，仍遥遥领先于其他四家公司，有着极高的赢利能力；中通、

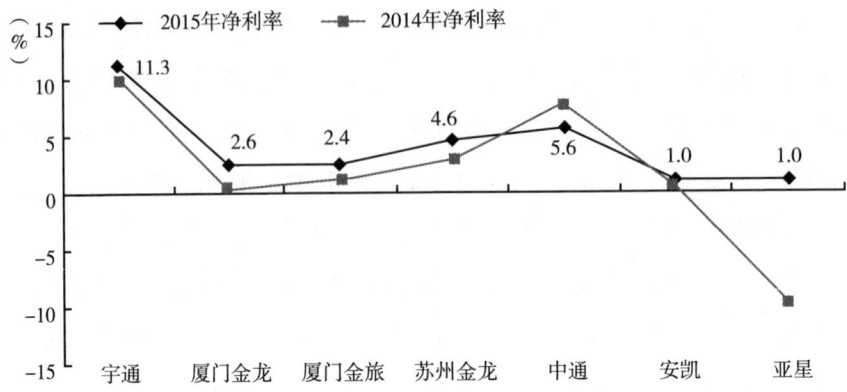

图6 2014~2015年客车上市公司净利率变化

资料来源：相关年份客车公司年报。

苏州金龙排名第二、第三位，其净利率分别为5.6%、4.6%，两家企业的赢利能力也相对较高。

值得注意的是，中通客车2015年净利率下降有一个特殊原因：2014年处置孙公司中通房产开发有限公司全部股权，导致当年净利率非正常性过高，其2013年和2012年的净利率基本在0.3%左右。

（三）资产负债率

资产负债率是指企业负债总额与资产总额之比，这一指标可衡量出企业负债水平及风险程度，也可反映出债权人发放贷款的安全程度。

简单来说，不同的资产负债率在一定程度上可反映出公司的经济效益，如果该指标达到100%或超过100%，也就说明公司已没有净资产或资不抵债。从企业经营角度来说，资产负债率的适宜水平是40%~60%。

上市公司年报显示，5家客车上市公司中有4家存在一定风险。金龙、中通、安凯的资产负债率均超过60%的"风险线"，分别为76.5%、69.6%、76.7%；尤其是，亚星的资产负债率高达94.9%，风险较大（见图7）。

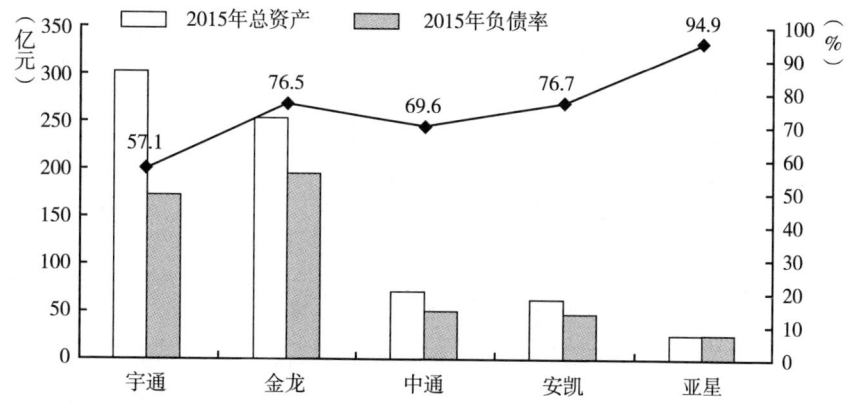

图7　2015年客车上市公司资产负债率

资料来源：2015年客车上市公司年报。

宇通的资产负债率为57.1%，是唯一一家负债率在40%~60%适宜区间的客车类上市公司，反映出该公司的运行更为健康。

（四）净资产收益率

净资产收益率，也简称ROE，指的是净利润与净资产的百分比。该指标反映了股东权益的收益水平，用以衡量企业运用自有资本的效率。

由于涉及盈利、负债、运营等各方面指标，ROE更能全面反映企业赢利能力的强弱，是衡量上市公司赢利能力的一个重要指标。不过，ROE指标值并不是越高越好，正常负债情况下是越高越好，但负债增加会导致该指标的上升。美国过去几十年的统计数据表明：大多数企业的平均ROE在10%至12%之间。巴菲特则认为，如果一个企业长期以来，ROE超过15%，就可以认定为比较优秀。

从图8可以看出，亚星客车的ROE为30.3%，处于一个高水平，但具体分析可知，其原因是公司负债率过高（95%），导致ROE非正常性偏高，实际上该公司2012年的ROE仅为3%左右（2013年、2014年亏损）。

除了非正常的亚星以外，宇通客车2015年的ROE最高达到

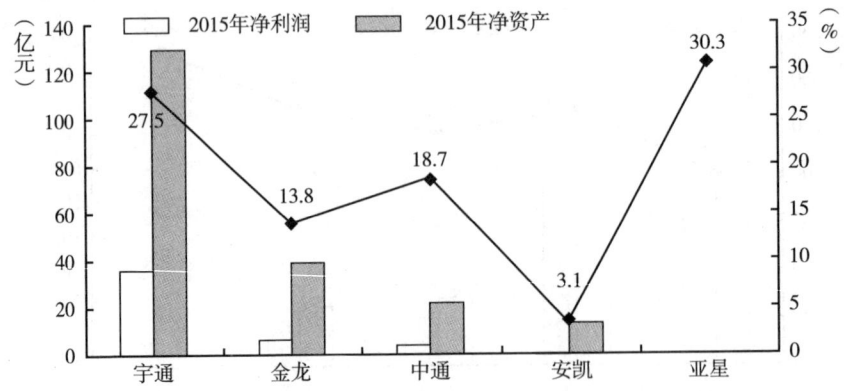

图 8 2015 年客车上市公司净资产收益率

资料来源：2015 年客车上市公司年报。

27.5%，遥遥领先于其他几家同行，反映出其所有者权益的投资报酬率较高，是一家非常优秀的上市企业。

中通客车的 ROE（18.7%）高于金龙集团（13.8%），反映出该公司的赢利能力相对更强；而安凯客车 2015 年的 ROE 为 3.1%，相对略低。

（五）小结

宇通客车资产负债率处于合理水平，公司净利率、ROE 等指标均优于其他企业，在"经济绩效"指标评价方面，宇通客车的企业竞争力显然最强，且与其他企业拉开较大差距，独占鳌头。

根据上述对四个二级指标的分析，可以得出，其余四家企业竞争力的顺序依次为中通客车、金龙集团、安凯客车、亚星客车。

四 企业效率分析

企业效率分析，本部分将从企业的员工能力、生产能力、研发投入、产品体系这四个分级指标进行分析。

（一）员工能力

从管理学来说，员工是企业形成核心竞争力的基础，员工能力水平很大程度上决定了企业核心竞争力的强弱。

对于企业而言，提升核心竞争力必须建立在发掘员工优势和潜能之上。企业只有拥有高水平的员工队伍，才能发挥出核心竞争力的效益，进而使企业的影响力变得更强。总之，企业全体员工的整体素质和能力决定了企业核心竞争力和水平，要通过激励机制与培养计划来完成员工能力的开发过程，也就是企业核心竞争力的培育过程。

1. 员工专业构成情况

公司员工的专业构成，对于企业竞争力至关重要。从管理学来讲，员工与企业核心竞争力及其各组成部分的关系，就是主导与辅助、能动与被动的关系。

具体来说，公司科研人员的能力，决定着公司技术创新能力的强弱；公司经营管理人员的能力，决定着企业市场反应、营销、战略等能力的强弱；公司生产工人的能力，决定着企业生产制造水平及产品服务能力的高低。

表6 客车上市公司企业人员专业构成

单位：人

企业	总人数	生产人员	销售人员	技术人员
宇通	15810	7877（包括技术人员）	2365	2842（专指研发人员）
金龙	17474	11305	971	2211
中通	4720	2827	638	509
安凯	5134	3495	342	478
亚星	1785	990	246	232

如表6所示，从五家公司年报来看，只有宇通标明了研发人员具体数量，其他公司都只有技术人员数量一项信息。对比各家企业人员专业构成，宇通的销售人员占比高于其他企业，技术及研发人员的占比也高于其他企业。

2. 员工教育程度情况

高素质员工队伍是决定企业核心竞争力和水平的要素之一。员工的受教育程度也反映出了企业核心竞争力的强弱。

表7 客车上市公司企业员工受教育程度

单位：人

企业	硕士及以上	大学本科	大学专科	其他
宇通	642	5898	4533	4737
金龙	319	3408	1890	11857
中通	102	781	2285	1552
安凯	88	1078	1138	2830
亚星	35	343	345	1062

从表7的统计来看，宇通、中通的高学历员工构成比例较高，员工受教育程度较高。

3. 员工激励制度

员工激励制度是企业中一项主要的管理制度，有效合理的薪酬制度能够充分发挥薪酬对于员工的激励作用，从而提高企业自身的价值和市场竞争力。客车上市公司企业激励制度见表8。

表8 客车上市公司企业激励制度

企业	激励制度
宇通	公司执行了高级管理人员绩效评价标准与激励约束机制。2012年，公司实施了股权激励计划并于2013年完成了预留限制性股票授予工作,2014年及2015年分别对达到解锁条件的限制性股票进行解锁,进一步完善了公司的激励约束机制。

续表

企业	激励制度
金龙	2015年度公司董事会会议结合年度各项经营指标完成情况,经公司薪酬与考核委员会审核、提议,董事会审议确定各高管人员的年度绩效薪酬。
中通	2015年公司高级管理人员继续实行目标年薪制。根据当年的经营目标完成情况兑现其年薪,高管人员的工资分基本薪资和绩效薪资两部分,基本薪资为每月发放,绩效薪资根据年终考核情况进行兑现。
安凯	公司对在本公司领取薪酬的董事、监事的年度报酬按照公司有关规定执行,高级管理人员的年度报酬根据公司薪酬制度和绩效考核制度执行。
亚星	公司高级管理人员的任免符合法律、法规和公司章程的规定;公司建立了公司高级管理人员与经营责任、经营风险、经营绩效挂钩的绩效评价和激励约束机制,根据年度业绩对高级管理人员进行年薪考核评价。

4. 员工培训计划

在市场竞争加剧的形势下,越来越多的企业将员工培训工作作为提高企业内部凝聚力和打造企业核心竞争力的重要手段(见表9)。

表9　客车上市公司企业员工培训计划

企业	培训计划
宇通	2015年,公司继续以支撑战略落地及业务目标为根本指向,开展了以文化管理能力和核心管理能力为主线的干部封闭培训,全年累计360余名干部参训,全年累计培训生产一线人员7215人,本硕生600余名。公司兼职内训师队伍建设进一步加强,新培养了23名兼职内训师,使内训师队伍总数达到972人,为公司培训工作提供了有力支持。 同时,公司联合吉林大学、北京理工大学等知名高校,开办MBA教育班、工程硕士班,为骨干员工长远发展提供平台,累计培养199人。不断完善E-learning在线学习平台,丰富培训内容及形式,方便员工随时随地进行在线学习。公司全年累计培训6.4万人次,培训34.4万课时。
金龙	2015年,公司在员工素质、企业管理、安全教育、环境保护、质量体系等领域都加大了培训力度,进一步提高了公司的培训覆盖率。公司新员工在上岗前,由人力资源管理部门统一进行入职培训。

续表

企业	培训计划
中通	公司建有完善的员工培训管理机制,依托企业大学——中通教育学院对公司各序列层级员工进行职业提升培训,制订并实施与公司经营配套的培训计划,为确保培训达到预期效果,对培训过程进行管控,对培训效果进行考核、跟踪与评估,建有员工培训档案,对员工培训考核结果记录备案,作为绩效考核、岗位调整的依据。
安凯	根据公司年度经营方针、工作纲要、主要经营指标和各项重点工作的要求,结合年度培训需求调研,系统编制了包括干部队伍、营销、生产、技术、职能专业以及全员在内六大系统的培训计划,以ISO10015培训管理体系深化运行、"40+4"平台有效应用为抓手,以员工素质和能力提升为落脚点,有效整合内外部培训资源,切实提高了员工培训的针对性、有效性。
亚星	根据公司《培训管理制度》,综合分析公司各部门上报的培训需求,人力资源部制定了《2016年度培训计划》。2016年,公司将根据岗位职能的划分,分别针对管理人员、技术人员、营销人员,以及生产系统和取得证书类的人员开展分类培训,举办包括入职培训、岗位培训、安全生产、管理技能提升、企业文化、一线员工技能等培训,人均不低于80课时。

(二)生产能力

生产能力作为反映企业竞争力的一个分级指标,也具有重要的作用,而与生产能力密切相关的产能、产能利用率等因素都值得关注。如果产能利用率低下,就会造成生产成本的大量浪费,也会拉低企业的综合竞争力。部分客车上市公司产能及其利用率见表10。

表10 部分客车上市公司产能及其利用率

企业	主要工厂	设计产能(辆)	报告期内产能(辆)	产能利用率(%)
宇通	宇通客车股份有限公司	30000	33261	110.87
	宇通客车股份有限公司新能源分公司	30000	32342	107.81

续表

企业	主要工厂	设计产能（辆）	报告期内产能（辆）	产能利用率（%）
金龙	厦门金龙联合汽车工业有限公司	31500	35828	113.74
	厦门金龙旅行车有限公司	25250	30234	119.74
	金龙联合汽车工业（苏州）有限公司	20000	22564	112.82
	金龙汽车（西安）有限公司	3000	386	12.87
亚星	扬州亚星客车股份有限公司	9000	4000	44.44

受新能源客车市场 2015 年爆发式增长的影响，宇通、金龙等企业 2015 年度的产能利用率都比较高。

（三）研发投入

不少专家认为，中国制造业"大而不强"的主要原因是创新力不足。国际上也普遍认为，创新力的强弱关键于在研发经费投入的高低，当制造企业的研发经费占到主营业务收入的 2.5% 时，企业才能维持生存；研发经费投入占比高，一定程度上可以带来更高的企业创新性，从而提高企业竞争力。

表11　客车上市公司研发投入情况

企业	研发投入	研发方向
宇通	公司报告期内发生研发支出 12.29 亿元，占营业收入的比例为 3.94%，在同行业中处于较高水平。	2015 年研发支出主要投向如下：1. 高端商务车、高端旅游车、高端公交车、新能源车等新产品项目的设计与开发；2. 为提升产品竞争力，结合平台化、模块化、通用化产品三化管理目标，与外部咨询机构合作，开展研发转型、PLM、轻量化等项目；3. 结合行业发展和市场环境变化，进行前瞻性的技术研究、开展新能源技术应用方面的研究等。

续表

企业	研发投入	研发方向
金龙	公司报告期内发生研发支出2.47亿元，占营业收入的比例为2.32%。	公司围绕客车低碳化、轻量化、智能化等重点关键技术研究领域进行技术攻关。在新能源全新车型、新能源汽车自主ISG系统、新能源整车布置优化、整车控制策略优化、全新公交车型平台、全新公路车型等项目上进行了重点投入，同时增加了对客车研发试验能力特别是新能源客车安全性、可靠性试验设备的投入。
中通	公司报告期内发生研发支出2.42亿元，占营业收入的比例为3.41%。	公司的研发投入主要用于新产品开发、先进技术研究等方面，完善了新能源客车产品链，围绕新能源、智能化、轻量化等领域开展技术研究。
安凯	公司报告期内发生研发支出1.17亿元，占营业收入的比例为2.90%。	公司目前以发展新能源客车业务为主要方向，以研发安全、高效的电动客车产品为目标，进行电动客车整车结构设计与匹配、电驱动系统集成与优化、电子信息与智能控制以及整车安全管理的多学科系统集成技术研究，推动电动客车产业化。
亚星	公司报告期内发生研发支出0.48亿元，占营业收入的比例为2.39%。	（年报中未透露）

如表11所示，五家上市公司，宇通的研发投入明显最高，研发资金占营收的比重最高，且研发方向目的明确；另外，中通的研发支出非常接近"三龙"之和的金龙集团，且研发资金在营收中的占比高于金龙集团。

产品决定今天，研发决定明天，从这个角度来说，宇通在未来还会保持绝对领先优势；另外，中通的研发力量也在不断壮大中。

（四）产品体系

客车上市公司和产品体系见表12。

表12　客车上市公司产品体系

企业	产品体系
宇通	主要产品可满足5米至25米不同长度车型的需求，拥有203个产品系列的完整产品链，主要用于公路客运、旅游客运、公交客运、团体运输、校车、专用客车等各个细分市场。
金龙	主要产品包括大、中、轻型客车，主要应用于旅游客运、公路客运、公交客运、团体运输、校车、专用客车等市场。产品涵盖4.5米至18米的各型客车。
中通	产品包括从5米到18米不同车型系列的各种档次，用途主要为公路、公交、旅游与团体、校车等细分市场。
安凯	产品覆盖6~18米各型客车，包括各类公路、旅游、团体、公交、新能源等客车产品。
亚星	产品范围覆盖5~18米各型客车，主要用于公路、公交、旅游、团体、新能源客车和校车等市场。

（五）小结

从"企业效率"指标分析来看，宇通客车依然领先，且在员工能力、生产能力、研发能力、产品体系这4个二级指标对比中，均明显优于其他企业；另外，中通在员工能力、生产能力方面也明显优于其他企业，尤其是其用更少的员工创造出了比规模更大企业更多的价值。

五　基础设施分析

对基础设施指标的分析，本文主要从企业的固定资产及其增长率、在建项目以及信息化建设等来进行。

（一）固定资产

固定资产是指为生产商品、提供劳务、出租或经营管理，而持有的使用寿命超过一年的单位价值较高的有形资产。也就是说，固定资产总额的高低，可以直接反映企业规模和竞争力的大小。

表13 2014~2015年客车上市公司固定资产情况

对比数值	宇通	金龙	中通	安凯	亚星
2014年固定资产总额（亿元）	36.30	18.93	9.30	6.94	2.69
2015年固定资产总额（亿元）	40.72	18.02	10.14	11.26	2.57
固定资产增长率（%）	12.2	-4.8	9.0	62.3	-4.5

从表13可以看出，宇通固定资产总额明显高于其他企业，其2015年固定资产总额为40.72亿元，几乎是另外4家客车上市公司固定资产总额之和，这反映出宇通的企业规模较大，竞争力较强。

相比2014年，客车上市公司2015年固定资产总额10亿元以上的企业数量增加了两家——从原先的宇通、金龙两家，变为了宇通、金龙、中通、安凯四家；2015年，固定资产总额不足10亿元的客车上市公司仅剩亚星一家。

（二）固定资产增长率

固定资产增长率，即期末固定资产总额减去期初固定资产总额之差除以期初固定资产总额的比值。

对于生产型企业而言，固定资产的增长反映了企业产能的扩张。不过，在分析固定资产增长时，需分析增长部分固定资产的构成，要注意增长的固定资产是否大部分还处于在建工程状态。

从图9可以看出，光从数字上对比，2015年安凯客车的固定资

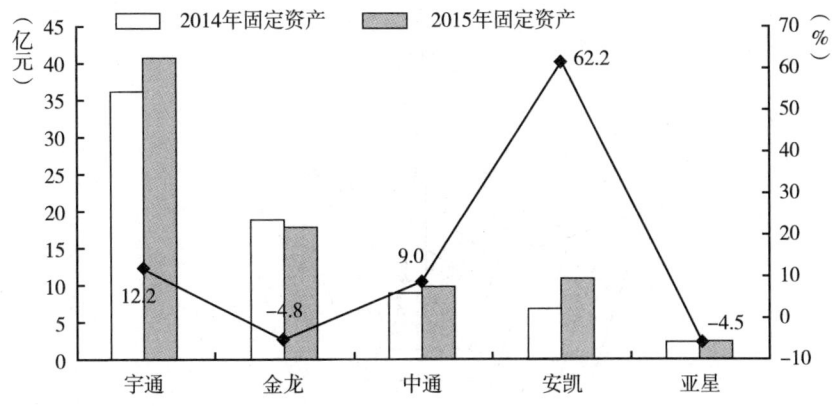

图9 客车上市公司（2014~2015年）固定资产变化

产增长率最高——62.2%，其年报"固定资产重大变化情况"说明中表示，这主要系新能源汽车扩建及关键动力总成制造、研发一体化项目本期部分完工转入固定资产影响所致。

除去安凯这一特殊情况，2015年，宇通的固定资产增长率相对较高，比2014年的36.3亿元增长了12.2%，说明企业增长后劲充足；其次，中通客车的固定资产增长率9%，增长也相对较大；金龙、亚星这两家企业的固定资产有所下降，其固定资产增长率分别为-4.8%和-4.5%。

（三）在建项目

在建项目是指，以工程建设为载体的项目，作为被管理对象的一次性工程建设任务。它以建筑物或构筑物为目标产出物，需要支付一定的费用、按照一定的程序、在一定的时间内完成，并应符合质量要求。

新项目建设，是企业扩大再生产、提高生产水平的重要途径。2015年，宇通客车的在建项目投资最大，为5.85亿元（见图10）；中通客车紧随其后，在建项目为1.45亿元；金龙集团、安凯客车的

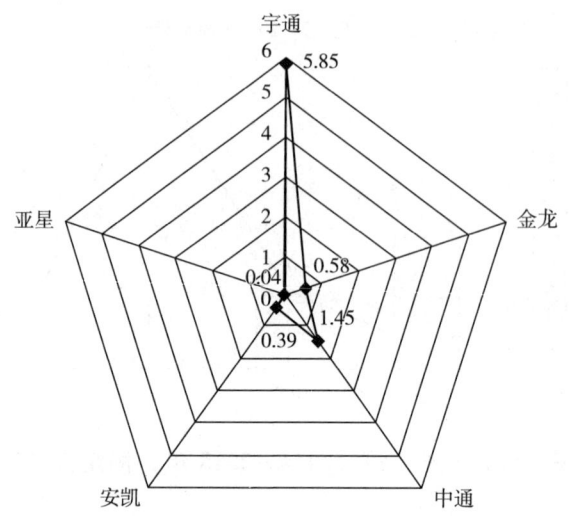

图10 2015年客车上市在建项目（单位：亿元）

资料来源：2015年上市公司年报。

在建项目均没有超过1亿元，分别为0.58亿元、0.39亿元；亚星客车的在建项目投资最小，为0.04亿元。

（四）信息化建设

企业信息化是提高企业的核心竞争力及与其他企业协作的能力，其重要内涵则是用现代信息手段改造传统管理，创造新的管理概念和管理体系，提高管理水平和生产效率。

因此，企业信息化建设是一个系统工程，包括了企业管理中的生产信息化、管理信息化和经营信息化；该系统工程的实现，是一个包含了人才培养、咨询服务、方案设计、设备采购、网络建设等方方面面的过程。

如表14所示，对比各客车企业信息化建设情况，宇通客车从2002年开始启用ERP管理系统，并且，其信息化建设具有较强的针对性，即根据生产管理中的需要，通过信息管理来解决问题，并按照

表14 客车上市公司信息化建设情况

企业	详细说明
宇通客车	公司开展信息化建设启动时间较晚,但建设进程快且系统。2002~2013年,宇通通过与国内外诸多信息化公司合作,逐步建立起了包括人力管理、销售、生产、采购、物流等业务模块的信息化平台,全方位提升企业管理水平以及对产品质量与售后服务的把控能力。
厦门金龙	公司1997年就将企业信息化管理提上日程,制定并实施了以CIMS(现代集成制造系统)为主的IT战略规划,整个工程主要由企业资源计划(ERP)分系统和工程设计(CAD)分系统、产品数据管理(PDM)分系统、计算机网络/数据库分系统以及系统客户关系管理(CRM)分系统等五部分组成,并分步完成。一期工程于2000年完成;二、三期工程也基本在2007年左右完成。
苏州金龙	2004年,公司就通过外力构建了企业管理信息化平台;2015年又借助外力打造了工艺管理优化系统平台,进一步提升了产品工艺创新能力,实现了精益管理优化与利润最大化。
厦门金旅	2000年公司启动信息化管理工作后,逐步建立了信息化管理体系;2005年实施"金旅CIMS"工程,在管理上形成快速满足客户需求的企业内部运行机制,快速完成营销、技术、资金等方面的信息化管理,以及加快国内外客户与供应商的信息化对接。
中通客车	2013~2014年,公司在信息化建设上按照企业实际需求循序渐进,逐步完善。比如,按照时代需求,逐步建立了OA办公事务管理系统、面向大批量定制的协同商务与集成设计系统、客户服务系统、新能源客车远程智能监控系统等。
安凯客车	公司早年建立了"以客户管理为中心"的信息管理系统,后期对于信息化建设的推进较慢。
亚星客车	2007年公司采纳了用友的ERP系统,主要建立了库存、采购、销售等管理模块,搭建起公司信息化管理体系。

时间推移来分步完成,系统性强。

"三龙"中,厦门金龙与厦门金旅的企业信息化启动时间较早,但建设方面对外公开的信息比较宽泛,没有过多具体介绍,且后续能力略显不足;中通客车的信息化建设有条理,并按照企业实际需求循序渐进，逐步完善自己的信息化管理体系；安凯客车与亚星客车的信息化建设从可查到的信息来看，相对比较薄弱。

（五）小结

在"基础设施"指标评价方面，各家企业表现不一，但宇通客车依然力压对手，无论是在固定资产、在建项目还是信息化建设等方面，均明显强于其他客车上市公司，且有遥遥领先之势。

另外，中通客车在固定资产总额、固定资产增长率、在建项目、信息化建设等方面的表现，也可圈可点。

企业发展报告

Enterprise Development Report

B.9
价值观决定企业发展方向

姚 蔚*

摘 要: 魏则西之死,让人们对某互联网巨头,少了尊重,多了失望;大众"排放门"事件,则让人们对"德国品质"产生了怀疑。

如果再追溯到已消失的昔日奶粉巨头"三鹿",不能不让人感慨:一个企业价值观缺失,可能会让一个企业走入歧途;而行业龙头的跑偏,更有可能带坏整个行业。

关键词: 企业文化 企业价值观 价值取向

---

* 姚蔚,经济学硕士,理学学士,中国注册会计师协会和中国数量经济学会会员;师从经济学家、中国工程院院士、中国社会科学院学部委员李京文;曾任中国汽车报社《商用汽车新闻》和"中国汽车报网"总编辑,现任"方得网"总编辑。

价值观,是一个企业发展的"准星",是企业前进的"指南针"。如果一个企业缺失正确价值观,不但会令企业遭遇巨大的挫折,甚至会使产业走上一条"死亡"之路;更有可能给社会带来巨大的损失,给公众带来难以弥补的伤害。尤其是,行业龙头企业价值观偏离,更有可能让整个行业跑偏。

一 缺失价值观企业之殇

如今,到底是什么蒙蔽了企业双眼,做出诸多伤害社会,又伤害自己之事?

某些互联网巨头,虽然企业庞大,但其有些行为却并不怎么光彩。"魏则西之死",让其成为江湖庸医害死魏则西这个年轻人的帮凶。而这一负面事件,也让这家互联网巨头的股价在40天内下滑了15.83%,市值从680亿美元跌至约567亿美元,缩水113亿美元,约合740亿元人民币。缺失价值观,毫无道德底线的竞价排名规则,为公众所诟病,也使这家互联网巨头的社会影响力随之下降。

大众汽车"排放门"丑闻,同样令其企业形象轰然倒塌,还付出了惨重的经济代价。陷入"排放门"事件后,大众股票跌幅已高达31%。这次"排放门"的丑闻让大众付出了三分之一市值的代价,粗略折算相当于250亿欧元(约278亿美元或1800亿元人民币)。

再回想当年"三聚氰胺"事件,正是企业价值观的缺失,让"三鹿"这个中国奶制品行业的龙头企业走上了不归路。2009年,三鹿被三元集团以6亿元收购。这个曾经被世界品牌实验室评为中国500个最具价值的品牌之一,被商务部评为最具市场竞争力品牌,曾经的"中国驰名商标",并曾被中国品牌资产评价中心评定品牌价值达149.07亿元的三鹿品牌,就此灰飞烟灭。

可以说,价值观就是企业的方向准星。企业越大,方向跑偏带来的后果越严重。一旦出了问题，就会给自身和社会带来难以估量的损失。正因为如此，任何一个行业的龙头企业的价值观都尤为重要。领军企业走得正，行业才不会跑偏；领军企业一旦误入歧途，可能会对整个行业和社会带来难以估量的损失。

二 什么是企业价值观？

何谓企业价值观？

企业价值观指的是企业及其员工的价值取向，也就是说企业在追求经营成功过程中所坚持的信念与目标，也是企业决策者对企业性质、目标、经营方式的取向所做出的选择，以及为员工所接受的共同观念。

价值观是企业文化的核心。美国加利福尼亚大学菲利普·塞尔兹尼克（Philip Selznick）说："一个组织的建立，是靠决策者对价值观念的执着，也就是决策者在决定企业的性质、特殊目标、经营方式和角色时所做的选择。"可以说，企业价值观是企业精神的灵魂，有了它，才能保证员工向统一目标前进。

可以说，在优秀的公司中，企业价值观代表着企业存在的理由。

三 企业价值观缺失的后果

一个企业的价值观决定了一个企业的信仰。缺失价值观的企业，犹如在前行的道路上，缺少了指引方向的"指南针"。有些企业虽然奔跑速度很快，但可能已经跑偏；有的企业虽已"功成名就"，但却潜伏着大量的风险和危机，这就可能会随时碰到暗礁。

上面列举的以及无数的例子证明，企业价值观建设的成败，决定着企业的生死存亡，兴盛与衰败。

B.10
价值观照亮宇通前行之路

姚 蔚*

摘　要： 宇通是客车行业的龙头企业。正是由于多年来一直践行"崇德、协同、鼎新"的价值观，形成了优秀的企业文化，宇通才能够在20多年中，始终沿着正确的道路发展，持续增长，并且不断刷新客车行业的各种纪录。

在正确价值观的引领下，在国内，宇通不打价格战，公平竞争，营造了良好的竞争环境；在海外，宇通创立了出口的古巴模式，在海外树立起"中国制造"的良好形象。

正是宇通这个客车行业巨头走得端、行得正，因此，中国客车产业在全球也拥有较强的竞争力，产品出口到世界130多个国家和地区；在国内，宇通更是带领中国客车企业，基本实现了进口车全替代，并引领锐意创新的中国客车产业走在世界新能源汽车的前列。

本文旨在分析价值观对企业，特别是行业领军企业的方向起着什么样的作用？宇通的价值观，在宇通

---

* 姚蔚，经济学硕士，理学学士，中国注册会计师协会和中国数量经济学会会员；师从经济学家、中国工程院院士、中国社会科学院学部委员李京文；曾任中国汽车报社《商用汽车新闻》和"中国汽车报网"总编辑，现任"方得网"总编辑。

发展中起着什么样的作用？宇通是如何形成这样的价值观的？

关键词： 宇通客车　价值观　崇德　协同　鼎新

既然行业领军企业的价值观尤为重要，那么，作为客车行业领头羊的宇通，其价值观是什么？宇通的价值观对于其发展起到了什么样的作用？

要了解价值观对宇通发展的作用，首先来看看宇通是谁，客车行业的现状又是什么样的。

一　宇通是"中国制造"的典型代表

1. 宇通是谁？

郑州宇通客车股份有限公司（简称宇通客车或宇通）是全世界最大的大中型客车制造企业。宇通客车已经销售到全球 130 多个国家和地区，其客车销量已占全球客车销量的 1/6。现在，宇通客车每年累计行驶 430 亿公里，搭载 340 亿人次。

宇通是全球成长最快最稳健的客车企业之一。1993 年，宇通还只是一家年销售客车不足 700 辆的小厂；23 年间，宇通客车销量增长 95 倍。2015 年，宇通销售客车 67018 辆，占国内客车市场份额的 1/3；其中，新能源客车销量达 20446 辆，同比增长 176.1%。

2015 年，在海外市场，中国 5 米以上车型客车出口数量同比下滑 24.41%。在行业大幅下滑的情况下，宇通当年实现客车出口 7218 辆，其中，拉美地区出口 2761 辆，这一数量占中国大中型客车出口总量的 66.02%。截至 2015 年底，宇通海外市场累计销售大中型客车超过41000辆，成为"中国制造""走出去"的引领者。

作为连续多年稳居客车行业出口首位的企业，宇通在海外市场树立了良好的"中国制造"形象。在海外很多地区，只要提起宇通客车，当地运营公司都会给予高度评价。比如，在古巴，宇通客车已成为"客车"的代名词，当地还有一首歌这样唱道："我是古巴人，我爱宇通车。"

2. 中国客车行业现状如何？

既然宇通是中国客车行业的领头羊——从2003年开始，宇通一直是客车行业的龙头企业和领头羊，同时，宇通占据了中国客车每年销量的1/3。那么，中国客车行业又是什么样的？

中国客车行业是汽车行业中最具自主能力的细分领域。与占据较大市场份额的国外品牌轿车不同，国内能见到的大中型客车基本上都是中国品牌；与很多卡车企业都是合资也不同，中国主流的客车企业没有外资的介入。

中国客车不但对内完全可以满足中国消费者的需求，对外也成为很多国家的"最爱"。比如，宇通在古巴拥有超过99%的客车进口市场占有率，现在很多古巴人用"宇通"二字代替了原本的"巴士""公交车"等词语；在东南亚、拉美、中东、非洲等地区，以及一些发达国家，比如美国、英国、法国等，也都有中国客车的身影。此外，中国客车在新能源客车领域、无人驾驶领域等，也走在了世界的前列。

可以说，中国客车行业在国际上是很有竞争优势的行业，是"中国制造"的"优秀代表"。

二 价值观对宇通发展的作用

1993年至今，宇通客车从一个年产不满700辆的地方小厂，变成了"中国制造"的一张名片和世界上最大的大中型客车制造商。在这 23 年的历程中，宇通没有跑偏过，更没有倒退，这得益于宇通始终坚持在正确的方向上飞奔——宇通始终坚持正确的价值观。

中国客车行业能够成为世界上具有国家竞争力的行业，在世界上成为"中国制造"的名片，还能在很多领域走在世界前列，这些都得益于其领军企业宇通能够坚持正确的价值观，为行业树立了正确的标杆。

1. 价值观对宇通发展的作用

也许有人会问，宇通的确发展得好，但为何最关键的因素就是价值观？来看看宇通掌门人、宇通员工以及同行是怎么说的。

（1）掌门人汤玉祥如何看待价值观

通过多年的管理实践，宇通集团总裁汤玉祥深刻地意识到，只有抓好企业文化才能管理好企业，而价值观正是企业文化的核心。

在总结企业这些年的发展经验时，汤玉祥得出了这样一个结论："只有抓好企业文化才能管理好企业，企业才能够快速迅猛地发展。企业发展十几年间最值得欣慰的是，宇通形成了一种优秀的企业文化。"

正是由于宇通始终能够坚持正确的价值观，因此，不论周围环境怎么变化，宇通总能按照既定的方向去发展且不受影响，始终能够保持稳定的增长，市场持续扩大，经营效益越来越好。

（2）宇通员工如何看待价值观

谈起对宇通文化的理解，宇通集团党委副书记李远征说，正是因为宇通形成了所有员工高度认同的价值观，进而形成了整个集团快速转型发展的精神动力。"企业要做大做强不仅要靠技术与管理，更要靠文化的力量。"

2014 年，埃博拉病毒肆虐非洲，宇通在第一时间要求驻外人员回国，但不少员工要坚守一线。宇通客车海外营销经理王峰说起这件

事时，仍记忆犹新。"这些员工之所以还坚持在岗位，没有回国，是因为有两件事情在支撑他们。首先是，这些国家的宇通客车并没有因为埃博拉病毒而停运。既然这些车辆都在行驶，宇通的售后人员，就要做好这些客车的后勤保障；其次他们心中想的是责任和担当。宇通的员工深知，他们在国外，就代表着中国制造的形象，代表着宇通的形象；他们身上肩负着宇通海外发展的责任，也同时肩负着中国客车走出去的使命。"

在宇通，员工除参加公司公益活动外，还自发捐献造血干细胞挽救生命，有员工勇入火海救出邻居的孩子，有员工主动为客户提供超值高标准服务。很多员工在外面经常有超过客户预期的表现，他们助人为乐获得表彰或称赞时，往往也会把一些美德归功于宇通文化。

有些员工刚开始进入宇通时还不了解宇通文化，但是，通过教育培训和耳濡目染，就会形成一种宇通特有的气质。这种气质，也许可以看作他们身上所表现出的"正能量"。

（3）同行如何看待宇通的价值观

很多人认为，"宇通人"与众不同的地方，就在于宇通文化——"宇通文化非常鲜明，并与众不同"；"宇通的执行力是客车行业里最强的，这就是宇通文化"；"在宇通，没有个人英雄，只有团队英雄。宇通人的团队精神很强。"

在很多媒体看来，谈到宇通客车，就一定离不开宇通文化，其企业文化不但具有吸引人的力量，还成为支撑企业高速发展的因素之一；其无形的企业文化，正是宇通强大之所在，也是支撑宇通持续进步和发展的灵魂。

比如，有些客户把感受到的宇通员工身上的精神总结为"宇通文化"。又比如，宇通能够在古巴占有90%以上的客车市场，除了产品品质优良以外，古巴客户还认可宇通人，觉得他们身上有一种宇通精神。

如果在百度上输入"宇通"一词，就会发现宇通的文化让很多"外人"都印象深刻。比如，在宇通，诋毁客户是绝对不允许的。在任何场合，宇通从掌门人汤玉祥，到高层，再到中层以及一线员工，都不会为自身利益去诋毁客户；宇通为了能使行业共同进步，还经常免费做一些企业管理方面的讲座、培训；对于行业内外的"学习者"，有的甚至是竞争对手，宇通也永远不会"拒之门外"。

在宇通，一切中华民族的美德都得到尊重，一切不符合道德的做法，不但会被宇通人所不齿，更可能会受到惩罚。正是宇通人总是散发着"正能量"，因此，得道多助——宇通才有着最广泛的合作伙伴和众多的国内外客户。

三　宇通的价值观是什么？

说了这么多宇通价值观的作用，那么，宇通的价值观到底是什么呢？

宇通文化的核心，概括起来就是"3+2"，即"崇德、协同、鼎新"的价值观和"以客户为中心，以员工为中心"的经营管理理念。

1. 崇德

宇通以何立企？德！

而"德"恰恰是很多价值观缺失的企业所不具备的。

正是因为缺乏德，搜索引擎的竞价排名，会让无数诱导甚至诈骗信息误导大众；正是因为缺乏德，有的百年跨国公司才会出现"排放门"；也正是因为缺乏德，才让中国的乳品行业曾经全面蒙羞。

宇通始终将"德"作为企业立身之本。宇通做任何事情都以德为先。汤玉祥不止一遍地告诫所有员工："品牌永远大于利益。"在宇通，任何因为追逐利益，有可能影响宇通品牌形象的行为，都会被立刻叫停。

实际上，宇通能做到"崇德"，跟掌门人汤玉祥的理念有很大关系。汤玉祥认为，无论做企业还是做人，都应当以"德"为先。"宇通就是要为客户创造价值，公司的价值是通过为客户创造价值而产生的。"

也许正因为如此，与很多国企或者有"雄心"的企业不同，宇通从不给自己制定诸如进入世界五百强、成为世界第一等这样的目标，也从来没有把销量、利润作为企业的发展目标。因此，无论是企业还是员工都不会急功近利地去做事。

如今，宇通成为世界上最大的客车生产企业，这都是功到自然成。

2. 协同

宇通的"协同"包括全方位的协同、与外部的协同和企业内部的协同。

与外部的协同，包括宇通和供应商之间的协同。宇通通过与合作伙伴共赢，为客户创造价值，进而"造福社会、兴旺企业、富裕员工、回馈股东"①。兼顾股东长期和短期利益，树立各方称道的资本市场口碑。

宇通发展的原则是，与供应商共同进步和发展。比如，每年春节前，宇通集团总裁汤玉祥都会拿到一张单子，单子上写着哪些供应商遇到了困难。针对遇到困难的供应商，宇通会提前支付货款，帮这些供应商渡过难关。

在企业内部协同方面，宇通强调团队制胜，鼓励基于专业化的主动协同。宇通内部的协同，显现出的是外界人看到的宇通的特点：宇通的个人英雄少，而团队英雄多。另外，宇通还有一个鲜明的特点，那就是内耗少，这也跟宇通强调内部协同直接相关。

---

① 参见《宇通企业文化白皮书》，2015。

正是由于宇通强调"协同",因此,宇通可以获得合作单位更多的支持,并能获得外界更多助力,以及建立起更加和谐的团队,减少内部阻力,这两者对于宇通的稳定与发展起到了重要的支撑作用。

3. 鼎新

如果说"崇德"保证宇通在正路上行驶,"协同"让宇通获得最多的助力和最少的阻力,那么"鼎新"就是给宇通装上强劲的引擎,让宇通能够在23年时间里飞奔。

多年来,宇通不断推出各种创新成果,依靠"鼎新"精神始终走在国内甚至全球客车行业前列。2000年,宇通建成国内客车行业首家博士后科研工作站;2004年,不断升级的宇通技术中心,成为国家级技术中心;2009年,宇通斥巨资,在郑州建成了整车阴极电泳自动生产线,这条生产线开启了国内大中型客车全部整车电泳的新的里程碑;2011年,宇通投资38.6亿元,建立起节能与新能源客车产业化基地;2014年,宇通纯电动车E7亮相车展,挑战国外品牌在高端中巴领域的垄断地位;2016年,宇通的无人驾驶大客车完成了开放道路上的行驶试验;等等。

宇通的"鼎新"不光体现在产品开发和科技进步上,在管理上、体制上,宇通创新的脚步也从未停止。自2000年以来,宇通就投入巨大的精力,不断借助内外部资源,开展了大小数十个管理提升项目。如人力资源体系建设、企业信息化建设、战略管理、财务管理、流程再造、精益生产、供应链整合、绩效管理、采购转型、生产管理能力提升、研发体系管理转型等。

4. 以客户为中心,以员工为中心

宇通的文化之所以能够落地,关键就在于宇通对于人的重视,以及企业"以客户为中心,以员工为中心"的核心理念。

马克思主义政治经济学说强调,无论社会如何发展,人始终是生产力中最为活跃的要素。在宇通看来,通过聚集人才打造一支作风优良、素质过硬的干部职工队伍,是做成事业、做大事业的基础。

宇通认为,打造队伍,必须先统一思想、认识和价值观,否则大家就会"道不同,不相为谋"。没有大家都认同的企业文化和价值观,就不会有好的风气和氛围,队伍就会像一盘散沙,没有战斗力,没有效率,没有执行力。而只有在价值观层面大家达成了一致,组织才会产生凝聚力和向心力,才可以"兄弟齐心,其利断金"。

正因为宇通把客户和员工放到了中心的位置,而宇通在打造宇通队伍方面,又把宇通认同的企业文化和价值观摆在了重要位置,所以宇通的价值观才能真正落地,而不是"纸上谈兵"。

四 宇通价值观影响整个客车行业发展

作为客车行业的领头羊,宇通在国内市场积极推动构建规范、诚信、公平的市场环境,自觉维护公平竞争和行业的健康发展,做负责任的企业。

在宇通的带动下,客车行业形成了良好的竞争氛围。

1. 不杀价,让客车行业能够健康发展

作为客车行业龙头老大的宇通,有很多原则。

比如,在市场竞争中,宇通从不以低价倾轧同行,也绝对不在行业内打价格战。

综观一些行业的起起伏伏,低价竞争,倾轧同行,往往带给行业非良性竞争。市场上价格战烽烟四起,企业已无正常利润,因此也就没有财力投入到技术创新中。甚至在某些行业的恶性竞争中,不少企业在竞争中杀红了眼,在价格低于成本后出现违规、违法行为,再把其他企业也"逼良为娼",最终形成行业的潜规则,也最终给本行业造成沉重打击甚至断送一个行业的前途。

比如,2008年,三鹿奶粉"三聚氰胺"事件爆发前,由于奶粉行业恶性竞争，三鹿的某些品种奶粉只卖 16～17 元一袋，远远低于奶粉的成本价。因此，在稀释或者不达标的牛奶中添加三聚氰胺，从而达到检测标准，这就成为奶粉行业的"潜规则"。正是这样的不正当竞争，导致整个奶粉行业"良心沦陷"，让无数孩子（特别是农村和偏远地区的孩子）身体受损，更给很多家庭带来终生的伤害。直到现在，很多国人无法信任中国奶粉，使得国产奶粉基本失去国内中高端市场，而中国人却在国外抢购奶粉。这也成为中国奶业的耻辱。

再看 1998 年，家电巨头率先打响的价格战，导致整个彩电行业利润损失 54 亿元。20 世纪 90 年代，中国彩电企业连续五次大降价，让中国彩电行业在技术创新上远远落后日韩家电企业，更让家电企业自身陷入一场空前的危机。

而宇通，却始终坚持自己的价值观。它强调为客户创造最大价值，而不是为了市场份额和利润；更不会压低产品价格，倾轧竞争对手。在市场上，宇通客车不但不会低价销售，反而一直坚持优质优价的原则，这也给整个国内客车行业树立起正确发展模式。

2. 不挖墙脚，摒弃不正当竞争

宇通，不从竞争对手企业中挖人，特别是同为客车第一梯队的"三龙"。

从竞争对手企业中挖人，又称为"挖墙脚"，这并不是一件多么光彩的事情，有的还属于恶意竞争。特别是，有的企业不愿意在开发新产品中付出艰辛的劳动，只想通过"挖"竞争对手的人，来获取其他企业的劳动成果。有的甚至出高价，通过一些不正当手段购买到其他企业的企业机密和创新成果等。企业相互挖人，无疑会鼓励企业员工的不道德行为，通过窃取本企业的"机密"带给竞争对手而获得高薪，最终形成行业的恶性竞争。

宇通既不会去竞争对手那里挖人，也不允许员工通过出卖本企业利益，来获得一己私利。因此，宇通对本企业高层有严格的本行业择

业的限制条款,并且不接受已离开宇通的员工再回到本公司;也绝对不会"挖墙脚",从竞争对手那里挖人。

此外,宇通从来不对外说竞争对手不好,更不用说恶意攻击等不正当竞争。在整个中国客车行业,得益于"龙头老大"宇通始终坚持"不说竞争对手不好"的原则,行业内很少有诋毁同行、相互谩骂的事情发生。

3. 不走捷径

相对于有些企业在竞争中走捷径、钻空子的做法,宇通绝对不允许员工投机取巧。

在宇通,虽然不能用"疾恶如仇"来形容,但是宇通绝对不允许弄虚作假、欺瞒消费者,也不允许说大话,违法的事情更是不允许。比如,2015年,面对新能源客车的高额补贴和政策漏洞,有些客车企业铤而走险,走上了骗补之路。宇通从高层开始,就坚决杜绝此类事情的发生,不管有多少同行做出怎样的骗补行为,宇通也绝不为之所动,坚持走正道。

4. 创新让中国客车更具国际竞争力

宇通不做没水平、没道德的事,但做了很多"有水平"的事。在产品创新上,宇通不断推陈出新,应用全新的技术,强调产品的节能减排,引领客车行业不断升级。

比如,在2005年时,宇通就已经关注校车的安全问题,并开始广泛借鉴国外先进经验,积累技术,研发产品。同时,作为全国人大代表的宇通集团总裁汤玉祥不断为校车的普及奔走呼喊。在2011年甘肃庆阳校车事故后,可以说,是以宇通为首的主流客车企业促成了国家相关部门出台《安全校车管理条例》,让中国安全校车从无到有。

再比如,宇通率先在行业内推出"发动机热管理"技术,让客车油耗降低不少。此后,客车行业内针对发动机热管理技术开展减少油耗的应用,成为行业众多主流企业努力的方向,对整个中国客车行业节能水平的提高起到了至关重要的作用；宇通在新能源客车领域的持续投入与努力，不但使其占据了新能源客车市场近 1/3 的份额，还让中国的新能源客车产品和技术不断升级，在更大范围得到应用。

又比如，宇通率先创立全球顶级水准的"YES"阴极电泳标准，并由此掀起客车行业技术与工艺变革的新浪潮。

2015 年 9 月，宇通又开发出无人驾驶客车，并且成功实现了全球第一次无人驾驶大客车在开放道路上的试验。2016 年，宇通开发出第三代燃料电池客车，并且在 5 月的北京国际道路运输展上亮相，让燃料电池客车开始步入商业化运营新阶段。

5. 中国品牌在海外有尊严

说起中国制造的产品出口，曾经有很多惨痛的教训。比如，中国的摩托车曾经大量出口越南，但因为恶性竞争，导致出口的大量产品质量低劣且无售后服务，最后被赶出了市场。

而中国客车则在海外基本保持了一个良好的形象。这要归功于宇通出口起到的带头作用。

宇通客车从 2005 年起出口古巴，一开始就确定了"没有服务不出口，没有配件不出口"的原则。"中国品牌要有尊严""宇通丢不起这人，少卖车可以，但是不能做损害宇通品牌的事情。"汤玉祥经常这样告诫宇通员工。这些思想在宇通，已经深入人心。

正是有了正确的海外出口观，宇通尽管比有些客车企业出海晚，但在海外市场很快得到普遍认可。二十多年间，宇通客车海外销量增长 95 倍，远销 130 多个国家和地区，每年销售的客车累计行驶 430 亿公里，搭载 340 亿人次。特别是 2007 年 5 月，古巴向宇通采购各类客车 5348 辆，这成了近 10 年中国汽车行业出口金额最大的一宗订单。

截至目前，宇通几乎占据了中国客车市场出口总额的 1/3，而且海外进程不断加快。2004 年至今，宇通在海外市场销售客车（5 米以上车型）超过 4.1 万辆，还进入了发达国家，比如法国、以色列

等;2016年上半年,宇通又陆续获得古巴、以色列、伊朗等国的批量订单。同年,法国巴黎最大的客运公司RATP将宇通定为未来10年内其新能源公交车的主要供应商之一。对于这家法国公交公司来说,宇通可能是唯一来自中国的客车供应商。

除了进入众多海外市场外,宇通还提升了中国客车在海外的形象,大幅提高了中国客车在海外市场的地位。

在不少国家,宇通就是"公交""客车"的代名词。随着出口古巴的批量客车订单的签订,拉美地区成为宇通的最大海外市场。在委内瑞拉,宇通占其中国客车整车进口量的九成以上,运行客车数量超过4000辆。之后,宇通与委内瑞拉合资成立客车生产厂,在当地生产的产品不但可在委内瑞拉销售,还可进入拉美的部分国家。放眼世界,宇通已形成拉美区、独联体区、非洲区、欧美区、中东区、亚太区六大区域的发展布局。

6. 改变行业规则

宇通除大幅提升中国客车在海外的品牌影响力外,还通过自身技术实力,不断改变行业原有规则。

比如,中国高端中巴市场,一直都被以日本考斯特为代表的国外品牌垄断。这些国外品牌的中巴,创新很少,但利润高得惊人。"不能让国外品牌垄断了中国市场",宇通作为中国自主品牌汽车的代表,2015年向这个市场亮剑,推出了宇通高端中巴——T7。

业界很多人也很清楚T7的使命,既为T7,那就要为中国客车"提气"(谐音T7)。为了能够为中国客车品牌提气,宇通T7的研发,走过了10个年头,投入了4亿多元。T7是按照乘用车研发流程正向开发的车型,这在客车行业可谓开了先河。T7上市前,就通过了40摄氏度高温、-30摄氏度高寒和4000米高海拔地区的极限考验以及6万公里的可靠性验证,同时,其还是国内首款通过半载侧翻试验的冲压车身产品。

宇通T7自上市后，也的确很给中国客车"提气"。当年9月，国务院总理李克强在河南调研考察期间，宇通T7就取代国外品牌高端中巴，成为服务用车；同年12月，上海合作组织成员国政府首脑（总理）理事会第十四次会议，15辆宇通T7同样担当了运送任务；2016年3月全国"两会"期间，35辆宇通T7服务全国"两会"代表。

2016年9月，在杭州召开的G20峰会，更是选定了100辆宇通T7车，为与会贵宾提供出行服务。在这次的G20峰会上，出现在各国首脑面前的高端中巴，都是中国自主制造的宇通客车。

7. 做负责任的企业

宇通客车除了在技术上不断引领中国客车前行，还担当起为客车行业"带好路"的重任。

比如，在校车的推广应用上，宇通是国内安全校车的积极倡导者以及中国校车行业标准的制定者之一。一直以来，宇通倡导为所有的孩子提供安全的校车，让运营者、学校和家长都能更加放心。

2005年，校车一词在中国还很陌生时，宇通就开始设想"要让中国的孩子坐上安全的校车"。宇通依托强大的技术实力，投入大量人力物力，进行专用校车的研发。2006年，宇通打造出国内第一款校车——"阳光巴士"；2010年，宇通推出了第一款独具特色的长头"大鼻子"校车。

宇通除了注重校车的硬件安全以外，也致力于提高孩子们乘坐校车时的安全意识。2015年8月1日，在山东沂南，宇通发起了全国性校车公益活动——"袋鼠行动——校车安全大讲堂"。至今，宇通"校车安全大讲堂"已经走进了广东、山东、山西、陕西、河南、四川、重庆等十多个省市，陆续开展近70场活动，让数十万学子了解到什么是安全的校车，以及怎样安全地乘坐校车。

可以说，宇通校车"一切为了孩子，为了一切孩子"。正因为如此，宇通校车也几乎成为"校车"的代名词。2015年，中国校车销售 26433 辆，其中宇通销售 8088 余辆，行业占比超三成，是当之无愧的中国校车第一品牌。

8. 坚持将公益行动与品牌营销分开

实际上，在企业发展中，宇通不仅关注自身发展与企业利润，更以强大的人格力量践行着企业的行业责任与社会责任。在社会上，宇通同样是一家负责任的企业。以"爱心宇通""宇通社会开放日""展翅计划"三大活动为载体的公益体系在宇通已经建立多年；宇通的"金秋助学"已帮助 100 多名贫困大学生圆梦未来；宇通多年形成的管理经验，也在社会开放日与中小企业分享；另外，截至 2015 年底，宇通已连续八年发布社会责任报告，在公益事业上累计投入 1.53 亿元。

其实，宇通最让人尊重的还不是做过多少公益活动，更难能可贵的，是其始终坚持将公益行动与品牌营销分开。比如，2015 年，在中国人民抗日战争胜利 70 周年之际，宇通发起慰问抗战老兵的志愿活动，活动历时 2 个多月，行程逾 4 万公里，500 多名志愿者参加，遍访河南省近 800 名抗战老兵，送出了 2000 万元慰问金。这些公益活动都没有大张旗鼓地搞发布会吸引眼球，而是实实在在地给老兵带去了温暖。

五　宇通的价值观是如何形成的

宇通的价值观对于宇通能够健康快速发展起到了至关重要的作用，那么，宇通的价值观是如何形成的？又是如何让每个宇通人都能够理解的呢？

1. 宇通价值观的发展历程

宇通最初的价值观来自掌门人汤玉祥的一些朴素思想。比如，要做一个诚实守信的人；要遵守中华民族的传统美德；宁做过头事，不说过头话等。

2003年，当宇通客车成为行业第一时，宇通对创业经历进行了回顾、梳理、总结。如今，宇通总结了自身成功的"五大法宝"——市场导向、机制创新、团队制胜、弘扬正气和企业家精神。

2008年，宇通在辩证继承其优良文化传统的基础上进行提升，提出了更系统的企业文化理念，明确回答了宇通是谁——宇通是秉持"崇德、协同、鼎新"信念，恪守"正于心、忠于事、敏于行、精于业"标准，坚持"依法治企"原则的产业组织；宇通为谁——宇通志在壮大民族产业，引领行业发展方向，并通过与合作伙伴共赢，为客户创造价值，进而"造福社会、兴旺企业、富裕员工、回馈股东"。

2. 在制度中落地

宇通的价值观如何落地呢？这不但需要言传身教，更需要知道如何去做。

文化是虚的，文化的落地却是实的。在宇通，文化落地的一个重要举措就是制度保障。比如，有了"以客户为中心"的经营理念，就有了与合作伙伴共赢发展、打造产业价值链协同优势的一系列做法和制度，如创造最佳客户体验、帮助供应商成长等。

在推进文化建设中，宇通还有一个务实的做法：制度的文化审计。具体来说，就是按照企业文化的内涵逐项检查企业规章制度，使规章制度与企业文化导向一致。

比如，管理严格的企业都有很多详细的处罚条例，某些处罚条款看似厘清了责任，实则与倡导合作相悖。某些惩罚规定，看似为了整肃纪律，却束缚了创新。这样的制度，就要遵从"崇德、协同、鼎新"的价值观，向倡导合作、鼓励创新的方向修正。

3. 虚的文化立于实的细节

先进的文化是强大的文化。持续的企业文化建设，必然会在企业经营的各个层面发挥积极作用。正是长期、有力地推进企业文化建设,使宇通保持了持久的竞争力,使宇通主要经济指标能够连续10余年以平均每年超过50%的速度递增。宇通多年坚持"以客户为中心,以员工为中心",在内部,这种理念使公司各部门的工作保证从全局出发,而不是追求局部利益;在外部,这种理念确保宇通在用户中不断强化宇通品牌的影响力,而不是盯着一城一池的得失。

宇通的文化建设有一个显著特点:与工作结合,与业务结合,而且载体生动,可操作性强。在宇通的企业文化手册中,不仅包含企业的价值观和经营管理理念,还有详细的领导干部行为指南和员工行为规范。该手册对干部既列出了"关键行为"(倡导的做法)和"负面行为"(反对的做法),也列出了"行为戒律"(不能触碰的底线);对员工,行为规范内容包括大到职业品德和职业行为,小到日常行为如沟通、着装等要求。这种渗入细节的工作方法,使文化建设不会流于喊口号、唱高调,最终取得了实效。

4. 在员工中生根

宇通的价值观不仅仅是汤玉祥的价值观,更是每个宇通人的价值观。宇通的价值观已经在员工心中生根,并形成了宇通人独特的气质。这就是宇通人在外面都有着比较明显的特质的原因。

宇通的文化已经深入员工心中,其强大的文化力量,对于刚刚加入宇通团队的新人同样有着巨大影响力。有宇通的新员工这样描述:"有一种组织叫企业,有一种价值观叫文化,有一种情感叫感动。与500多名刚入司的新人一样,我在走进宇通的短短两个月时间里,已经深深地被宇通崇高的企业文化所感动。通过接触宇通老员工,我感受到宇通的血液——企业文化,正流淌在每一个宇通人的身体中。"

可以说,宇通的文化存在于方方面面,存在于每一位宇通员工的意识中,并演变成为企业对外表现出来的一种独特气质。这种无形的文化,不仅对员工具有很强的吸引力——能吸引人才、稳定人才,而且对合作伙伴,如合作商、供应商及客户、社会大众等,同样也具有很强的吸引力。

多年来，宇通在全体员工中不断固化"以客户为中心，以员工为中心"的经营管理理念。广大干部员工对这一理念的认可，也已逐步渗入宇通各项工作的细节中，并在市场上产生了越来越明显的影响力。

参考文献

1. 杨凌：《宇通客车：领军者的文化自信与行业担当》《河南日报》2015年10月8日。
2. 《宇通企业文化白皮书》，2015。
3. 肖尔亚：《郑州宇通：树起全球客车"中国标杆"》，《经济日报》2015年6月15日。
4. 钟方：《宇通用文化打造未来》，《企业文化》2010第4期。
5. 周晶：《数字宇通——记宇通2010年第4万辆客车下线》，《人民公交》2011年第1期。
6. 朱晖：《浅析人力资源审计在企业中的应用》，《天津航海》2014年第4期。
7. 戴鹏、马跃峰：《奔跑吧，宇通》，《人民日报》2015年5月3日。
8. 周向阳：《用匠心创造杰作》，《中国交通报》2016年5月19日。

B.11
从第二梯队到第一梯队
——中通5年"跨栏"记

姚 蔚*

摘　要： 本文分析了一个老牌客车企业，历经5年的时间，专心做客车，心无旁骛，在整个客车产业增长缓慢的大背景下，通过供给侧改革，通过技术创新、管理创新和营销创新，在资本、人工和土地都没有大规模投入的情况下，取得了全要素生产率的大幅提高，从而实现了销量增长89%、销售收入增长253%、净利润增长9倍，跻身客车行业第一梯队。

关键词： 全要素生产率　工匠精神　生产创新　新能源

序一：梦想

哪个企业没有梦想？哪个企业不想进入行业的第一集团？哪个企业不想获得更高的利润？

对很多企业来说，梦想有时候是那样遥不可及。特别是，当企业有下面几种情况时，企业的发展更会困扰管理者。

---

* 姚蔚，经济学硕士，理学学士，中国注册会计师协会和中国数量经济学会会员；师从经济学家、中国工程院院士、中国社会科学院学部委员李京文；曾任中国汽车报社《商用汽车新闻》和"中国汽车报网"总编辑，现任"方得网"总编辑。

（1）企业所在的行业总规模不大，自己企业的市场份额也不高；

（2）企业所在的行业增速很慢，平均利润率不高；

（3）所在行业强手如林，并且还持续有实力强大的新进入者抢夺市场；

（4）企业已发展多年，但迟迟未进入行业第一梯队。

面对雄踞行业第一梯队实力强大的龙头企业，面对不断进入的咄咄逼人的新企业，自己所在的企业并不算年轻，在行业激烈竞争的态势下，还有新的发展机会吗？自己所在的企业能够通过当下的努力，赶超无数新锐和老将，进入第一梯队吗？

对于上述种种疑问，有这样一个传统行业的老企业，用5年时间给出了最佳答案。这家企业所在行业的特点是：

（1）传统制造行业，在"十二五"时期，行业整体销量的年复合增长率只有4.4%；

（2）行业的平均利润率低，多数企业不到4%；

（3）行业产值不过1000亿元，却云集了众多上市公司，并且不断有实力强劲的集团公司进入这个行业；

（4）行业第一梯队实力强大，十多年来保持稳定不变。

这家企业的特点是：已经有40多年历史，曾经位列行业第一梯队，但是，2000~2010年，却始终徘徊在行业的第二梯队，与第一梯队有明显差距。这家企业，2010年销量排在行业第6位；当年营业收入为20亿元，净利润为4000万元，净利润率只有2%。

就是这个低增速传统行业中的老企业，在2011~2015年的5年时间里，在整个行业5年增长23%的背景下，实现销量增长89%、销售收入增长253%、净利润增长9倍。同时，从行业第6位跃升至第3位，再次进入行业第一梯队。

这家企业的5年实践揭示出，一个传统行业中的老企业，可以焕

发出新活力;也揭示出,一个老企业可以用 5 年的时间,实现一个多年没有实现的梦想。

序二:供给侧改革

"供给侧"改革真的有效吗?

在需求下降的时候,通过供给侧改革,可以让销量持续增长——虽然这是解决当前经济下行的"良药",但是对于其疗效,可能很多人都有所怀疑。

就是上述这家企业,在 5 年时间里实现了销量增长 89%、销售收入增长 253%、净资产增长 265%。而与此同时,其所在行业这五年间的年销量复合增长率只有 4.4%。由此可见,这家企业通过供给侧的改革,实现了低增速行业的高增长。

再继续深入探讨几个问题,供给侧改革,可以不通过要素(包括资本、劳动、土地)增长,获得增长吗?也就是说,"全要素生产率"是否存在?如果存在,它又是由哪些因素决定的?

再来说说这个企业这 5 年的发展:

(1) 有大笔的风投资金进入吗?

答:没有;

(2) 有高手团队进入吗?

答:没有;

(3) 有全新的项目引进吗,比如跟外企的合资或者大项目的合作?

答:也没有。

无疑,这家企业在 2011~2015 年,在没有要素的大规模投入,也没有外力的推动下,依靠自己的内部力量,在一个增长率很低的传统行业,获得了销量、收入和利润的高增长。但是,这家企业要素投入(资本、劳动和土地)的增长幅度远低于其销量、收入的增长速度。

这家企业用实践证明，在市场需求不再高速增长后，通过供给侧改革，可以实现自身的高速增长；也用其内部创新证明，在生产要素投入没有大幅增长的背景下，依然可以通过内涵式增长，实现企业的销量、收入和利润的大幅增长。

这家企业就是中通客车控股股份有限公司（简称：中通客车或中通），这个行业就是客车行业。在"十二五"时期，中通客车通过技术创新、组织创新和生产创新，持续提升生产效率和经营质量，其销量、收入、利润、净资产、股价等在5年时间里，增速高于行业增速数倍。

这家企业为什么未借助风投，不进行合资，不引进外援，仅仅借助于内部改革，就同样可以获得跨越式发展呢？

序三：工匠精神

近来，一个很热的词，就是"工匠精神"。

何谓"工匠精神"？工匠精神也许就是专注，也许就是任凭外界有什么样的诱惑，都始终打磨自己的作品，始终追求自己作品的精工与创新。

不过，也许有的人也会对工匠精神表示一些怀疑：如果一个行业不是朝阳行业怎么办？如果一个行业的利润率很低怎么办？如果其他行业还有很多高增长机会怎么办？

一家企业如果专注于本行业，坚守工匠精神，没有进行多元化投资；那么，当本行业增长趋缓后，这家专注于本行业的企业还能获得高速增长吗？

仔细分析中通客车这5年来的生产实践，就会发现，中通客车5年来真正体现了工匠精神——专注做客车，不管其他"临近"行业有着怎样的诱惑，也不管外界如何变化，始终在客车行业精耕细作。经过5年不曾动摇的矢志耕耘，终于结出了硕果。

客车蓝皮书

仔细分析中通客车5年来如何专注做客车，也许就能理解何谓"工匠精神"。下面将分析中通客车在5年时间里，如何通过供给侧改革，在行业需求低速增长的背景下坚持工匠精神，实现本企业的高速增长与跨越。

一 中通客车：五年奔跑——快于行业增速数倍

要研究中通客车"十二五"期间5年的发展，就要先了解一下中通客车。

中通客车的历史可以追溯到1958年的"聊城市车辆制修厂"（公司前身），其造客车的历史已有40多年，并于2000年在深圳证券交易所上市。

中通客车在20世纪90年代是行业内最著名的品牌之一，曾经历过"南扬北聊"（即南方造客车的有扬州亚星，北方造客车的有聊城中通）的辉煌。但伴随着金龙系客车的先后出现以及行业龙头企业宇通客车的崛起，中通客车逐渐离开客车行业第一梯队，多年在客车行业第二梯队徘徊，并且和第一梯队企业有明显差距。

2010年底，中通客车的销量在行业排名第6位；到2015年，其销量跃居行业第三位，重回行业第一梯队，并且销量、收入、利润均获得了大幅增长。

5年间，行业发生了哪些变化？中通客车又发生了哪些变化？本部分将首先介绍"十二五"期间客车行业的总体情况，其次介绍中通客车"十二五"期间的发展情况。

（一）客车行业这五年——增速减挡，竞争更激烈

1. 增速减挡

近五年，我国大中型客车销量由高速增长转向低速增长。在

2010年之前的11年里，即从2000年到2010年，中国客车行业经历了快速发展的11年。根据中国客车统计信息网的数据，从2003年到2010年，6米以上车型客车市场的销量从7.87万辆增加到17.2万辆，年复合增长率为11%；而从2010年的17.2万辆增加到2015年末的21.3万辆，5年间涨幅为23.8%，年平均复合增长率仅为4.4%。

"十二五"之前的10年，客车行业增速高于GDP增速；"十二五"期间，客车行业进入低速增长阶段，增速低于GDP增速。

2. 竞争加剧

尽管客车行业这五年来增长缓慢，并且行业平均利润率不高，但是由于进入门槛低，近年来依然有众多外部资本涌入这个领域，客车行业竞争更加激烈。

客车行业本身总体市场容量不大，2015年时的销量也只有21.3万辆（6米以上车型），总体市值应该不超过1000亿元。但就是在这样一个不大的行业中，却聚集着大批的上市公司：宇通客车、金龙汽车（主营客车）、中通客车、安凯客车、亚星客车等。

除了这些专业做客车的上市公司外，还有一大批涉及客车业务的汽车"大佬"，如上汽集团、北汽集团、一汽集团、东风集团、长安集团、中国重汽集团、曙光汽车等，参与客车行业竞争的企业，不可谓实力不强；而且，这五年间，比亚迪、中国中车、创维、银隆等其他领域的"大佬"，也纷纷进入客车领域或者增加了在该领域的投入，都想在这个市场中分得一杯羹。

就是在这样一个低速增长、竞争激烈、对手强大的行业里，中通客车还是能在5年时间里实现销量增长89%、销售收入增长253%、净利润增长9倍，行业排名从第六位跃升到第三位，这是不是有着超过一般企业的"神奇"力量？

（二）中通客车这五年——销量好，效益更好

"十二五"时期的五年间，中通客车的增长可以说是全方位的，

从总量到结构，从收入到利润，都有明显变化。

1. 销量增长89.4%

中国客车统计信息网数据显示，"十二五"期间，中通客车销量增速远超行业平均水平，其6米以上车型客车销量从2010年的9243辆增加到2015年的17505辆，五年间增长幅度高达89.4%，增速在行业前六强企业中排名第一（见表1）。

2012年，中通客车以1.2万辆（6米以上车型客车）的销量，超过了厦门金旅（1万辆），打破了原有"一通三龙"（指宇通客车、厦门金龙、苏州金龙、厦门金旅）的竞争格局，这也意味着从2003年起，维持了10年的"一通三龙"格局宣告结束，中通客车正式进入行业第一梯队。

2015年，中通客车以年销1.75万辆的业绩，跃居行业第三的位置，继2012年超过厦门金旅之后，又超过了厦门金龙，使其在行业第一梯队的位置更加稳固。

2. 产品升级，结构优化

"十二五"期间的五年里，中通客车不但销量快速增长，行业排名大幅跃升，而且，从产品结构来看，中通客车的产品实现了重大升级，结构更加优化。正是这一点，使其收入增长率超过销量增速的近两倍。

2015年，中通客车实现营业收入（销售收入）70.89亿元（见图1），比2010年的20.08亿元增长两倍多。

3. 生产效率提升，经济效益大幅增长

中通客车在五年时间里，净利润从2010年的0.39亿元增加到2015年的近3.99亿元，增长了9倍。

特别是，中通客车在2014年以后，几乎以"飞一般"的速度在奔跑。2014年，中通客车因处置资产导致收益大增。不过，就是在这种基数非常高的情况下，2015年中通客车仍实现了营业收入几乎翻番

表1 中通客车"十二五"期间各项数据变化

项目	2010年	2015年	增长率(%)
销量(6米以上车型)(辆)	9243	17505	89.39
销售收入(亿元)	20.08	70.89	253.04
净资产(亿元)	5.85	21.37	265.30
行业排名	6	3	—
净利润(亿元)	0.39	3.99	923.08
净资产收益率(%)	6.67	18.67	—
新能源客车销量(辆)	145	10498	71.4
新能源客车收入(亿元)	1.08	49.54	44.87
新能源客车占比(%)	1.57	59.97	—

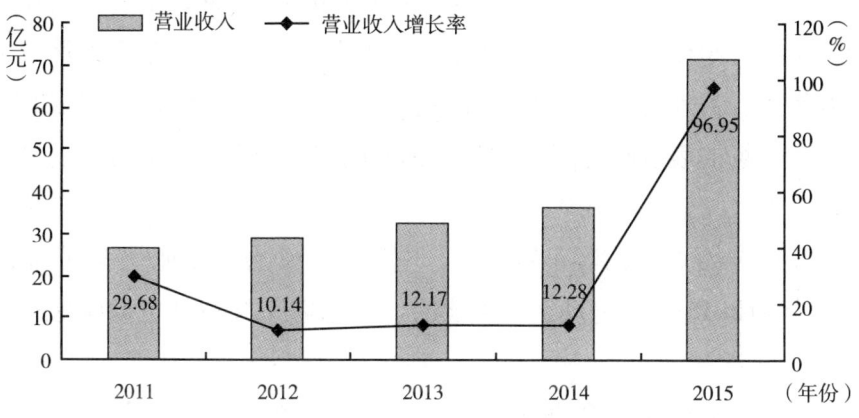

图1 中通客车2011～2015年营收变化对比

(增长97%)的佳绩,净利润增长42.5%(见图2);2016年一季度,其净利润同比大幅增长14倍。

4. 新兴领域表现尤其突出

"十二五"时期的五年间,中通客车不但销量快速增长,行业地位不断跃升,而且在校车、新能源、天然气等各个新兴市场都表现突出,获得了超过其在传统客车领域的市场地位。

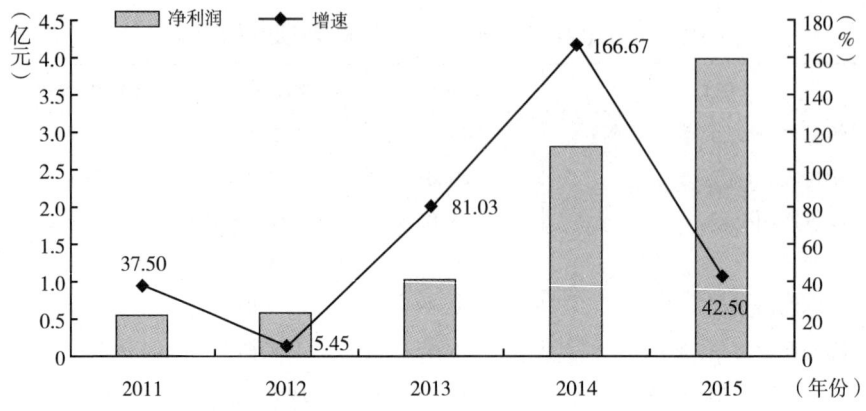

图2 中通客车2011~2015年净利润及其增速变化对比

2011年，中通客车天然气客车全年销量2498辆，细分市场中排名第二位。2013年7月，中通客车率先在国内实现1万辆天然气客车的销售。另外，2012年校车市场火爆的时候，中通客车抓住机会，在校车市场的表现超过了当时第一梯队的多家企业，排名校车行业第二位。

2013年混合动力客车盛行时，中通混合动力客车业绩表现亮眼；2014年和2015年纯电动客车大卖时，中通客车又在纯电动领域名列前茅。

因此，无论从哪个方面来说，中通客车在"十二五"期间都是一家表现非常突出的客车企业。

以上综合分析了中通客车"十二五"时期五年来的业绩，下面重点分析中通客车快速增长的力量来自哪里。

（三）中通客车的增长主要来自全要素生产率

1. 资本、劳动与土地的投入

资本、劳动和土地，是生产的三大要素。"十二五"期间，中通客车的要素投入都有哪些增长呢？

从土地（厂房）来看，中通客车在"十二五"初期，就确定了要建设新的生产基地，不过，新基地直到2015年才实现了产能释放。2011年4月，中通客车新基地奠基；2014年11月，中通客车正式迁入新基地；2015年，新基地全面启用，其产能开始得到体现，当年销量为17505辆，远超2014年的12795辆。

从资本层面来看，"十二五"期间，中通客车在2015年7月获得证监会批复进行融资，这也是中通客车2000年上市以来的首次融资，共募集到资金7亿元。而在"十二五"的前四年里，中通客车没有进行外部融资，其发展利用的全部是自有资金以及国家财政补贴。

劳动投入方面，2010年年末，中通客车的员工人数为2599人；2015年年末，中通客车的员工人数为4720人，增加不到一倍。

可以看到，中通客车在"十二五"期间，几乎没有进行融资（只在2015年有融资），没有大笔外来资本的进入，股权结构也没有变化，其五年间的高速增长基本依靠的是内部创新和改革。

经济学理论认为，生产力的提高，超过了要素（资本、劳动、土地）的投入，就是全要素生产率，这主要来自四个途径：技术创新、组织创新、专业化和生产创新。从另一方面来说，要素投入增长，是外延式的扩大再生产；而通过创新和专业化促进的增长，则是内涵式增长。

2. 创新与专业化

仔细分析，中通客车恰恰是技术、组织和生产方面的创新，让其劳动力（生产效率和效益）大幅提升；而专注于客车行业造就的专业化，则让中通客车有更多机会超越强大的竞争对手。

那么，中通客车都有哪些创新呢？每个方面的创新对其生产力的提高，又有哪些贡献呢？为何在客车行业增速慢、利润低的态势下，中通客车仍然能够坚守客车行业不动摇呢？

客车蓝皮书

下面将就中通客车为何能够专注于客车行业和持续创新进行分析。

二 工匠精神——立足客车不动摇

全要素生产率理论认为，专业化是促进增长的一个原因。中通客车"十二五"期间的五年时间里，能够赶超强劲的竞争对手，一个很重要的原因就是专业化。

这一点也得到了中通客车董事长李树朋的确认。作为中通客车发展战略的掌舵者，在李树朋看来，"中通的发展，应该说是'专业成就卓越'"。

恰恰也是竞争对手的多元化，给了中通客车赶超的机会。在五年时间里，中通客车先后赶超安凯客车、厦门金龙和厦门金旅这3家客车行业的"大佬"，跻身客车行业前三。

1. 是否专注，影响着客车企业的市场表现

"十二五"期间，客车行业有个规律，那就是多元化不但没有给客车企业带来更多的优势和利润，反而拖累了企业的增长速度。而没有进行多元化投资的宇通客车和中通客车，都获得了更快的发展。

最为明显的是黄海客车和青年客车。2010年，黄海客车在客车行业的榜单上排名第10位；到了2015年，其排名竟然掉落到第20位。如果再往前看，2004年，黄海客车在客车行业的排名可是第7位。在这些年间，"黄海"从客车品牌变成了汽车品牌，其母公司辽宁曙光汽车集团不断进入汽车诸多细分领域，形成了SUV及皮卡、特种车以及欧系轻客等多个产品系列。此外，辽宁曙光汽车集团还涉足了卡车业务。黄海客车，随着母公司曙光汽车集团在乘用车以及卡车业务上的不断扩张，逐渐步入"消沉"。

再来看青年客车。2010~2015年，青年客车的年销量从3111辆

下降到 1020 辆，累计下滑 67.2%。青年客车本来是中国高端客车第一品牌，拥有很好的经营效益。不过，青年汽车集团海外收购萨博项目的失利，以及在国内对乘用车业务的巨额投资，使青年客车不断"失血"，其间还一度传出停产传闻。2015 年，青年客车仍然没有恢复元气，走出低谷，不禁让人唏嘘。

另外，很多客车"行业大腕"在"十二五"期间的五年里都涉足了以下几个高利润的汽车细分领域：欧系轻客、SUV 和皮卡等。比如，厦门金龙和海格客车都涉足了日系和欧系轻客，或许正是这些"行业大腕"将一部分精力分到了其他汽车领域，而中通客车把所有的资源都集中到客车领域，因此才给了中通客车超越和追赶这些"行业大腕"的更多机会。

2. 为何客车企业专注这么难？

为何客车企业纷纷要涉足其他的汽车细分市场呢？原因在于，其他汽车领域有着比客车领域高得多的利润率。

"十二五"期间，中国客车市场处于结构调整期，传统市场深幅调整，利润降低，整个客车行业普遍的利润率只有 3%~5%。此外，客车行业近五年间的年复合增速只有 4.4%，增长非常缓慢。而在 2010 年时，造欧系轻客、皮卡、SUV 和轻卡的江铃汽车，其利润率高得足以令人眼红。

2010 年，江铃汽车的营业收入为 157.7 亿元，当年其营业利润高达 20.4 亿元，利润率高达 12.9%，这一利润率远远高于客车行业平均利润率。江铃汽车的主营业务为欧系轻客、轻卡与皮卡。彼时，欧系轻客市场基本被江铃汽车和南京依维柯两家企业垄断，利润率远高于其他汽车细分领域。因此，中国客车企业面对欧系轻客这个高利润领域，很难说不动心，更何况欧系轻客跟客车行业的关系也比较紧密。正因为如此，黄海汽车、苏州金龙、厦门金龙等客车企业纷纷投身到欧系轻客领域当中，就连宇通客车也做了涉足欧系轻客的前期可

行性分析报告。

不过,宇通客车分析的结果是,对于这个领域的投资并不可行,事实也证明,上述这些客车企业在欧系轻客领域并没有能够获得想象中的高利润。相反,多数涉足该领域的企业,被欧系轻客业务拖了后腿,导致客车业务也受到影响。

这其中的原因就是,欧系轻客跟传统客车有很大的不同,比如其主要业务是物流而非载客;其改装用途众多,客户群体跟传统客车的客户群体有很大差异,商业模式跟客车企业的销售模式也很不相同,因此,进入欧系轻客市场的客车企业,如苏州金龙、厦门金龙、黄海客车等,除了在纯电动欧系轻客市场有些销量(主要是政策所致)外,在传统的柴油欧系轻客市场,几乎从未有过像样的销量。

再看很多进入 SUV 领域的客车企业。由于这个领域更偏重于轿车性质,并且竞争也异常激烈,因此进入这个领域的客车企业,如苏州金龙、厦门金旅、扬州亚星等,也没有谁能在这个市场上干出点名堂。

除此之外,涉足皮卡的苏州金龙、扬州亚星等,也没有一家企业在这个领域获得大的发展。

3. 中通客车为何能够耐得住寂寞?

行业利润低,增长慢,客车行业中的企业有的进入皮卡行业,有的进入乘用车行业,还有的进入工程机械行业。在这样的背景下,中通客车为什么能不受诱惑,耐得住寂寞,固守在客车领域不动摇呢?

"近五年来,中通客车始终保持了一个战略目标,坚持了一个正确的发展方向。"李树朋表示,当时,中通客车也面临很多来自行业外的诱惑,但中通客车坚定地认为客车行业的前景依然光明,而企业需要做的是进行产品结构转型,实施以客车为主的多元化,以应对未来的市场需求。

"在 2011 年前后,市场上的诱惑确实比较多,但我们当时没有去做,考虑的就是资源有限,必须先确保目标完成。"李树朋说,当时中通客车确定下来的目标，就是要进入客车行业前三名。

在李树朋看来，如果企业不做精的话，根本不可能做大。"从日、韩、欧洲企业的发展经验来看，它们都是在一个细分市场里先做精、做专，再做强、做大。"

就在"十二五"时期，中通客车紧紧围绕客车主业，瞄准行业特点，深耕公路客车，积极研发新能源客车，进入校车领域，开展房车的产品储备，拓展物流用车，研发高端商务车，形成了满足当下行业需求及未来业务的完备产品体系，企业的可持续发展能力明显增强。

也正是专注于客车主业，持续开展技术研发及销售渠道建设，中通客车"十二五"时期取得了令行业瞩目的成绩。"十二五"期末，中通公路客车结构优化明显，大中型客车所占比例迅速提升；同时，校车及燃气客车市场占有率位居行业前列，而新能源客车更是跃居行业第二位，其多功能客车及高端商务客车也连续签订多个大单，这一切都为中通客车"十三五"的健康发展奠定了坚实基础。

三 技术创新——新兴市场抢得先机

尽管中通客车做到了"专注"，但近年来没有做多元化经营的客车企业也不在少数。同样是专注于客车主业，为什么只有中通客车实现了这样快速的业绩增长？

首要的原因就是，中通客车不但专注于客车，将所有资源都投入到客车上，而且还能够把投入到客车主业的资源都用在"刀刃"上。在"十二五"时期的五年里，中通客车把很多资金和人力、物力等，都放在了技术创新上。技术创新让中通客车在很多新兴领域都能拔得头筹，而这些都是中通客车能够获得更高的增长和更多的利润的关键所在。

1. 新兴市场占优势，促进中通高增长

在分析技术创新的作用前，先分析之前提出的一个问题，那就是

"十二五"时期的五年，中通客车为何能够实现销量高速增长，并且收入、利润的增速比销量增速更高？

仔细分析客车行业的细分市场就会发现，有三个因素推动了中通客车的市场份额不断提高，且利润大幅快速增长。

一方面，中通客车总能够在新兴的客车细分领域中，取得比在传统客车领域更高的市场份额。比如，2011年之后兴起的校车及燃气客车市场，中通客车的占有率位居行业前列；而近两年来，几乎占了客车整体市场1/3的新能源客车市场，中通客车更是位居行业第二。

由于新兴市场最初兴起时，参与竞争的企业少，可获得比传统市场更高的利润，因此，中通客车总是能在新兴市场取得更大优势、更多份额的同时，也拉高了其整体利润率。比如，新能源客车市场从2010年起步，2012年、2013年上半年有一波混合动力客车销售的高峰；从2014年起，纯电动客车销量不断攀升，2015年其销量更是接近9万辆。这些机会，中通客车全都抓住了，并取得了新能源客车行业产销第二的业绩。由于新能源客车单车价值高，其利润也高于常规客车，因此，中通客车不但收获到更大的市场份额，也获得了收入和利润高增长的双丰收。

另一方面，中通客车在附加值大、利润高的细分市场中的份额提升较快。比如，"十二五"时期的五年间，曾是"中客王"的中通客车，改变了以中型客车为主的产品结构，大幅提升大型客车的产品比重，同时优化了盈利更高的公路车型结构。

再有就是中通客车在海外市场的良好表现。众所周知，中国外贸出口客车的单价往往高于国内同类产品，其利润率也更高一些。

可以简单用一句话进行总结，那就是中通客车在利润率更高的领域（新兴市场、大型客车和外贸出口）表现优于行业整体，因此，中通客车的收入和利润增速都要高于销量增速。

2. 技术创新让中通在新兴领域高速增长

可以看到，中通客车在"十二五"时期的五年间利润快速增长、效益大幅提升的一个重要原因就是：五年间，中通客车总是能够在第一时间抓住新兴市场的机会，并获得很高份额。能做到这一点，主要源于中通客车总是能够率先在这些新兴市场领域推出合适的产品。而很多传统的客车"大腕"在新兴市场兴起时，由于没有新产品，只能眼睁睁地看着其他早做准备的企业抢占市场。

那么，中通客车为何总是能够抓住新兴市场的机会，并能推出合适的产品呢？

首要的原因，就是技术创新。当一家企业不断进行技术创新，推出更适合市场需求的产品时，这家企业就会不断地吸引更多的消费者。新能源客车这个新产业，为中通客车超越行业巨头提供了历史性机会。可以说，正是技术创新，才使其获得了先机，实现了超越。

中通客车造新能源客车始于2004年，不过，"十二五"才是中通客车新能源产品快速发展的黄金时期。"十二五"期末，中通客车已经形成了完备的新能源客车产品型谱，各项技术指标均处于行业领先水平。截至2015年底，中通客车累计销售新能源客车近30000辆，销售规模稳居市场前两位，新能源客车已成为中通客车快速提升的重要支撑。

在硬件方面，在"十二五"时期的五年时间里，中通客车在实验室等硬件上投入近10亿元，研发支出达6亿元。"十二五"期间，中通客车创建了国家认定企业技术中心、博士后工作站和国家认可实验室三大创新平台。

在软件方面，中通客车建立了一支高素质的科技队伍，形成了稳定的科技骨干队伍和技术人才梯队。中通客车与吉林工业大学、山东理工大学、长安大学等高校合作，联合培养了一大批工程硕士，这些人才也成了中通客车技术创新的中坚力量。

3. 中通技术创新的成果

在资源的大量投入下，中通客车"十二五"期间在新能源等领域取得了诸多成果，也正是这些成果，成就了中通客车在新兴领域的快速发展。2012年，中通客车的《插电式混合动力与纯电动商用车技术创新项目》入围国家新能源汽车创新工程；2013年，中通推出"蓝芯"燃气客车技术平台，并在行业内率先完成一万辆燃气客车产业化目标；2014年，中通客车的《双源快充纯电动公交客车开发及产业化核心技术项目》入围科技部科技支撑计划；2015年，中通客车的6000辆/套机电耦合系统生产线全面建成并投产，该项目被国家发改委认定为战略新兴产业项目。

表2 中通客车近年来研发项目及成果

序号	项目名称	所获奖项	时间
1	纯电动豪华客车核心技术研究	山东省科技进步三等奖	2011年
2	混合动力客车关键技术开发及产业化应用	中国汽车工业科学进步奖二等奖	2012年
3	插电式混合动力与纯电动商用车技术创新项目	国家新能源汽车创新工程	2012年
4	双源快充纯电动公交客车开发及产业化核心技术项目	科技部科技支撑计划	2014年

4. 技术创新让中通脱颖而出

纵观"十二五"的客车市场，一共有三个新兴市场出现：校车、燃气客车和新能源客车。每个新兴市场出现，当很多企业都没有开发出新车型时，中通客车却总是能够及时推出适合该市场的产品。而能够做到这一点，就在于中通客车在技术创新方面形成了体系。

可以说，在"十二五"时期的五年中，中通客车把更多资源投入到技术创新中，逐步形成以核心技术研究为先导，以标准化与平台化为支撑,以人力资源与硬件投入为保证,以内部鼓励创新的企业文化为氛围的技术创新体系。正是这样的体系力量,让中通客车在校车及燃气客车市场的占有率方面稳居前列,而新能源客车占有率更是跃居行业第二位。新兴领域的优势,拉动了中通客车的行业排名,也让中通客车取得了更高的利润。

四 生产创新——稳固并扩大优势

技术创新让中通客车在一个新市场兴起时,就能抢得先机。不过,在客车行业,也能看到一个现象,就是很多企业在技术创新方面也投入了很多资源,新车型不断出现,比如,各种客车展会,都能看到很多企业的各种新车型琳琅满目。不过,有些企业的技术创新,虽然给其带来了全新的产品,却不能给其带来更快的发展速度。这是为什么呢?

这是因为,一个企业要把技术创新带来的优势保持下去,就需要生产创新。好的产品设计,只是满足用户的首要条件;要想产品在市场上站稳脚跟,赢得更多回头客,还需要有好的质量;当其他企业也跟进时,当新技术不再"新"时,就需要低成本来赢得优势。

在客车领域,谁都关注技术创新,但很多企业往往会忽略生产创新。对于很多企业而言,生产创新恰恰是这些企业取得稳定竞争优势的最重要来源,比如宇通客车、中通客车。

宇通客车在10年前开始的流程再造等一系列生产创新,让其供应链体系更加高效,生产效率大幅提升。宇通客车并不能保证在每个细分领域推出的车型都是最多最快的,但宇通客车可以保证其生产效率是最高的,而这一点是保证宇通客车整体领先的关键因素。

同样,如果说技术创新让中通客车在很多新兴领域脱颖而出,那么,生产创新则保证了中通客车将领先优势能够保持下去。在"十

客车蓝皮书

二五"时期的五年时间里,中通客车不但把大量资源投入到技术创新,也同时投入到生产创新上,破解了之前制约生产效率的一些难题,让中通客车的产品质量更高、成本更低,而这些也是决定中通客车效益增长高于收入增长的重要因素。

"十二五"期间,中通客车究竟解决了哪些问题,从而获得生产效率的大幅提升呢?

1. 减少一切浪费

"减少一切浪费",是ISO(质量管理体系)最基本的一个要求,也是精益生产的一个重要原则。不过,就是这个看起来最简单的事情,却成为很多企业生产效率不高的最大影响因素。

同样,对于中通客车这样一个有着几十年历史的老企业来说,正是由于其近年来的"减少浪费"行动,才让其生产效率大大提高,获得了之前数十年都没有的高生产效率。

中通客车是如何减少浪费的呢?

李树朋给出了这样的答案:"现在整个生产系统都在推行精益生产,对很多生产线按照生产系统也提出了一些要求。我们从生产工序开始直到最后一个环节,一个工序一个工序地进行摸底,如果发现一个生产工序出现等待时间,那么就进行重新调整,最后使得每个工序的加工时间达到一致,也就是达到一个最佳平衡。"

这样做的好处,就是在同一条生产线上,每个工序的时间浪费都降到最低,整个生产线的每个工位时间都平衡以后,生产节拍加快,每天的生产能力就能提升。生产节拍的加快,不但能减少每辆车的生产时间(生产时间同时也是生产成本),还能在竞争的最关键时刻发挥威力。"2015年新能源客车市场竞争的一个焦点,就是产能瓶颈。中通把内部产能发挥到极致,这也是2015年中通新能源客车发展比较快的一个重要原因。"李树朋透露。

不过,李树朋表示,中通客车减少浪费的工作还要继续下去。

"我管了好几年的生产，现在整个生产线上的空间、能源浪费仍较多，还在不断调整，今年会抽出一位副总来专门解决生产线的问题。"

2. 标准化、模块化

中通客车近五年来的一个重要工作就是生产方式的标准化与模块化。这个汽车行业已经使用几十年且很有成效的先进生产方式，很多中国客车企业却没有体会到其中的好处。

中通客车也是近几年才尝到了研发生产"标准化与模块化"的甜头。李树朋这样说道："如果产品设计时就确定方向，根据市场细分需求再做模块化，将来有不同的需求和变化时，就能通过模块化进行产品组合。这样做，在时间和成本上能实现更大的节约，特别是新产品开发速度有了极大提高。"

"我们从内部进行细化管理，首先让产品更有竞争优势，有了竞争优势才能卖出去。产品的竞争优势体现在两个方面：一是产品给客户提供的价值是不是最大；二是给客户提供的解决方案是否比竞争对手更有优势。"李树朋这样解释管理改进带来的好处。

说到竞争对手，李树朋给出了这样的定义："这个竞争对手并不是市场上所有的对手，而是与你的目标市场发生冲突的对手，我们需要去研究这样的特定竞争对手。"李树朋认为，中通的产品不一定要做到最优，只要做到比竞争对手更优就可以，这个竞争对手指的就是目标市场中的竞品。

3. 体系化的生产创新

上述两个方面，只是中通客车生产创新的两个关键点。实际上，任何创新都需要成体系，生产创新也不例外。

2011年以来，中通客车相继上马CRM、PLM、SAP以及绩效与管理流程项目，为客户管理、供应链管理、绩效管理、企业资源规划管理、产品生命周期管理等提供了有效的管理平台，实现了企业管理

的系统化、科学化,改善了业务流程。

正是这些管理和生产方面的创新,使得中通客车这样一个老企业,在投入没有大幅增加,也没有大批外援的情况下,依靠内部改革让生产效率大幅提升,产品质量持续提升,成本不断降低;也让技术创新带来的市场领先优势得以巩固下去。

4. 智能制造

现在,智能制造风头正盛。智能制造有必要推行吗?对生产企业有帮助吗?

李树朋表示,智能制造必须要推广,"现在不是想推不想推的问题,而是在现在的环境下必须要去推。只有推,你才具备'走出去'的条件。"

李树朋进一步解释说,"我们去年出口欧洲的那些车辆单价才卖到 13 万欧元,而欧洲本土市场的产品能卖到 20 万欧元,比国内产品贵了三分之一,这三分之一的成本主要就是来自劳动力的差距。我很担心德国推出工业 4.0 以后,这种差距会越来越大。"

中通客车的智能制造要从哪里开始呢?李树朋给出了这样的答案:"我们将来要把从客户订单到产品的生产线制造再到供应链体系,整个过程通过云计算连接起来。现在要做的是先提高车间的自动化水平,同时,在做这些工作时我们会留出信息接口,为将来的智能化做好准备。"

五 人——起决定性的因素

中通客车 5 年来快速发展的源泉,在于技术创新和生产创新。那么,技术创新和生产创新又来自哪里呢?

答案是:人。

无论是中通的掌舵者——董事长李树朋,还是操盘手——总经理孙庆民，他们都认为，推动中通"十二五"时期快速发展的最根本因素就是人。中通人的变化，中通队伍的塑造，成为了中通一切创新的源泉，成就了中通的技术创新和生产创新。

1. 人到底在企业中起什么样的作用

马克思主义政治经济学中这样描述人（劳动者）的作用："生产力中包括劳动者、劳动对象和劳动工具三个要素，其中劳动者是最活跃、起决定作用的要素。"

在西方经济理论体系中，劳动者同样被认为是生产中最关键的因素。比如现代管理学之父彼得·德鲁克在其所著的《管理的实践》中，同样认为人是能够增长的资源，其他的资源都受制于人力资源的制约。"只有管理管理者，才能造就企业"（该理论认为，基层员工也是管理者）。

中通客车在近五年时间里，在客车行业总体销量年均增长率只有4.4%的环境下，实现了大幅增长，一个重要原因就是更好地做到了对"管理者"的管理。或者说，让劳动者产生了更高的生产力。在中通客车总经理孙庆民看来，就是"抓住人"。

实际上，人才短缺，人心浮动，恰恰是中通客车总经理孙庆民履新后首先面对的一大难题。而稳定队伍，激发人心，鼓舞士气，让中通客车的每个"人"能够发挥出主观能动性，恰恰是中通客车五年来快速发展的关键所在。

2. 人究竟发挥了什么样的作用

谈到五年来中通客车为何能高速增长，孙庆民没有提及技术、产品这类因素，他首先强调的是队伍给企业带来了巨大能量："最关键的因素，就是中通有着一支团结、稳定、积极、负责的团队，对工作充满激情的人员队伍，整个队伍和谐稳定，积极向上，正能量满满。"

面对"为何中通客车这五年能够高速增长"的提问时，孙庆民

表示，中通客车这 5 年来的快速发展，还与两支团队密不可分，一支是技术团队，一支是营销团队。

对于技术团队的重要性，孙庆民这样说道，"截至目前，中通技术团队有 270 多名员工，其中包括 18 名博士和 100 多名硕士。我们的这支技术团队对市场的反应非常快速，对市场需求的产品开发速度在行业内算是又快又全又多的。"

对于营销团队，孙庆民还给出了一个定义——"狼团队"。"我们的营销团队具有狼的精神，在市场中胆大敢做。特别是，在 2015 年，我们的营销团队敢于挖掘大客户、大市场、大项目和大订单，对于大订单敢于去想去做，这在行业中也是很有特色的。"

事实上，中通客车在多个新兴市场能够抢得先机，靠的是技术团队设计开发出来的好产品；而中通的新产品要打开市场，则需要营销团队；中通客车要把取得的优势保持住并不断扩大，就需要整个公司制造团队和服务团队的共同努力。

当然，中通客车能够在五年时间里专注客车业务不动摇，保持正确的发展战略，靠的是高层团队的睿智和定力。

3. 如何聚齐人才打造团队

"人"是最重要的，这个道理很多企业家都心知肚明，不过，让很多企业家苦恼的是，如何找到合适的"人"并且保持队伍的稳定性。

同样的烦恼，中通客车也不是没有，而且，在五年前，"缺人"正是中通客车最大的问题。虽然现在行业看到的是，这五年时间里"人"对于中通客车快速发展起到了关键性的作用，中通客车有一只能打仗的"狼团队"；不过，在孙庆民刚刚出任中通客车总经理时，其最头疼的恰恰就是"人"的问题。

2010 年 12 月 31 日，孙庆民被正式任命为中通客车总经理。在此之前的五年多时间里，孙庆民一直担任山东鲁峰专用汽车有限公司董事长兼任总经理、党委书记。在孙庆民执掌鲁峰的五年时间里，鲁峰由年产汽车不到900辆车发展到年产5000辆，实现了快速发展。不过，刚来到中通客车，孙庆民就被来了个"下马威"。

"我上任后基本上每天都有人到办公室来交辞职信。当时，恰好有个济南的汽车厂在招客车行业的人，很多人都辞职去了济南。"回忆刚来到中通时人员大量流失的情景，孙庆民至今仍记忆犹新，"当时，我每天上班，最头疼的就是接到辞职信。"

"刚来中通时，人心是非常不稳的，当时的工作重点就是通过树立信心先稳定人心，再增加收入。"孙庆民说，要让老员工能留下来，就要让老员工对中通树立起信心，公司未来才有信心。

除了稳定老员工外，中通还要吸引到更多人才，组建起实力强劲的团队。但中通所处的聊城，既算不上一二线城市，也不是省会城市，交通情况也无法与宇通所在的郑州、安凯所在的合肥相比，甚至到目前连高铁也没有，周边也没有大型的汽车零部件产业园，可以说不占一点"地利"。身处这样一个城市中，中通客车靠什么去吸引人才，引进人才呢？"我们要让来的人树立起信心，相信中通能打破行业原有格局，相信中通在行业内能实现更好的发展。"

当年，为了招揽人才，孙庆民要亲自去请人。"当年招人时，不光要我去做动员，还要亲自去请。比如，中通现在的技术总工程师原本已经离开了中通，但我去上海找到他，又把他给请了回来。回来后，这位总工程师对研发团队的带动作用非常大，极大地加快了产品推向市场的速度。"

依靠这种"请"人加"留"人的办法，中通客车的技术中心人员不断增加。2011年，中通客车技术中心的研究人员只有120人，但短时间内就发展到270人，研发团队的力量快速壮大。

不光是研发团队，营销团队的建立也离不开人才。"我们原先在南方的市场很薄弱，大家也对那边的市场没信心。当时，我在上海找

到了现任的南方市场总监。以前，中通在南方市场的营收只有几千万元，现在达到了10亿元。正是选对了这位南方市场总监，才能有这么好的业绩。"孙庆民说。

孙庆民强调，这五年来，中通客车确定了一个企业宗旨，那就是"富员强企"，要让员工富起来，企业才能更强大。通过五年的努力，上述两个目标基本上都得以实现："'十二五'期间，中通客车通过贯彻'富员强企'的企业宗旨，让员工平均工资增长134.2%，中通客车五险一金支出增长186.8%，给予员工广阔的成长空间。"

六 "十三五"——中通怎么走

对于中通客车来说，"十二五"成为了辉煌的过去，面对已经到来的"十三五"，中通客车又有着什么样的目标呢？

客车行业目前一个普遍的共识就是"十三五"期间的增速可能还不如"十二五"。面对这样的环境，中通客车还会制定继续高速增长的目标吗？

答案是肯定的。

在2015年营业收入达到71亿元后，中通客车就提出了更高的目标——2016年营业收入要达到100亿元，成为客车企业中第三家营业收入过百亿元的企业；2017年销量要达到3万辆。

同时，中通客车还对"十三五"有着详细的规划：2016~2020年，中通客车要按照"31116"战略来走。"具体来说，'3'是指产销客车3万辆；第一个'1'，是指新能源客车加海外销售收入超过100亿元；第二个'1'，是指市值超过100亿元；第三个'1'，是指资本经营的收入超过10亿元；'6'是指利润总额达到6亿元。"孙庆民透露。

在产品经营方面，中通客车还提出了"4+1+1"的三年行动计划。其中,"4"是指重点发展和培育新能源客车业务、海外市场业务、高档中巴业务、房车业务;两个"1"分别是指,"导入实施工业4.0项目"和"管理提升工程"。

中通客车表示,两个"1"中:第一个"1"是实施工业4.0项目,自2016年起,利用三年时间,初步构建中通智能化制造、研发及营销体系,提升中通面向未来的核心竞争力;第二个"1"是指管理提升工程,利用三年时间,以十大核心能力建设为抓手,将中通有效资源转化为核心能力,将中通核心能力转化为竞争优势,筑牢中通发展根基。

而选择这"4"大业务,是因为这4大业务既是未来市场的新增长点,又是中通客车有实力的细分市场。

"新能源客车业务,符合'绿色'发展理念,符合国家政策导向,是国家重点支持的战略性新兴产业,具备巨大的增长空间,而中通又有能力、有资源再次实现新能源客车业务的争先进位;海外市场业务,符合'开放'发展理念,符合国家'走出去'战略,也符合公司致力于打造'世界一流'客车企业的愿景目标,海外市场一定会成为公司的重要增长极;高档中巴业务,符合国家倡导自主品牌的发展导向,具有很好的成长预期,而且公司具备做强做大高档中巴车业务的能力与资源;房车业务,是中通重点培育业务,随着人们消费观念的转变、消费水平的升级、房车营地设施的不断完善,预计未来将有很大的需求空间。"中通客车如是规划。

中通客车的"十三五"梦想,能否像"十二五"一样如愿实现呢?

作者后记

采访中通客车和撰写本文时,中通客车的发展一直激励着笔者。当前,宏观经济增速降低,汽车行业不再高速增长,客车行业更是低

增速运行，甚至面临下降的局面。这让很多行业从业者都在思考一个问题，要不要改行？还有必要在这个行业坚守下去吗？

而中通客车五年的发展，证明了没有外部"风投"，企业一样可以通过创新发展壮大；即使不在风口上，通过内部变革，企业一样可以"飞"起来；中通客车"十二五"时期五年的发展还说明，即使企业已经发展了许多年，通过当下努力，仍然会有新的辉煌；中通客车还用实践告诉我们，招揽人才，地域不重要，行业不重要，重要的是这个企业的理念，以及这个企业如何对待人才，如何为人才提供工作机会和发展机会。

中通客车的发展也许证明了，这个世界上没有什么"好行业"和"坏行业"之分，只有干得好与干得不好的区别。有些感慨"入错行"的客车人，也许不用太后悔，只要努力，在什么样的行业内都能做出成就。

B.12
福田欧辉：既能仰望星空也能脚踏实地

舒慕虞*

| 摘　要： | 在各种新技术的应用上，福田欧辉一直走在行业的前列，比如，2008年1月实现混合动力客车在广州的首次商业化运营；2016年推动100辆燃料电池电动客车的商业化运行；与汉能合作开发太阳能客车；等等。这些都是"仰望星空"带来的成果。

同时，欧辉客车又能脚踏实地，一切为客户着想，其研发和生产的客车，能够充分满足用户当下的需求。比如，福田欧辉提出的"全天候"新能源客车理念，可以适应全国各地用户在各种天气条件下的应用；福田欧辉将由交通运输部发起的"品质发现之旅"，进行了切实的落地，通过设立"品质监察官、体验官、信息官"的方式，力求全面提升其客车品质，充分满足用户的需求。

如果论资排辈，福田欧辉在客车行业不过是一个后来者，但在既能仰望星空又能脚踏实地之下，其在新能源以及新兴客车领域中却一直创造着各种奇迹，

---

* 舒慕虞，方得网资深编辑记者，自2012年起就职于商用车行业媒体至今，曾参与编写《客车蓝皮书——中国客车产业发展报告（2013）》，早年供职于《中国对外贸易》杂志社和《东方企业文化》杂志社，并担任主编。

并且超越了行业内不少的老牌劲旅,在新能源及新兴客车领域中不断成为细分行业的领先者。

关键词: 欧辉 新能源客车 智蓝 品质发现之旅

天空,因为有星星而更加美丽;人生,因为有理想而更加有意义。虽说人生只有短短几十年,但是假如没有理想,那就会空洞,就会显得漫长。那样的人生一定是痛苦的——即使由于麻木而感觉不到痛苦,所以人生应该仰望天空的理想,然后脚踏实地去践行。

做企业也理应如此。福田欧辉,一个成立刚刚13年的客车企业,正因为既能仰望星空,有着远大理想,同时又能脚踏实地,坚持不懈,因此,才能在各项新技术的应用上一直走在行业的前列,从新能源客车的领先者到燃料电池客车商业化的引领者,再到"超级客车"、太阳能客车这样未来产品的开发者;既开创出很多面向未来的先进技术,又接地气地为用户创造出更多价值。

福田欧辉为何既能在新技术上引领行业,又能实现销量的快速增长?这也许跟福田欧辉成立以来,一直坚持"既能仰望星空,也能脚踏实地"的经营理念紧密相关。

一 客车业的新兵——十三年快速成长

回顾十三年的品牌成长历程,福田欧辉从2003年成立起从无到有、从弱到强,品牌成长快速,在中国新能源客车市场中成为领军品牌之一。

2016年,福田欧辉更是达到了一个前所未有的新高度。在新技术应用上,继续领跑客车行业,一方面率先达成了100辆氢燃料动力的商业化运作;另一方面与汉能达成战略合作,开启了太阳能应用到客车上的实践。同时，福田欧辉的客车销量也大幅提升，2016年上半年，福田欧辉大中型客车（L＞7米）销量4051辆，同比增长35.8%，远超行业平均增速，行业排名从第十名左右快速前进到第六名，成为行业津津乐道的"欧辉"速度。

（一）十三年快速成长　2016年厚积薄发

对于企业的十三年发展，福田欧辉客车事业部副总经理、国内营销总经理刘国强这样总结道：福田欧辉自2003年成立起，就立志做客车行业的领跑者，并始终专注于新能源客车的研发与应用，成为中国新能源客车市场的第一批垦荒企业。

从其发展历程来看，福田欧辉近十年来发展非常迅猛，2005～2014年销量复合增长率达到26%，成为国内客车行业中发展最快的客车企业；同时，其不但是国内最早研发新能源客车的企业之一，也是最早实现新能源客车商业化运营的企业之一，在新能源技术应用方面始终走在行业前头。

尤其在2015年，福田欧辉不仅在客车行业成绩优异，更是在新能源领域取得出色业绩。销售数据显示，2015年，欧辉客车全年销量突破8000辆，同比增长44%，全行业增速名列前茅；其中，新能源客车销量4259辆。其中插电增程式混合动力客车销量1160辆，纯电动客车销量3099辆，占新能源客车销量的72.8%。

到了2016年，福田欧辉的销售业绩增长更是突飞猛进。2016年1～6月，欧辉大中型客车（L＞7米）销量4051辆，同比增长35.8%，市场份额占比5.6%，位居全行业第六；其纯电动客车产量1490辆，同比大涨285%，市场份额占比5%，行业排名第六。

宛如"一夜春风来"，在2015年和2016年上半年的短短时间内，为什么福田欧辉能迅速在诸多领域开出"炫彩之花"？或许，这就是福田欧辉既能仰望星空又能脚踏实地的结果，也就是说既离不开其在

产品、营销、服务等方面的卓识远见,也离不开其在市场、技术、售后等方面的脚踏实地。

(二)从援藏到 G20 唯一指定大客用车

除了市场业绩厚积薄发外,福田欧辉通过智蓝一体化解决方案等升级策略,其客车产品更是得到市场高度认可,在诸多重要场合担当起"唯一"角色,更彰显了其强大的品牌实力和卓越的产品品质。

福田欧辉首先解决了困扰新能源客车很难用于寒冷地带(低温 0 度以下)的问题。2016 年 7 月 26 日,借北京援藏之机,福田欧辉将 35 辆 BJ6105 插电式混合动力超级客车交付拉萨公交。此后,福田欧辉还将面向拉萨公交,陆续交付气电混合动力和纯电动等车型在内的 300 辆新能源客车。

西藏素有"世界屋脊"之称,不少地域甚至海拔超过 5000 米,气温达到零下 40 摄氏度。西藏地区,海拔高、气压较低、路况差等区域应用工况,也就成了制约客车高效运行的"拦路虎"。而福田欧辉依托适应各种气候环境下的"全天候"新能源解决方案,其提供的新能源援藏客车,完全能担负起日常运营任务。

不光成为援藏车,福田欧辉 2016 年还入选为 G20 杭州峰会的唯一官方指定客车。2016 年,80 辆福田欧辉新能源客车——BJ6127 插电式混合动力城间客车再度荣膺 G20 杭州峰会唯一官方指定用车,主要承担 G20 杭州峰会各国政要、全球官方媒体等团体会议期间的交通摆渡工作。此次 80 辆福田欧辉 BJ6127 插电式混合动力城间客车服务 G20 杭州峰会,创下了两个首次:中国新能源客车首次服务 G20 峰会、G20 峰会首次大规模采用新能源客车。

事实上,G20 官方用车的筛选也是极为"苛刻"的。作为一场影响世界的经济对话,G20 峰会由二十国集团成员国共同参与,这些国家的国民生产总值占全球的 90%,人口占全球总人口的 2/3,贸易占世界的80%。对于东道主和主席国的中国来说，如此重大的盛会，必须有超高品质的交通服务保障。而且，此前的G20峰会上，从来没有大规模地使用过新能源客车。就在新能源客车在全球尚属于新生事物的背景下，此次G20杭州峰会大规模采用福田欧辉新能源客车，也充分表明以福田欧辉为代表的中国新能源客车已走在世界最前列，也同时证明了欧辉客车产品品质的高可靠性。

从援藏到G20唯一指定大客用车，福田欧辉凭借成熟的智蓝一体化解决方案，以及卓越的产品品质，必将引领公共运输装备升级，为中国客车行业的发展带来新视野、注入新活力。

二 仰望星空 福田欧辉的情怀和担当

福田欧辉新能源客车一直是市场中备受关注的重要力量，也是国内新能源客车市场动向的一个风向标。而且，依托强大的技术储备和战略眼光，福田欧辉继新能源客车破冰之旅后，又一次率先开启氢燃料电动客车的商业化运作，以及与汉能联手打造起太阳能客车。

为什么福田欧辉在各种新技术的应用上总能先行一步？为什么福田欧辉总能最快完成新能源、氢燃料客车的商业化推广？一个很关键的原因，就是福田欧辉始终不忘"仰望星空"，多了一些引领创新的担当。

（一）升级"智蓝"体系 引导新能源进入4.0时代

在"中国智造""互联网+"的工业思维指引下，福田欧辉在新能源技术的应用中，也将"智"放在了重要位置，也就是说要把产品变得越来越"聪明"，在各种环境下能正常运行。

事实上，福田欧辉于2013年就在行业首先实施了"智蓝"新能源客车一体化解决方案，但在"更智慧"的时代要求下也就需要对

产品与方案进行再次升级。2016年,福田欧辉在"智蓝超人"的品牌形象基础上,对2015年升级的"智蓝3.0一体化解决方案",在"整合、补充、完善"三个方面继续升级调整,并升级为"智蓝4.0",通过对产品、运营、商务/金融、服务金融四个方面9项升级优化,使智蓝系统达到了全方位的一体化升级。

比起早年的新能源客车解决方案,福田欧辉"智蓝4.0一体化解决方案"最大的不同之处就在于"智",可通过智能化方案以"智"来解决四大问题。一是以"智"打造可靠品质,以"一体化"模式来解决多类问题;二是以"智"解决安全问题,以三类智能一体化来保障安全;三是以"智"解决节能问题;四是以"智"来实现便捷化。

通过凝聚"四大智慧"的"智蓝4.0一体化解决方案"的推出,福田欧辉引领新能源客车解决方案完成从简单到立体的升级,也助力公交企业解决了新能源客车采购成本高、运营难等问题,强势驱动城市"绿色公交"进入4.0时代。

(二)发布"全天候"解决方案 让新能源真正风雨无阻

不但要"智能",福田欧辉还把新能源客车做成了真正的"风雨无阻"客车,不再畏惧高温、低寒。

众所周知,新能源客车存在高温、低温中易出故障的问题,这也一直成为产业发展的头号困扰。为解决这一困惑,福田欧辉延续一贯的新能源技术创新引导精神,依托全面升级的智蓝4.0技术力量,提出"全天候新能源客车"系统解决方案。

为保障新能源客车能满足"全天候"运营的需求,福田欧辉升级多项技术,来实现新能源客车的安全稳定运营;一是采用BMS电池智能管理系统,电池可进行分级管理,使车辆在高温时可自动断电;二是车辆设计中采用远程智能控温技术,可通过手机对车辆进行远程预控温；三是通过引用空调风、顶置电池、加装隔热装置等方案，可保证电池温度在最佳工作范围内。

"全天候"解决方案发布的同时，欧辉客车还推出了两款相应产品：一是 BJ6905ISG 混合动力系列客车，它是专门针对二线城市支线、三、四线城市公交主干道特别是主干道交通拥挤、客流密度大的问题而倾力打造的一款城市干线快速公交产品；二是 BJ6123 系列纯电动城市客车，其拥有"大容量、低地板入口、大开度乘客门、零排放无污染"等特点，是大城市公交高效运营的绿色典范。

福田欧辉在新能源客车的推广上，凭借国内首推的"全天候新能源客车"系统解决方案保驾护航，真正实现了车辆的全天候运营。截至目前，福田欧辉新能源客车产品已在诸多省份、区域实现销售，除了在北京、广州、徐州等市场占有较高份额外，还在新疆、西藏、内蒙古等高原、高寒、高温地区实现运营，且销往海外多个区域。

（三）开启氢燃料客车商业化运作

在率先实现新能源客车的商业化运营后，福田欧辉并不止步于此，2016 年又率先开启了氢燃料电动客车的商业化运作。

2016 年 5 月，福田欧辉与北京某新能源汽车租赁公司签订了 100 辆 8.5 米氢燃料电动客车销售合同，其全部采用自主品牌亿华通燃料电池发动机。由于在此之前全球范围内也没有出现过这么大批量的氢燃料电池客车订单，因此，福田欧辉的这一批量订单，被称为"实现氢燃料电池电动客车产业化、批量商业化开发运营"的标志性事件。

一直还令人陌生的氢燃料电池电动客车，为何福田欧辉能将其迅速带入商业化运行阶段？

这还需要从氢燃料电池的便利性说起，燃料电池汽车也可看作电动汽车，但其能在 3～5 分钟内给电池灌满燃料，而不像多数纯电动

客车那样需要两三个小时的充电时间。因此,氢燃料电动车技术一直得到全球汽车生产厂商的广泛关注,并成为全球新能源汽车行业的主攻方向之一。

为此,中国政府也很早就启动了新能源汽车的推广应用示范工程,投入大量资金支持包括氢燃料电动汽车在内的新能源汽车的发展。得益于早年在新能源方面的出色表现,2006年,福田汽车与清华大学、亿华通联合承接了国家"863计划"节能与新能源汽车重点项目中氢燃料电池电动客车的研发。其中,清华大学与亿华通主要负责研发氢燃料电池系统和车载供氢系统,福田汽车负责提供整车制造技术。

仅仅用了2年时间,三方的研发成果就在2008年的北京车展上亮相。同年,福田欧辉开发的氢燃料电池电动客车,圆满完成了2008年北京奥运会男、女马拉松比赛的服务用车任务;2008年8月～2009年8月,为充分验证考核其性能,福田欧辉氢燃料电池电动客车在北京公交801路区间段完成了为期一年的示范运行。

新成果不断推出。2013年,福田汽车再次携手亿华通共同研发氢燃料电动物流车;2014年,福田与亿华通合作生产出5辆第二代12米氢燃料电动客车,解决了生产成本高、燃料电池寿命短等阻碍氢燃料电动客车发展的瓶颈,并具备了实现商业化运营的基础条件。现如今,福田汽车已成立欧辉、欧马可氢燃料电动汽车生产基地,形成了氢燃料电动客车研发、制造、燃料供给等各环节完备的完整产业链。

而福田欧辉在2016年获得的100辆氢燃料电动客车的采购大单,标志着中国氢燃料电动汽车商业化运营的序幕正式拉开,并将强势推动全球氢燃料电动汽车的市场化进程。

(四)与汉能携手开启了太阳能在客车上的应用

新能源客车、氢燃料客车商用化模式实现后,福田欧辉秉承

"科技承载价值绿色引领未来"的造车理念,再一次把"触角"伸向太阳能领域,与汉能联手开启太阳能在客车上的应用实践。

2016年7月2日,以"颠覆创新·驱动未来"为主题的汉能控股集团与福田汽车集团联合开发太阳能超级客车框架协议签约仪式在北京举行。这一次,福田欧辉再次成功聚焦行业目光,优先触及客车能源"黑科技",引领行业突破新格局。

福田欧辉方面认为,"清洁能源的最终选择将是太阳能。太阳能是人类真正可以依赖和无限利用的可再生能源,太阳是天然巨大能量的核反应堆,我们什么都不用做,其自行运转,能量巨大,日复一日,随时可用,永不枯竭。福田欧辉之所以要研发太阳能超级客车,也是为了实现社会价值、环保价值、经济价值、时间价值的共赢。"

相关研究分析表明:假如中国每年新增30万辆全太阳能动力汽车,就意味着每年减少二氧化碳排放111万吨;且一辆全太阳能动力汽车每年可节省1万元汽油费或3000元左右的电费。同时,每年每辆太阳能汽车可省去传统电动汽车需要耗费的335~402个小时的充电时间。因为全太阳能动力汽车无须刻意去固定充电设施充电,在光照条件好的条件下,将车停在阳光下就能进行充电,节省了大量的时间。

由此可见,福田欧辉携手汉能研发超级太阳能客车的睿智和远见,确立了中国客车在汽车领域能源探索的领先地位,也将无形地推进中国车辆动力能源结构的变革。

三 脚踏实地 追逐"工匠精神"

福田欧辉既能仰望星空不断创新,同时也不忘脚踏实地追逐"工匠精神",专注极致。一个拥有"工匠精神"、推崇工匠精神的制造企业,必然会少一些浮躁,多一些纯粹;少一些投机取巧,多一些

脚踏实地；少一些急功近利，多一些专注持久；少一些粗制滥造，多一些优品精品。

（一）"超级客车"问世 追逐"工匠精神"

2016年的全国"两会"上，李克强总理首次在政府报告中提出要培育和弘扬精益求精的"工匠精神"，中国制造产业要推进"品质革命"，推动"中国制造"加快走向"精品制造"。对于优秀的客车企业——福田欧辉而言，精益求精的"工匠精神"，正是其多年来积极培育的企业文化。

在新时代的要求之下，福田欧辉自然不会错过机会，提出了"超级客车"新概念，并打造出一系列品质过硬的"超级客车"产品，BJ6122系列高端城间客车及德系大VAN纯电动BJ6618就是其中的两款典范之作。

比如，福田欧辉BJ6122车型定位于高端城间客车市场，采用先进的轻量化、模块化设计，在国内首次配套康明斯全球最新ISG动力系统，综合油耗比标杆下降22%。创新采用"8重"全封闭环承载式车身结构，以及升级版独立悬架，使得车辆转角更大、强度更好、安全性更高。同时，通过链合全球科技，该车型在安全性、节能性等核心性能方面实现了全面升级，成为高度科技化、智能化的互联网超级客车。

2016年6月，福田欧辉以"工匠精神"所打造的超级客车，凭借着品质升级，在由交通部主办的"风范人物领袖品牌事迹报告会"上，获得政府、行业等业界权威的一致"点赞"，并获得中国运输领袖品牌称号，福田欧辉成为行业内唯一入选该奖项的客车品牌。

有业内专家这样评价：福田欧辉"超级客车"的匠心问世，从大层面来说，助力实现供给侧结构性改革目标，推动了中国客车行业驶入"品质革命"发展轨道，将实现消费市场的真正繁荣，对开启中国客车品质元年，有着最实际的典范效果。

（二）脚踏实地　科研是创新基石

作为行业标杆品牌，不仅需要战略规划和策略，更要有好的产品与技术来支撑，否则只能沦为纸上谈兵。深谙此道的福田欧辉，一直把科技研发视为重中之重，从顶层设计到创新模式的开拓，不断在提升自主创新能力。

成立十三年以来，福田欧辉凭借着福田汽车国家级企业技术中心工程研究总院及投资超过 12 亿元的重点试验室，再借助于新能源汽车产业联盟各方优势资源力量，形成了国内领先的新能源客车研发能力以及完善的产品谱系，在新能源客车行业形成了自身鲜明的特色。

首先，福田欧辉投入 3 亿元建成两条采用自动化控制的国际标准客车电泳生产线，对所有车型全部进行内外电泳，保证产品涂装的坚固耐用；其次，福田欧辉拥有发动机、变速器、车桥等关键部件全价值链供应体系，成为国内客车行业唯一真正掌握动力技术的企业。此外，福田欧辉还拥有国内客车行业最先进的全自动六大片合装夹具，能让生产制造中的每一个环节都实现最高品质保障。

除了研发早并且整合优势资源外，福田欧辉在新能源产品发展中，还注重审时度势，不断锁定市场新需求。2015 年，当市场需求更倾向于轻型纯电动产品后，福田欧辉迅速完善纯电动产品谱系，推出创新式战略型产品——BJ6650 纯电动迷你巴士；2016 年初，福田欧辉再次升级产品战略，依托智蓝 4.0 科技平台，提出适应各种环境下的"全天候"新能源解决方案，为用户打造高品质"超级客车"，受到了用户的拥戴。

同时，福田欧辉对于特别环境下的产品还会进行专项研发。比

如，福田欧辉针对 2016 年西藏旅游市场的需求，专项研发的 BJ6802"高原之星"就是为了适应西藏公路特点、结合西藏气候和客运市场需求，对发动机、ABS、缓速器、Wi-Fi、智能监控系统（可监控车辆油耗及各项性能）等方面进行了全方位的升级，还配套了专为高原工况研发出来的专用发动机。

在强大科研能力基础上，福田欧辉十三年来还通过消化国内外先进技术，始终在科技创新方面走在行业前列，一直创造着"自主研发"的行业佳话。

（三）一个好汉三个帮　资源整合事半功倍

福田汽车能快速做大做强并走向世界，一个关键因素就是"整合全球资源，实现价值链接"。福田欧辉在发展新能源、互联网等方面，也同样采用了链合创新模式，与价值链上下游实现共赢发展。

福田欧辉在新能源技术研发中所借助的"北京新能源汽车产业协会"，就是由福田汽车于 2008 年发起并成立的。该协会是国内首家新能源汽车产业协会，整合了包括整车企业、零部件企业、科研院所等国内新能源领域的优势资源，以资源互补、联合协作为基础，以促进新能源汽车产业发展为目的，为全国及全球的用户提供新能源汽车解决方案。

成立近十年间，协会成员之间紧密合作，产、学、研整体联动。合作成员在协会成立的几年内不仅更快地开拓了市场，也加快了综合能力提升。而福田欧辉借助于协会的力量，在新能源客车研发中，与伊顿、西门子、清华大学等协会成员合作，很快开发出混合动力、纯电动、燃料电池等新能源客车；同时，还在北京公交的支持下，在北京快速实现了新能源客车的示范运行，而且还把经验推广到全国其他城市。

在福田汽车党委副书记赵景光看来，该协会的成立，不但改变了以往新能源汽车相关企业单打独斗的开发方式，还提升了协会企业在新能源汽车产业中的竞争优势，也提升了国内新能源汽车产业的整体竞争力。

也正因为如此，福田欧辉依托于福田汽车集团背景，借助于诸多联盟力量，围绕着技术等核心资源，以"集成知识、链合创新"的胆识和胸怀，链合产业链中的关键环节，为我所用实现优势资源互补，在新能源客车、互联网道路上加速前进。

（四）躬行方出真知 "品质发现之旅" 接地气

毋庸置疑，2016年是品质元年。从习近平总书记提出"供给侧改革"重要指示，到李克强总理以"工匠精神"推动"品质革命"指导意见，再到"中国制造2025"的深入推进，中央决策层的明确部署，全面定调中国制造向中国品牌迈进的转型之路，那就是打好"品质牌"！

对承载道路交通运输升级的重要载体客车行业而言，因其所处的国民经济基础性、先导性、服务性地位，决定了实现转型升级，不仅要企业自身贯彻"工匠精神"，持续发力"科技创新"，更要积极调动全社会不同领域资源的主观能动性，实现品质升级"顺流而行"并真正落到实处。

为此，交通运输部发起客车行业的"2016品质发现之旅"行动。同时，该活动由中国交通报社、北京新能源汽车产业协会、中国汽车报社主办，由福田汽车、福田欧辉、福田康明斯承办，但全程活动由交通运输部指导。可以说，这是2016年客车行业中带有官方色彩的最重要的活动，其影响力不言而喻。

福田欧辉作为"2016品质发现之旅"活动的主办方，也意味着其客车品质已得到政府与行业的双重认可。福田汽车集团副总裁、欧辉客车事业部党委书记、总经理范现军表示，"福田欧辉将内外双修

聚焦品质，真正开启中国客车品质元年，为交通运输业与社会经济发展水平和行业改革发展实践匹配性、协调性和适应性贡献力量。"

按照规划，"2016品质发现之旅"于2016年5月底在北京启动后，在云南、华东、江苏、东北、华中、华南等多个重点区域展开，持续至2016年年底。"2016品质发现之旅"将通过"走出去、请进来"两大阶段进行深度落地，同时借助交通运输部"我的公交我的城"等活动，联合运输装备相关企业，让中国高品质民族品牌客车经受市场的锤炼，助力运输装备进一步升级。

借助于"2016品质发现之旅"活动，福田欧辉将通过国家级媒体的影响力，将发现的典型人物和典型事迹等传播出去，积极传递工匠精神，发起客车工业的品质革命；同时向外界展示品质发现阶段成果等，并了解其全天候、高品质等产品优势，以自身的品质实力来推动全国公共交通的装备升级。

（五）首创"品质三官"　不忘"大国工匠"使命

除了在行业内率先发起"品质发现之旅"外，开启中国客车品质元年的福田欧辉，还先行业一步，首创"品质三官"——"品质监察官、品质信息官、品质体验官"，整合行业、媒体、用户三方优势，开拓了政策源、舆论源、市场源三大途径，成为推动中国客车行业驶入"品质革命"发展轨道的引领者。

在多地的"品质发现之旅"中，福田欧辉除发布超级客车引起各界瞩目外，每一次"品质三官"授牌仪式，也都成为全场最大看点。如果说"超级客车"是福田欧辉品质升级的最终成果，那么"品质三官"的加入，不仅使福田欧辉自身品质升级拥有了"最强顾问朋友圈"，更为行业谋划了一处"最大品质升级策源地"。

当然，"品质三官"并非只是简单"建言献策"，不但要由不同的群体代表来担任，而且还有着明确的职能职责。

"品质监察官"，主要选举一些行业内权威人士来担任，从监督、保障、推动、提升四个方面履行职责。简要来说，就是监督客车企业的产品研发、生产及产品推广，监督客车行业的标杆建设；有针对性地进行抽查、暗访，确保客车企业产品符合行业"高品质"标准；推动新能源技术创新与应用，加速客车行业可持续发展和全面升级等。

"品质信息官"，则主要由媒体人来担任（未来会进一步扩充到品牌营销人）。品质信息官，更多承担起"沟通桥梁"的作用。其职责主要是传递政策推动下行业动态与新能源战略，展现客车品牌与企业的目标、新产品/技术动向，加速信息传播；向公众传递客车企业的产品与技术研发信息，推动产品与技术普及；收集反馈各方面信息，构建行业管理部门、运营企业、普通消费者与客车生产企业之间，无障碍信息沟通的桥梁等。

"品质体验官"，主要由大客户来担任。企业能够第一时间获取最佳品质反馈，体验和建议成为他们的关键词，因此他们的主要职责是充分体验客车企业的产品，深入了解客车产品真实使用状况和真实"品质"；结合实际使用情况，总结产品优缺点，为客车企业产品改进与品质升级提出建议；深入沟通其他消费者，总结共性，加速技术升级向市场需求的转化，推动客车企业的品质革命等。

对于"品质三官"的设立，福田汽车欧辉客车事业部副总经理、国内营销公司总经理刘国强表示，"'品质三官'的职能履行，将会为行业带来一次强有力的品质升级推动。在客车行业的升级道路上，不仅要技术创新更要举措创新。福田欧辉要与'品质三官'一起，以工匠精神发掘出真正的客车品质之美，助力中国道路交通绿色、科技、品质三大升级。"

由此可见，福田欧辉将由以行业专家为代表的品质监察官、由主流媒体肩负的品质信息官、由重点客户担任的品质体验官，组成

"行业、媒体、用户"三方品质联盟,通过社会各界对国内客车产业品质升级的监督,加快推动国内客车产业技术革新。

四 仰望星空加速前进 重新定义未来

正是由于福田欧辉既有远大目标,又肯脚踏实地,坚韧不拔,欧辉客车才会从无到有,从弱到强,在短短十三年内其在客车行业的排名稳居前列,并且在新能源、氢燃料等方面都能领航客车行业。

今后,仰望星空之下,福田欧辉将朝着更宏大的目标前进。

就在2016年初福田欧辉公布了其"十三五"战略规划。在"十三五"战略规划中,福田欧辉响应集团"2020战略"和品牌资源整合战略,将重点推进新能源客车业务。根据规划,截至2020年,福田欧辉预计年销售客车产品将达到2万辆,其中包括新能源客车1.2万辆。

在产品升级规划中,在未来五年间,福田欧辉将在客车产品上全面应用自主创新研发最新技术成果,全面提升产品的可靠性、安全性、智能性,对客车全系列产品完成优化升级。同时,在2016~2020年期间,福田欧辉计划推出新一代新能源客车产品50~60款,完成产品线的全线拓展及产品结构优化。

在战略规划中,"十三五"期间,福田欧辉要进入89个国内新能源示范城市,力争到2020年实现年销售客车突破2万辆;海外市场中,将划定中南美、东南亚、中东等战略市场,并进行重点发力,将其打造成为海外当地主流客车品牌市场。

服务体系升级中,福田欧辉将推行"三位一体"服务,包括一体化的保姆式专业服务、行业首创的一站式嵌入服务、全面领先的个性化定制服务。

"仰望星空"之下,随着欧辉品牌"十三五"全新战略规划的发布,福田欧辉不仅要进一步巩固作为高端新能源客车领导者的地位,同时还要围绕着绿色、低碳、循环的发展思路,在品牌、业务、产品及服务等全价值链环节完成全面升级,并通过打造绿色产品矩阵、创新绿色科技、创建绿色品牌,来推动国内客车行业转型与升级。

B.13
珠海银隆:"外来者"的跨界竞争

姚 蔚　舒慕虞*

摘　要： 本文对珠海银隆的技术模式、商业模式和金融模式进行了解读,分析了珠海银隆作为客车行业的一个外来者,在短短几年内跻身新能源客车前列,并成功打开北京公交市场,最终得到格力青睐,从而获得更广阔发展空间的原因。

关键词： 银隆　格力　钛酸锂　快充

作为客车行业的外来者——珠海银隆新能源公司（以下简称珠海银隆或银隆）,2015年才进入公众视线。就是这个全新的外来者,却特立独行,无论是技术路线,还是商业模式,抑或是多方合作、两轮融资的金融模式,都完全不同于传统的客车企业。

但是这个客车行业的外来者,却在2015年到2016年上半年累计实现销售超过4500台纯电动客车。2016年8月,格力电器公布拟以130亿元对价收购珠海银隆的方案,更是让银隆快速成为令整个客车产业界瞩目的焦点。

一时间,圈内圈外无论是客车企业、行业专家还是媒体,无一不在问,珠海银隆是谁？这家企业有什么来头？这家企业为何

---

* 姚蔚、舒慕虞,方得网。

能快速在客车领域打开局面？为什么格力及其掌门人董明珠偏偏看中了它？

一 "外来者" 珠海银隆

对客车圈来说，珠海银隆确实使人感到有些陌生，这与其"外来者"身份有关。2009年才成立的珠海银隆，既不是客车制造商，也不是与新能源汽车相关的核心零部件厂商，但却"跨界"进入新能源客车领域，不但把产品做得很有特色，而且业绩增长非常迅猛。2016年，成为客车行业令人瞩目的业界黑马。

（一）闯入客车界跃至新能源客车行业前十强

相比行业中的老牌客车企业，作为"外来者"的珠海银隆其发展速度非常快。2014年9月，珠海银隆生产的12辆纯电动仿古观光旅游巴士抵达北京，这一家全新的新能源客车企业才开始进入公众视线；但很快，2015年底，其就跻身纯电动客车销量前十强榜单。

2015年，珠海银隆实现纯电动客车销售订单近3000辆，销售金额接近40亿元；当年生产纯电动客车2640辆，较2014年增长459%。2016年上半年完成纯电动客车销量1507辆。

2016年，珠海银隆的增长进一步加速。其2016年上半年完成纯电动客车销量1507辆。截至2016年上半年，珠海银隆纯电动客车在北京、齐齐哈尔、石家庄、包头、鞍山、西安、邯郸、珠海、湛江、汕头等国内30多个城市实现批量运营，运行时间和里程最长的纯电动车型为10.5米纯电动城市客车。截至目前，珠海银隆纯电动客车在全国保有量已达到6000多辆。

同时，珠海银隆还与诸多城市的公交公司建立了战略合作关系。比如石家庄公交、河北邯郸公交、北京公交集团、永州市第一公共交通公司、魏县通达公交、揭阳市绿源新能源公共交通股份有限公司、武安市城市客运交通管理站、邱县安捷公交客运有限公司、翁源县飞马汽车客运有限公司、珠海市德兴汽车租赁有限公司等。而且，其多数客户分布在公交运输行业、客车运输行业以及汽车租赁行业。

众所周知，客车行业是一个竞争异常激烈的行业，而面对的客车用户往往都是集团用户，客车企业往往需要多年的经营，才能获得对方认可。为何珠海银隆一下子就能取得这么多公交公司的认可？特别是，像北京公交这类用户在购车要求上极为严格，这让很多客车老企业都望而却步。但是作为客车行业的新企业珠海银隆，为什么就能获得北京公交这类用户的认可呢？

这也许与珠海银隆独特的三种发展模型——技术模型、金融模型、商业模型，有着极大的关联性。正是与所有客车企业有着不同的发展模型，让珠海银隆这位外来者，能快速成为客车行业不折不扣的黑马。

二 独特的技术模型：倒推法决定走钛酸锂之路

（一）为何要走新能源汽车之路？

在探讨珠海银隆的技术模型之前，还是先来说一说其进入新能源汽车领域的原因。为什么会瞄准新能源汽车领域？为什么珠海银隆会押宝在新能源汽车上呢？这还得从国内新能源客车产业启动实施的"十城千辆"工程说起。

2009年1月，国家四部委启动"十城千辆"示范工程，通过提供财政补贴，打算用3年左右的时间，每年发展10个城市，每个城市推出1000辆新能源汽车开展示范运行。

"十城千辆"示范工程推出后，国家就出台了明确的补贴政策，车长不同获取的国家贴补金额不同。另外，不少地方政府又推出了

"1∶1"对等比例补贴方式。比如，若按照中央与地方财政的"1∶1"对等比例补贴方式，每辆10米以上纯电动公交车除了可获得国家财政的50万元补贴以外，还能获得地方财政的50万元补贴，共计100万元。

这样的补贴政策足够吸引人，也很快带火了市场。2015年，国内纯电动客车产量爆发式增长，全年纯电动客车产量达到88248辆，同比增长584%，市场的火热，让大批客车企业和行业外的企业都积极踊跃地投身其中。

珠海银隆也成为其中一员。"纵观当时国家新能源产业示范推广优惠政策和国家汽车产业振兴调整规划，自2009年产业化投资以来，珠海银隆开始构思打造集锂电池材料供应，锂电池、电动汽车动力总成、整车，智能电网调峰调频系统的研发、生产、销售、技术为一体的新能源闭合式循环产业链。"珠海银隆相关负责人这样坦言。

也正是新能源客车火爆市场的出现，除了让不少传统客车企业进入新能源客车领域外，也给了像珠海银隆这样的"外来者"一个新的机遇。

（二）为何要走钛酸锂之路？

作为新能源汽车最核心的"三电系统"之首的动力电池，其水平的高低，决定着未来能否立于不败之地。而珠海银隆要在动力电池上先撬开市场，也就需要选择更适合市场、更有希望率先实现商业化运行的技术路线。

与其他零部件行业不同的是，电池的成败关键之一在于材料。当珠海银隆打算全力打入动力电池市场时，动力电池市场上已经存在多种不同的技术路线，不仅有磷酸铁锂电池，也有三元材料锂电池，还有钴酸锂、锰酸锂以及钛酸锂电池等。

经过一系列调查研究后，珠海银隆认为，市场上不常见的钛酸锂电池，相比纯电动客车上匹配比例最高的磷酸铁锂电池，优势更加突出。

珠海银隆发现，钛酸锂电池在安全性、使用寿命、充电时间、工作温度范围等方面表现更突出，只有其能量密度比略低于磷酸铁锂电池。特别是，钛酸锂电池更适合快充模式，由于该类电池无SEI绝缘膜，初次循环无容量损失，且快充对其循环寿命影响较小，充满电仅需6分钟，热稳定性强，循环使用寿命可长达10年。

同时，虽然钛酸锂电池的单体成本比磷酸铁锂电池成本高一些，但从长远来看，钛酸锂电池的寿命是磷酸铁锂电池寿命的5倍；此外，钛酸锂电池具有10分钟以内的快速充电优势，更符合汽车可快速加油的使用方式，且可利用公交车进站休息时间进行快速充电，而不需要慢充那样的车辆停放场地。

为了谨慎起见，珠海银隆还在车辆批量投产前进行了装车试运营的对比，对磷酸铁锂、钛酸锂两类动力电池进行实际对比。2010年时，珠海银隆在珠海公交上试投放了10辆装载磷酸铁锂电池的纯电动车，并对已经投放市场的近2000辆装载磷酸铁锂动力电池的公交车跟踪并分析，发现每辆车每月的平均故障率约为6%，故障主要是由电池容量衰减导致电池一致性变差所致。与之相比，装载钛酸锂电池的公交车故障率大幅降低，每辆车每月的平均故障率约为0.5%。

综合动力电池理论技术和车辆的实际运营状况，珠海银隆最后选择了钛酸锂动力电池发展路线，以充分利用其快速充电、长循环寿命、高安全性、耐宽温的性能优势，走出自己的差异化道路。

（三）如何掌握核心技术

选定技术路线后，珠海银隆又是如何获得这个独特的"钛酸锂"技术的呢？又是如何建立起技术的制高点呢？可以说，珠海银隆比其他企业发展得更快的一个原因，就是采取了弯道超车的办法，通过兼并收购，直接站到钛酸锂技术的制高点上。

2010年，银隆集团（珠海银隆母公司）战略控股美国奥钛纳米技术有限公司（Altair Nano）（占53.18%的股权），涉及总额4900万美元（折合人民币约3.25亿元），并将其技术、生产线和销售体系收入囊中。也就是说，珠海银隆借此掌控了全球钛酸锂材料顶级生产技术，一下子站在了钛酸锂巨人的肩膀上。

"银隆收购美国奥钛后，公司意在发展成为以锂电池材料供应，锂电池研发、生产、销售为核心，集电动汽车核心部件研发、生产、销售，智能电网调峰调频系统的研发、生产、销售、技术支持为一体的新能源产业集团，业务范围覆盖新能源全产业链的核心部分。"珠海银隆这样对外宣告。

除了电池外，银隆在电机、电控方面，同样通过兼并收购，合资合作的方式，一举"跑步"进入产业最前端。同样是2000年，银隆集团还收购了珠海市蓝海科技有限公司，成立珠海银通新动力科技有限公司，负责纯电动、混合动力汽车驱动系统总成、电动节能空调、充电设备及其相关技术的研发、设计和生产。

特别是在电控技术方面，珠海银隆与苏州绿控传动科技有限公司达成了战略合作，使其在电控方面取得了突破。据了解，绿控的电控系统在国内混合动力客车圈内的地位还是颇高的，配套其电控产品的客车企业包括苏州金龙、厦门金龙、中通客车、厦门金旅、安凯客车等国内20余家，其电控产品覆盖全球300个城市及地区，超过100家公交公司正在使用。

（四）如何从技术变成商品？

有了新能源汽车的"三电"等核心技术后，珠海银隆还需要把技术变为产品，特别是针对汽车产品，还需要取得整车资质和造车技术。

为此，珠海银隆又开始了一连串兼并收购整车企业的行动。

2012年，珠海银隆通过收购珠海广通汽车有限公司，取得整车生产资质。成立于1999年8月30日的珠海广通汽车有限公司现已成为其全资子公司，坐落于珠海银隆新能源产业园；属于其在中国"两区三园"中的"华南区－珠海银隆新能源产业园"，成为珠海银隆生产基地的总部。

2013年5月，珠海广通又全资成功收购了"河北石家庄中博汽车产业园"的石家庄中博汽车有限公司，连同"河北武安银隆新能源产业园"，构成了银隆集团的"两区三园"。

广东珠海、河北石家庄和河北武安这三个整车生产基地代表了珠海银隆在新能源领域的研发制造实力，助力银隆打造从整车制造到电池、电机、电控等关键零部件和充电设备的闭合性循环产业链。

通过一连串兼并收购整车企业的行动，珠海银隆在产业布局、资产规模、市场开拓、技术研发和盈利水平等方面，都迈入了"跨越式"的快速发展阶段。截至2015年末，珠海银隆不仅有了三大生产基地，公司资产规模也已逾百亿元，实现营业收入30多亿元，净利润超过4亿元。

三　打造不同的商业模型：如何完成惊险一跳？

（一）了解客户才能满足客户

珠海银隆的纯电动客车，要想完成从产品到商品的惊险一跳，就必须要满足客户的需要。

为此，珠海银隆仔细研究了纯电动客车的主力市场——公交车的运行特点，并且针对公交车的运行特点，打造出了6分钟充电、十年寿命的银隆钛酸锂纯电动公交车。

从技术上来说，珠海银隆的钛酸锂纯电动公交车完全可以满足公交公司的日常运行需求。作为一家客车行业新企业，为什么珠海银隆就这么有底气？

其一，城市公交车的平均寿命大约为 10 年，钛酸锂电池的循环寿命也是 10 年，珠海银隆纯电动客车使用的钛酸锂电池可满足公交公司的车辆全生命周期管理要求；其二，国内 90% 的公交车每一个往返运行里程平均在 30 公里左右，只有 10% 的线路超过 30 公里，装载钛酸锂电池的纯电动公交车完成一次充电后，就可满足公交车一个往返的行驶里程；其三，为了提高运行效率，公交车发车时间间隔越来越小，一般不超过 15 分钟，且城市公交的特殊性决定了电动车必须具备和燃油车相同（1∶1）的运营效率。钛酸锂电池具有 6 分钟快速充满电的特性，可确保城市公交全天运营；其四，相比普通锂电池相对较差的耐低温性能（难以满足北方市场需求），银隆钛酸锂电池可在零下 50 摄氏度到零上 60 摄氏度范围内正常充放电；其五，相比普通锂电池，银隆钛酸锂电池循环寿命更长，可达 25000 次以上。

也就是说，公交系统的运行"刚需"和珠海银隆采用的钛酸锂电池，具有良好的匹配性，完全可以满足车辆全生命周期管理要求。

（二）差异性在哪里？

不过，客车行业内，本身就有很多企业，要想在高手如云的客车市场中，抢夺别人的奶酪并不那么容易，特别是像北京这类要求严格，所有客车企业都想分一杯羹的市场。

而珠海银隆，恰恰是依靠北京市场，声名鹊起，他们是如何做到的呢？

差异性竞争。

珠海银隆除了钛酸锂电池走独特的技术路线外,复古的"当当车",也可谓别具一格。

2014年9月28日,北京首条采用复古"当当车"造型的旅游观光线开通运营,采用的就是银隆新能源钛酸锂纯电动客车,外形上仿造的是1924年北京第一条有轨电车的模样,但内部采用了最先进的纯电动客车技术,既延续传统又突破常规,一经上市便受到乘客的交口称赞。

此后,北京故宫、前门、北海等名胜古迹周围都投放了银隆牌新能源复古"当当车",银隆复古"当当车"俨然成为北京城内一道独特的城市风景。同时,珠海银隆打造的复古"当当车"还先后批量进入了西安、石家庄;2016上半年更是大订单不断,银隆与湖南客户签订当当车350辆大单,与石家庄签下千辆订单。

除了当当车外,银隆还打造了双层纯电动客车。纯电动客车本身受制于充电设施、行驶里程等,一般的企业都不敢尝试双层纯电动车型,银隆客车打造的纯电动双层公交车,可谓难度系数很高。

有了金刚钻,才能揽下瓷器活。2016年7月1日,就在全国迎来建党95周年的喜庆日子里,北京市首条纯电动双层观光车线路——旅游观光3线宣布正式开通,由珠海银隆打造的首批20辆纯电动双层观光巴士亮相,再次成为各大媒体镜头聚焦点。此批投放的纯电动双层观光车,配装140度电的动力电池,可实现续航里程175公里;观光3线全程设计54.5公里,充一次电跑一个循环绰绰有余,8分钟快速充电性能可实现车辆不间断运营,能够满足北京公交的实际运营需求。

另外,2016年8月12日,由银隆新能源自主研制的全球首辆交流电驱动双源电车——银隆双源无轨电车,正式落地并进入整车调试状态。这是我国具有自主知识产权的交流电驱动双源电车。该车区别于传统纯电动客车的地方在于可"边走边充",在有有轨电车电网的路段可入网运行，借助电网对车内的银隆钛酸锂电池进行在线充电。这样便确保了本车可以及时地进行充电，随时随地储备充足的使用电源，其有效脱线里程可达100公里，较其他无轨电车运行覆盖范围更广。此外，这类车还可在建有充电站的地区作为快充纯电动客车使用，每次充电只需6分钟，便可确保实现全天候运营。

正是因为银隆打造的诸多车型都是"独一份"，因此具备差异化竞争优势的珠海银隆，才能在竞争激烈的客车市场上，抢占到一些市场份额。

（三）如何打消公交公司的后顾之忧？

有了技术与产品，珠海银隆下一步还要考虑把更多的车辆卖出去。要知道，纯电动客车造价昂贵，即使算上补贴，对很多公交公司来讲也是天价。另外，很多公交公司因为已经有了前车之鉴，因此在纯电动公交车的采购上小心翼翼。

珠海银隆怎样才能快速打开客车市场，消除用户的后顾之忧呢？

为此，珠海银隆仔细研究了新能源客车的主力市场——公交市场。针对公交客户的特点和需求，推出全新的商业模式创新——独创的公交公司、新能源车企、地方政府、金融机构"四方共赢"商业模式。

"四方共赢"的具体内容包括四个方面：一是实现了公交购车初期的零投入、缓解地方财政的一次性支付压力；二是提供"电池、电机和电控三大系统"（"三电系统"）十年质保，并提供24小时全天候保姆式服务；三是公交公司以融资租赁方式支付租金，零首付，按十年期分期支付车款；四是提供备用车辆，可整车替换，确保客车运行不受影响。

这一招"撒手锏"，利用四方合作，可以很好地解决公交公司对银隆不信任、资金紧张，以及对新能源客车后续使用的担忧等问题。

"四方共赢"的商业模式中，公交企业只要根据纯电动车的使用特点，做好运营调度和管理，由车辆生产企业负责对车辆"三电"系统进行十年保修，就完全可以消除后顾之忧。

银隆独创的"四方共赢"商业模式，很快到了开花结果阶段：2013年，珠海公交订购银隆纯电动公交车500辆；2014年，湛江公交采购银隆纯电动公交车15辆。石家庄公交订购银隆纯电动公交车900辆；2015年，北京公交也采购了银隆纯电动公交车……此后短短几年，银隆以势如破竹之势不断攻城略地。

2015年，珠海银隆实现纯电动客车销售订单近3000辆，跃居国内纯电动客车行业第七名。2016年上半年，其销售新能源客车1507辆。

四　金融模式：众筹

做研发，进行生产，搞市场推广，都需要钱。要比别人做得好，就要比别人投入多。可是，需要大量投入的钱，要从哪里来呢？

做企业的都知道，资金是企业运营中不可或缺的血液，是一个企业的命脉，也是企业生存和发展的必要条件。在激烈的市场竞争中，资金成本在企业决策中的地位也越来越重要，甚至能影响到很多决策能否执行。

与客车业内的很多传统企业不同的是，珠海银隆明显更懂得资本运作，甚至成为资本圈内的"宠儿"，频频获得多轮融资。2015年，珠海银隆先后完成A轮和B轮股权融资，共募资约32亿元，估值近70亿元。中信证券、四大资产管理公司中的东方资产和华融资产、国内七大保险集团中的阳光保险、拥有卓越房地产事业基础的远洋地产集团、北京公交集团下属上市公司北巴传媒、国内著名券商恒泰证券、工业电气分销行业龙头上市公司众业达、水电力龙头中国三峡集团等大型战略投资者，均"押宝"珠海银隆，成为其大展宏图的重要后盾。

银隆之所以能成为众人眼中的"香饽饽"，很大程度上在于银隆手中握着的"钛酸锂材料技术加上空心环形结构"这张核心竞争力王牌。当前，珠海银隆控股的北方奥钛（美国奥钛纳米技术公司的中国分支机构）已成功研发出第四代高密度钛酸锂电池，成本下降40%、能量密度增加30%。此外，珠海银隆还掌握着包括水冷电机、移动充电桩及储能系统等在内的系列产品的先进技术。

有了更多的低成本的资金，珠海银隆的发展速度自然更快。截至2015年底，珠海银隆已建成三大生产基地，具备年产纯电动客车1万辆、电池1.6亿安时的能力。

五 联手格力未来拥有无限可能

作为"外来者"，珠海银隆已经在新能源客车行业崭露头角，但其并不满足于行业前十强的业绩，下一步的目标会更大，甚至超出想象。

（一）未来目标十分明确

2016年是"十三五"的开局之年，不少企业都在制订新的五年计划，对未来一直有着明确目标的珠海银隆也不例外。

除了"五年计划"外，珠海银隆还有着更远大的终极目标——那就是矢志发展成为中国前三、全球前五的全球领先绿色能源供应商，坚持创新引领发展，争创成中国继高铁之后的又一张工业智造国家名片。

（二）格力收购未来空间更大

除了靠自身力量发展外，珠海银隆还联手电器行业巨头格力集团,站在巨人肩膀上,以求获得更快的发展。

1. 收购历程

自2016年2月格力集团宣布因筹划重大事项而停牌起,"格力是否会收购银隆"这样的猜测就在客车行业内不断被翻炒,最后从传闻到落地仅花了半年时间,格力就最终确定了收购银隆的方案。

整个过程能看出格力的急迫。3月7日,格力披露,拟向珠海银隆的全体股东发行股份,收购其持有的珠海银隆100%股权;此后7月又频频停牌;8月19日,格力电器再次发布"发行股份购买资产并募集配套资金暨关联交易报告书(草案)"的上市公司公告,宣布拟以130亿元的价格向珠海银隆全体21名股东发行股份购买其持有的珠海银隆合计100%股权。长达六个月的停牌时间以及多达35个公告,显示了格力对收购珠海银隆的细致、认真以及最终的决心。尘埃落定也来得很快。8月18日,格力电器发布公告,公司第十届七次董事会审议通过了《关于公司向特定对象发行股份购买资产方案的议案》。公司拟以发行股份方式收购珠海银隆100%股权,交易价格为130亿元。收购完成后,珠海银隆将成为格力电器的全资子公司,并纳入格力电器合并报表范围。

收购交易完成后,格力将持有珠海银隆100%股权,通过珠海银隆掌握的钛酸锂电池核心技术,快速切入新能源电动汽车和储能业务领域,通过发挥双方在电机技术、生产制造技术、新能源管理控制技术和储能技术等方面的技术协同效应,有效降低总体成本的同时相互支撑双方的产品技术创新,进一步提升上市公司的盈利能力及整体价值。

本次交易中还包括了"三年对赌"——在不考虑本次配套募集资金因素以及格力收购完成后的协同效应对银隆业绩影响的情况下,银隆新能源原股东承诺:2016年、2017年、2018年银隆新能源经审计扣除非经常性损益后归属于母公司股东的净利润分别不低于7.2亿元、10亿元、14亿元。

2. 收购原因——不光为造车

在格力收购珠海银隆的媒体见面会上，格力方面表示，本次收购是经过深思熟虑的，并不是盲目的，本次收购更多看重的是银隆的技术。现在的家用汽车不仅存在排放污染环境的问题，而且还带来资源消耗问题。相比之下，纯电动车更环保，也更加实用、经济。但纯电动车发生的事故较多，所以制造纯电动车首先要把乘车人的安全放在第一位，而银隆的技术可以很好地解决消费者安全问题。

在格力看来，银隆的电池非常适合公交车，在这一领域银隆具有独一无二的优势。银隆的电池拥有耐低温、安全、使用寿命长、充电时间快等优势，只有一个不足就是续航里程不够长。

不过，此前外界猜测格力收购银隆就是为了造车的目的，遭到了格力否定。"收购银隆，格力并不主要为了造车。格力的发展需要电池技术，储能是未来家庭必需品，也是格力目前的发展方向。现在大楼的备电设备为柴油机，严重污染环境且噪音大。如果运用银隆的蓄能技术，可以很好地解决柴油机的噪音和污染问题。"格力方面这样公开澄清。

格力方面强调，一个企业的成功不在于盈利多少，而是为社会带来多少。"格力注重新技术的研发、有价值的技术是要从用户和使用对象的角度考虑。格力的光伏空调就是利用新能源技术为用户与环境带来根本性的改变。"

所以收购银隆可以使格力直接站在一个新能源领域的高点，在得到了技术需求的同时，也顺便带来千亿元级别市场增长的空间。

3. 收购后未来空间更大

格力收购银隆后，银隆新能源业务又将何去何从？从董明珠、魏

银仑这两位掌门人的声音中透露出来，合作双方对于未来的发展都信心十足。

银隆在被收购后，将充分利用配套募集资金进行开疆拓土。"本次募集的配套资金，将用于建设标的公司募投项目：一是河北银隆年产14.62亿安时锂电池生产线项目；二是石家庄中博汽车有限公司搬迁改造扩能项目（二期）；三是河北银隆年产200MWh储能模组生产基地建设项目；四是河北广通年产3.2万辆纯电动专用车改装生产基地建设项目；五是珠海银隆总部研发中心升级建设项目。"收购交易中包括这样的内容。

在业务上，银隆与格力将形成"协同"发展。格力的电机技术、调频技术、模具技术都是银隆所需要的，而银隆的电化学、材料研发、社会资源、人才资源、平台资源可以与格力发挥最大的协同效应；同时，格力对品质的控制优于银隆，但银隆有其稀缺的技术。这样的一个强强联合是完美的，银隆是稀缺的新能源企业，格力在产品制造中品质更优。

同时，格力对于收购后的银隆管理，也有了清晰思路。"未来不是简单的'派人'还是'不派人'到银隆管理层。银隆的文化要融入格力，格力的管理模式要渗透到银隆，重点是成本控制，包括采购、管理和生产等各环节。"格力方面表示。

此外，珠海银隆在客车领域的布局已经基本完成，被收购后将向乘用车领域延展，这也是与格力合作的重要部分。"在电池方面，钛酸锂电池是银隆新能源的技术核心。除了电池，格力电器在电控、电线以及精加工模具等方面已经充分布局，不需要任何追加投资，银隆将省去巨额的固定资产投资。"

有了格力作为依靠，银隆未来是否会迎来快速成长期？未来空间是否不可想象？这些似乎还都充满不确定性，但有一点不用怀疑的是，银隆未来必定会走得更远。

参考文献

1. 付拥民、成思思：《珠海银隆：打造新能源闭合式循环产业链》，《中国能源报》2015年12月2日。
2. 周向阳、闫新亮：《找对商业模式　公交企业也能赢》，《中国交通报》2016年4月21日。
3. 姚蔚：《客车行业会被颠覆吗？你必须要了解的银隆"三大模型"》，方得网（www.find800.cn），2016年8月25日。

附　录
Appendix

B.14
中国客车大事记
（2013年7月至2016年7月）*

庞太生

2013年

7月　安徽安凯客车再获沙特阿拉伯800辆客车订单，成为2013年中国客车出口数量最多的单笔订单。这批车辆预计8月份将全部发运完毕。2011年安凯3000辆校车出口沙特，成为"中国校车出口第一单"，加上本次出口的800辆订单，安凯已累计向沙特出口客车超过5000辆，成为沙特地区保有量最大的中国客车品牌之一。

8月底　北京公交采购的首批福田欧辉LNG公交车正式上线运营。6月27日，福田汽车发布公告称，公司与北京公交集团及其下

---

* 注：1981年1月至2013年6月中国客车大事记收录于《中国客车产业发展报告（2013）》。

属子公司北京八方达客运有限责任公司签订了共计3012辆福田欧辉LNG（液化天然气）公交车产品的销售合同。

9月10日 国务院办公厅印发《大气污染防治行动计划》，提出要"大力推广新能源汽车。公交、环卫等行业和政府机关要率先使用新能源汽车，采取直接上牌、财政补贴等措施鼓励个人购买。北京、上海、广州等城市每年新增或更新的公交车中新能源和清洁燃料车的比例达到60%以上。"

9月17日 工信部网站发布了财政部、科技部、工信部、发改委四部委联合出台的《关于继续开展新能源汽车推广应用工作的通知》。其中，纯电动客车、插电式混合动力（含增程式）客车推广应用补助以车长L（米）为标准，纯电动客车6≤L<8每车补贴30万元、8≤L<10每车补贴40万元、L≥10每车补贴50万元。插电式混合动力客车（含增程式）L≥10每车补贴25万元。超级电容、钛酸锂快充纯电动客车定额补贴15万元。

9月 江苏盐城中大集团主席徐中大宣布：因中大工业集团公司自身无力支撑中大纯电动客车5000辆技改项目的发展所需，拟以30亿元对外出让中大汽车集团100%股权。

11月 宇通客车在郑州发布其在节能与新能源领域的重要技术——睿控（英文名为Rectrl），睿控系统是由"电动四化"和"智能四化"组成的尖端科技，可广泛应用于混合动力、插电式等节能与新能源客车。

11月26日 财政部、工信部、科技部、发改委发布《四部委确定第一批新能源汽车推广应用城市或区域名》，确认北京市、天津市、上海市、长株潭地区、广州市、深圳市等28个城市或区域为第一批新能源汽车推广应用城市。推广城市名单确立，也意味着新能源汽车的推广在经过小段时间停滞后，再次进入实质性阶段。

12月 中通客车3万辆节能与新能源客车生产基地投产，为其迈入内涵式转型升级奠定基础。新基地占地1500亩，一期投资11.38亿元，建设具有国际先进水平的生产线，采用整车电泳工艺、机器人自动涂装工艺、机器人焊装工艺等先进技术，自动化水平高，具备年产3万辆节能及新能源客车的生产能力。

2014年

1月11日 国务院副总理马凯在合肥调研新能源汽车发展情况时强调：国家发展新能源汽车战略不变；以纯电驱动为新能源汽车发展和汽车工业转型的战略取向不变；确定的节能与新能源汽车的规划目标不变；政府政策扶植的政策取向不变。

1月27日 四部委增加沈阳市、长春市、潍坊市、临沂市、泸州市等12个城市或区域为第二批新能源汽车推广应用城市。

4月 浙江金华青年汽车集团与香港九龙巴士签订8辆纳米碳锂电池纯电动公交车的订购协议，青年汽车首次独家中标香港九龙巴士纯电动公交车订单。

5月 南京公交集团2530辆青奥会定制节能与新能源空调客车采购大单，其中1058辆为纯电动客车，剩下的都是天然气客车。1058辆纯电动车被地处南京市溧水经济开发区的比亚迪溧水新能源车生产基地和南京金龙溧水新能源车生产基地拿下，比亚迪分得650辆K9纯电动公交车，南京金龙分得408辆纯电动公交车。

6月 交通运输部印发《关于交通运输行业贯彻落实〈2014～2015年节能减排低碳发展行动方案〉的实施意见》，要求推广应用绿色交通运输装备，继续推进天然气汽车在道路运输和城市公交中的应用。贯彻落实国家关于新能源汽车推广应用的战略部署，研究制定在城市公交、出租汽车、城市配送等领域推广应用新能源汽车的指导意见。

厦门金龙汽车集团股份有限公司6月25日发布公告称，根据福建省汽车产业战略发展的要求，大股东海翼集团以及旗下公司拟将所持金龙 20.7% 的股权无偿划转给福汽集团。无偿划转完成后，福汽集团将持有金龙汽车 34.22% 股权，取代海翼集团成为金龙汽车的控股股东，而实际控制人将变更为福建省国资委。

6 月 26 日 备受关注的郑州三环快速公交系统（BRT）正式开通，河南郑州成为全国首个开通双环线 BRT 的城市，同时这也是全球首条建成运营的双环线 BRT。该线路首次选用车身长达 18 米的宇通插电式混合动力公交，同时，该线路投入的 490 辆插电式公交车（含 BRT 主线 180 辆 18 米插电式 ZK6180CHEVNPG3 和支线 310 辆 12 米插电式 ZK6125CHEVNPG4）也是国内插电式公交车首次被大批量应用到快速公交线路。

7 月 一辆装载北京佩特来电机驱动技术有限公司电驱动系统的珠海广通 18m 纯电动客车（直充式低地板）正式下线，并于 7 月 25 日发往德国不来梅，交付德国客户进行线路运营。

7 月 9 日 国务院常务会议决定，自 2014 年 9 月 1 日至 2017 年底，对获得许可在中国境内销售（包括进口）的纯电动以及符合条件的插电式（含增程式）混合动力、燃料电池三类新能源汽车，免征车辆购置税。

7 月 13 日 国管局、财政部、工信部、科技部、发改委发布《政府机关及公共机构购买新能源汽车实施方案》，要求"2014～2016 年，中央国家机关以及纳入财政部、科技部、工业和信息化部、发展改革委备案范围的新能源汽车推广应用城市的政府机关及公共机构购买的新能源汽车占当年配备更新总量的比例不低于 30%，以后逐年提高。"

7 月 14 日 国务院办公厅发布《关于加快新能源汽车推广应用的指导意见》，从"加快充电设施建设""引导企业创新商业模式""推动公共服务领域率先推广应用""完善政策体系""破除地方保护""加强技术创新和产品质量监管""进一步加强组织领导"等各个方面对新能源汽车发展提出了系统性和综合性的指导意见。

7月21日 （委内瑞拉当地时间）在中国国家主席习近平和委内瑞拉总统尼古拉·马杜罗共同出席下,我国客车制造商宇通客车与委内瑞拉玻利瓦尔共和国陆路交通部签署了包含1500辆宇通客车、配件、工具、维修及智能公交运营管理系统等的备忘录。此外,根据委内瑞拉的需求,宇通客车还与委内瑞拉工业部、陆路交通部签署了关于在委内瑞拉合资建设客车工厂的框架协议,未来委内瑞拉有望出口本国生产的客车到南美国家共同体等市场。此前宇通客车已多次收获委内瑞拉市场"超千辆"级别大单,委内瑞拉已成为其重要的海外市场之一。

7月30日 中通客车2186辆校车在山东青岛港举行发车仪式,该批校车均由沙特教育部统一招标订购。这是截至当时国内客车企业最大批量的校车出口订单,也是国内单批次出口的最大客车订单。

8月 中通客车顺利拿下山东潍坊131辆新能源客车订单,其中包括111辆插电式混合动力客车LCK6126PHENV和20辆纯电动客车LCK6108EVG,中通新能源客车增长势头强劲。

8月1日 财政部、国税总局和工信部发布《关于免征新能源汽车车辆购置税的公告》,规定"自2014年9月1日至2017年12月31日,对购置的新能源汽车免征车辆购置税。对免征车辆购置税的新能源汽车,由工业和信息化部、国家税务总局通过发布《免征车辆购置税的新能源汽车车型目录》实施管理。"

8月15日 首批安凯300辆客车在江苏连云港港口码头装船出口阿尔及利亚。今年6月,安凯客车旗下的江淮客车公司与阿尔及利亚CIMA MOTORS公司签订协议,2014年将向CIMA MOTORS交付1100辆客车,订单价值3600万美元,约合人民币2.24亿元。这是2014年我国客车行业出口的最大订单之一。

8月26日 宇通客车8月26日晚间公告称，近日，根据公司全资子公司香港宇通国际有限公司与委内瑞拉玻利瓦尔共和国陆路交通部签署的备忘录，香港宇通与委内瑞拉玻利瓦尔共和国陆路交通部下属的FONTUR公司签订了1500辆客车及配件、工具、维修及智能运营管理系统的销售合同。该合同总金额3.26亿美元，支付货币为美元，资金来源为中委基金，自香港宇通收到预付款之日起正式生效。预计2015年6月30日前合同执行完毕。

8月27日 工信部和国家税务总局发布"免征车辆购置税的新能源汽车车型目录（第一批）"，自2014年9月1日起开始实施。首批免征车辆购置税的新能源客车分为纯电动和插电式混合动力两种车型，其中，纯电动客车有75款，插电式混合动力客车有10款。

8月29日 宇通客车发布公告称，将以自有资金10亿元成立新能源产业发展基金，用于新能源汽车产业链投资，资金投向分三方面：新能源汽车上游零部件包括电机、电控等；新能源汽车下游包括销售服务公司、租赁公司、运营维护公司，充电站的设计、施工以及充电设备制造，电池再利用等；产业链其他投资机会。

8月30日 57辆宇通专用校车运营启动仪式在乌鲁木齐103中学举行。这开创了新疆地区专用校车最大规模运营，也是整个西北地区一次性最大批量校车的运营。

9月3日 广汽集团和比亚迪合资成立的广州广汽比亚迪新能源客车有限公司在广州市从化明珠工业园正式奠基，成为华南地区首家规模化的在建新能源客车项目。该项目预计到2015年9月建成投产。

9月5日 上海申龙客车最后一批79辆CNG（压缩天然气）公交车到达新疆交付使用，新疆乌鲁木齐公交珍宝巴士公司作为申龙重要的客户，今年共采购了200辆申龙CNG公交车。

9月10~12日 工信部组织专家组对宇通燃料电池客车生产资

质进行了工厂审查。经过严格评审,最终宇通顺利通过了资质审查,成为了行业内首家通过该资质审查的企业,为后续中国燃料电池客车的示范运营和商业化推广铺平了道路。

10月 深圳五洲龙获广州珍宝(白马)巴士有限公司2014年度179辆新能源客车招标采购合同,合同总金额高达1.7亿元。

10月 湖南南车时代电动(后改名湖南中车时代电动)获得海南海口市全部25辆增程插电式公交客车订单,这也是海口首批增程插电式公交客车订单。

10月22日 工信部、发改委、科技部等七部门联合印发《京津冀公交等公共服务领域新能源汽车推广工作方案》。方案要求:2014~2015年,京津冀地区公共交通服务领域将共推广20222辆新能源汽车。

10月 福建莆田市公共交通有限公司向上海申龙购买了118辆LNG(液化天然气)公交车,其中涵盖车型SLK6109和SLK6129。

10月 亚星客车中标江苏扬州201辆节能与新能源公交大单,包括25辆JS6811LNG、109辆JS6108气电混合动力和67辆JS6128气电混合动力。

10月24日 发改委、环保部、财政部、交通部、质检总局等12部委联合出台《加强"车、油、路"统筹,加快推进机动车污染综合防治方案》,强调"大力推广新能源汽车。2015年起,在公交车、出租车等城市客运以及环卫、物流、机场通勤、公安巡逻等领域加大新能源汽车推广应用力度,新能源汽车推广应用城市公共服务领域新增或更新车辆中的新能源汽车比例不低于30%;2014~2016年,中央国家机关以及新能源汽车推广应用城市的政府机关及公共机构购买的新能源汽车占当年配备更新汽车总量的比例不低于30%,以后逐年扩大规模。"

10月27日 河北承德市政府与比亚迪汽车在省会石家庄签署投资协议书,双方将建设比亚迪承德新能源汽车及零部件生产基地项目，并逐步建成北方最大的新能源汽车研发生产基地。项目分三期建设，计划总投资20亿元，未来两到三年时间全部建成。项目投产后预计年产5000辆纯电动客车，实现年产值100亿元。

10月29日 工信部和国家税务总局发布"免征车辆购置税的新能源汽车车型目录（第二批）"，入选的纯电动客车有57款，插电式混合动力客车有13款。

11月 国家电动客车电控与安全工程技术研究中心落户宇通客车，总投资3.3亿元，重点研究电动客车的电控技术与安全技术，用于提高电动客车经济性、可靠性和安全性，从技术层面解决新能源客车推而不广难题。

11月2日 福田汽车11月2日发布公告称，公司近期与北京公交集团及其全资子公司北京八方达客运有限责任公司签订了632辆福田欧辉纯电动客车销售合同。其中，北京公交集团订购了532辆电动客车，包括300辆欧辉双源无轨电车和232辆欧辉12米纯电动公交车；北京八方达客运有限责任公司订购了100辆欧辉12米纯电动公交车。这是继2013年3012辆欧辉LNG（液化天然气）客车签约、2009年欧辉800辆混合动力客车签约北京公交后，又一全球最大的新能源客车订单。

11月 国内首辆出口全铝车身纯电动公交车XML6125J58C在厦门金龙旅行车有限公司（厦门金旅）下线，装船发往欧洲的荷兰。

11月 比亚迪新能源山东总部、出口基地和电动车及储能技术研发中心项目签约落户山东青岛城阳区。该项目总投资30亿元，预计到2017年全部建成，将分三期建设，项目正式投产后，预计第一阶段年产1000辆纯电动大巴，主要用于公交车辆，第二阶段达到年产能3000辆，第三阶段达到年产能5000辆。

11月21日 工信部发布《新能源汽车推广应用示范城市（群）新能源汽车推广情况公示》。按照新能源汽车推广应用城市（群）申

报计划，2013~2015年39个推广应用城市（群）将累计推广新能源汽车33.6万辆。但据工信部统计，从2013年1月至2014年9月底，39个推广应用城市（群）实际累计推广新能源汽车3.86万辆，只完成了目标数量的11.5%，其中，长春、哈尔滨、晋城、兰州、聊城、海口六个城市的推广进度为0；完成率最高的是合肥72%，其次分别是浙江（52%）、上海（40%），北京市仅完成14%。另据工信部统计，截至2014年10月底，有30个城市（群）65个城市出台了新能源汽车推广应用配套政策措施。

11月28日 为进一步扩大电动客车的推广范围，郑州宇通客车正式发布国内首个"纯电动客车整体解决方案"。该方案从产品、配套、服务、金融四方面，提出解决新能源客车商业化推广的系统操作思路，尤其突出解决了纯电动客车采购方在配套服务、购买资金方面的问题。

11月30日 中国南车旗下的湖南南车时代电动第二期新能源公交车产业化基地正式竣工投产，新基地具备年产纯电动、增程式、插电式混合动力等各类新能源公交车超过1万辆，关键系统零部件2万台（套）的能力。该公司由此晋级"新能源公交车万辆产能俱乐部"。

12月 扬州亚星客车与广州珠航校车服务有限公司签订110辆校车销售合同，总金额约5000万元，创下亚星客车"星巴"系列产品校车单次订单数量之最。

12月19日 工信部和国家税务总局发布"免征车辆购置税的新能源汽车车型目录（第三批）"，其中包括14款插电式混合动力客车和92款纯电动客车。

苏州金龙向南京坤欧汽车服务有限公司、南京恒天旅游汽车公司和南京海旅观光旅行社交付一共210辆海格牌纯电动大巴。此次在旅游与团体租赁行业率先投放共计210辆海格纯电动大巴，创下当年纯电动大巴单笔投放量的全国之最。

安凯客车 12 月 19 日发布公告称,公司近日与合肥公交集团签署了《工业品买卖合同》,安凯客车将向合肥公交分三个批次供应安凯牌纯电动城市客车 460 辆,合同总金额 15517 万元(不含电池、电池管理系统及国家补贴)。

2014 年,苏州金龙海格客车年销售额首次突破百亿元,达到 100.53 亿元。海格也借此成为中国客车行业继宇通之后第二个破百亿元的企业。尤其值得一提的是,海格全年累计销售新能源客车 2115 辆,销售额约 20 亿元,同比增长 110%。

2014 年,中国客车出口呈现增长趋势,当年全年实现出口销售各类客车 45130 辆,同比增长 21.64%;出口金额达到 14.34 亿元人民币,同比增长 22.98%。

2015年

1 月 中国重汽豪沃客车公司出口南美洲的 160 辆客车顺利装船,完成交车任务,此批海外订单包括 JK6128HD 和 JK6808HD 两种车型,均为豪沃客车的成熟车型。

1 月 4 日 江苏扬州市举行新能源公交车交付投运仪式,314 辆插电式混合动力新能源公交车(其中亚星 176 辆、上海申沃 138 辆)正式投入运行。同时,为这批新能源公交车配套建设的 80 个充电桩也已建成运营。

1 月初 209 辆苏州金龙海格纯电动客车交付苏州汽车客运集团,车型包括纯电动大巴、纯电动中巴和纯电动轻客,总计 209 辆。此举寓意着苏州将进一步在短途公路客运和商务租赁领域大批量应用纯电动客车。

1 月 9 日 313 辆装配康明斯 ISL8.9 发动机的厦门金龙客车装船发往伊拉克,首次实现了对该国的批量出口。

1月11日 批量厦门金旅客车发往以色列，中国客车行业迎来当年欧六客车出口第一个大单。该合同订单总数177辆，总价值达2700万美元，分3批交付，此次交付的是第二批81辆，分别为55辆金旅XML6125低地板公交车以及26辆金旅XML6121城间车。这也是欧六客车首次大批量出口。

1月25日 福田汽车1月25日发布公告称，公司与北京公交集团及其下属子公司北京八方达客运有限责任公司（买方）签订了共计1909辆福田欧辉客车产品（天然气清洁能源＋传统能源）的销售合同。

2月2日 中通客车正式对外发布其插电式混合动力旅游团体客车新品——P系列，分别为P11、P12、P13，形成了涵盖10米到12米的全系列插电式混合动力旅游团体客车平台，主要瞄准团体、通勤和旅游客运市场。中通也成为行业内首个形成全系列插电式混动旅（游）团（体）产品型谱的企业。

2月 中通客车成功赢得泰国豪华旅游车采购项目，为泰国客户提供134辆高档豪华旅游车LCK6125H。

福田汽车2月9日发布公告称，公司近期分别与广州嘉福汽车有限公司、徐州市公共交通有限责任公司、长沙宝骏巴士有限公司签订了共计258辆欧辉新能源客车销售合同。其中，广州嘉福汽车有限公司将购买100辆8.5m纯电动公交车，徐州市公共交通有限责任公司将购买100辆8.5m纯电动公交车，长沙宝骏巴士有限公司将购买58辆插电增程混合动力公交车。

中国重汽豪沃客车获得内蒙古呼和浩特公交公司350辆客车采购大单，均为12米级后置空调城市公交客车。

3月13日 交通运输部下发《关于加快推进新能源汽车在交通运输行业推广应用的实施意见》，提出到2020年，新能源汽车在交通运输行业的应用初具规模，在城市公交、出租汽车和城市物流配送等领域的总量达到30万辆；新能源汽车配套服务设施基本完备，新能源汽车运营效率和安全水平明显提升。新能源汽车占城市公交车、出租汽车和城市物流配送车辆的比例显著提升，充换电配套设施服务更加完善。公交都市创建城市新增或更新城市公交车、出租汽车和城市物流配送车辆中，新能源汽车比例不低于30%；京津冀地区新增或更新城市公交车、出租汽车和城市物流配送车辆中，新能源汽车比例不低于35%。到2020年，新能源城市公交车达到20万辆，新能源出租汽车和城市物流配送车辆共达到10万辆。

3月23日 福田欧辉18米纯电动公交客车在北京57路试运营，这是我国最长的零排放公交车第一次正式投入线路运行。

3月30日 广州公共资源交易中心对外公布"535辆插电式混合动力公交车招标项目（CZ2015-0163）中标公告"，安凯、宇通、苏州金龙海格三家客车巨头共同瓜分了广州535辆5亿多元新能源客车大单。安凯中标数量最多，为378辆，合计3.43亿元。

3月 工信部公布《汽车动力蓄电池行业规范条件》，同年5月1日起正式实施。该标准明确规定，"国家对符合本规范条件的汽车动力蓄电池企业实行公告管理，企业按自愿原则进行申请。"这也意味着标准发布之初是作为推荐性标准实施的，但它的发布，同时也为2016年"变身"为强制性标准做好了铺垫。

4月2日 宇通客车4月2日发布公告称，全资子公司香港宇通国际有限公司与委内瑞拉玻利瓦尔共和国陆路交通部下属的FONTUR公司签署了2300台套客车KD件的销售合同，合同总金额3.61亿美元（不包含增值税），支付货币为美元，资金来源为中委基金，预计2015年交付800台，2016年交付1500台。

4月28日 陕汽控股集团、厦门金龙汽车集团和苏州金龙共同出资组建金龙汽车（西安）有限公司，简称"西安金龙"。西安金龙由苏州金龙全权负责日常经营管理工作，产品采用海格品牌，技术研发、

作业标准、质量标准、服务标准、管理体系均采用和苏州金龙完全相同的标准。此举也被视作苏州金龙大举开拓西北市场的标志性事件。

4月 143辆厦门金龙"金威"轻客陆续装船，发往西亚的科威特。这也是金龙轻客在海湾地区获得的第一个项目性订单，首次单批突破100辆，投入运营后将服务于当地政府教育培训机构的学生。

5月 在济南章丘市公交公司招标会上，中国重汽豪沃客车公司斩获全部300辆6.6米纯电动公交车订单。

6月 中通客车获得印度尼西亚150辆公交订单。该订单是中通海外市场暨2015年以来第一个过亿元订单。

6月18日 厦门金龙在厦门现代码头举行了1060辆校车出口沙特交车仪式。这批校车订单不仅创下了当时金龙汽车在海外销售的单笔订单纪录，也创下福建省近年工业产品单笔出口金额之最。从6月9日开始，首批150辆校车已装船起航，至6月20日全部车辆将交付完毕。

安凯客车6月29日发布公告称，公司与大连交运集团签订合同，向大连交运供应安凯牌新能源城市公交车300辆（全部为插电式混合动力），合同总金额达5228.67万元（不含国家补贴25万元/辆、地方补贴20万元/辆）。

辽宁曙光汽车集团股份有限公司7月21日公告称，公司控股子公司丹东黄海汽车有限责任公司与保定市公共交通总公司签订了共计591辆黄海纯电动系列客车的销售合同，包括10米车型DD6109EV1 391辆、8.5米车型DD6851EV1 200辆。

7月 北京市财政局等主管部门联合发布了"关于购买纯电动客车有关财政政策的通知"，宣布本市纯电动客车补助按中央标准1:1确定，2015~2016年对纯电动客车购买最高可补助50万元/辆。

8月 中通客车单月销售收入突破6亿元，销售数量突破1800辆，创下中通客车历史新高。

8月 据外电报道，东风扬子江汽车有限责任公司已经开始前期工作，为在萨拉托夫州设立客车制造厂办理土地手续。2014年10月，俄罗斯萨拉托夫州的Signal-Mash制造公司与中国东风扬子江汽车有限责任公司签署成立中俄合资客车制造厂的协议；同年12月合资企业"萨拉托夫-东风扬子"有限公司注册成立。

8月 苏州金龙海格客车制造的500辆校车陆续分批装船出口中东的卡塔尔。

8月 苏州金龙海格凭借"基于互联网、车联网的营销模式优化与创新"项目，入选工业和信息化部2015年互联网与工业融合创新试点企业名单，成为客车行业内首家入选企业。

9月3日 纪念中国人民抗日战争暨世界反法西斯战争胜利70周年活动在北京隆重举行。作为搭载抗战老兵方队唯一直接参与受阅的客车品牌，此次共有40辆敞篷版的安凯宝斯通客车亮相阅兵式，直接参与受阅。

9月3日 东风汽车股份有限公司发布关于签订海外销售合同的公告，东风汽车股份与苏丹签订了3170台客车整车及CKD散件销售合同。其中，城市客车（CKD散件）3100台，城市客车（整车）60台，小型客车（整车）10台。

9月6日 由福田欧辉客车举办的"魅力宜居银川绿色公交畅行"626辆清洁能源公交车交车仪式，在宁夏银川举行。此次交付的626辆客车均是福田欧辉成熟的CNG（压缩天然气）车型，将全部用于服务中阿经贸论坛。

9月7日 工信部发布《锂离子电池行业规范条件》，对锂离子电池生产实行准入，严格控制新上单纯扩大产能、技术水平低的锂离子电池行业项目，并通过规定企业电池年产能不低于1亿瓦时等条件，避免行业"散、小、乱"发展趋势，引导锂离子电池行业健康发展。《锂离子电池行业规范条件》于同年10月1日起实施，管理的范围适用于锂离子电池行业上下游企业，包括电池、正极材料、负极材料、隔膜、电解液（含电解质）等企业，不符合要求的项目不得设立。

9月30日 600辆中通V6纯电动客车交付山东临沂公交集团。这是2015年截至当时国内最大批量的纯电动公交客车订单。

9月 49辆亚星新型JS6110校车交付广州珠航校车服务有限公司并投入当地运营。截至当年9月，已共有176辆亚星校车交付广州珠航，为当地学生保驾护航。

10月21日 比亚迪制造的全球首辆纯电动双层公交大巴在伦敦展示，这是该车在英国和全球的首次公开亮相。当天，比亚迪同英国最大的客车生产商——亚历山大丹尼斯有限公司（ADL）签署合作协议，比亚迪提供电池与底盘，ADL制造车身。此次合作的第一个项目是伦敦51辆12米单层电动大巴的订单，这也是当时欧洲最大的电动大巴订单。比亚迪的底盘、所有的电动动力系统及车身将在ADL在苏格兰福尔柯克的工厂进行组装。

10月26日 深圳五洲龙新能源汽车集团与苏丹客户Khalid Hussein成功签订200辆新能源客车大单，车型均为纯电动旅游客车FDG6128EV。这是双方合作有史以来最大的一笔订单，也是当时中国新能源客车出口苏丹国家数量规模最大的一次。

10月30日 苏州金龙海格客车与沙特客户战略协议签署暨1200辆客车交车仪式在苏州工业园区海格客车生产基地举行，这是2015年中国客车出口海外市场的最大订单。

福田汽车11月5日发布公告称，与广东、北京、浙江、河北等地的公交系统运营商及租赁公司签订了6笔单笔订单超过150辆的福田欧辉新能源客车的销售合同，总计1574辆，包括8辆插电式混合动力客车和1566辆纯电动客车，其中广东地区636辆、北京地区600辆、浙江地区177辆、河北地区161辆。

11月 珠海银隆新能源集团与北京公交集团签订协议，银隆将为北京公交提供480辆双层纯电动公交车。

11月 亚星客车斩获江苏扬州289辆新能源客车大单，包括189辆混合动力公交车和100辆纯电动公交车。

11月18~19日 APEC第二十三次领导人非正式会议在菲律宾首都马尼拉举行。会议期间，27辆来自中国的宇通客车作为APEC峰会组织会指定用车，为来自世界各地的媒体记者团及大会志愿者提供接驳用车服务。

11月30日 厦门金旅第50000辆客车出口海外发车庆典暨以色列137辆欧Ⅵ公交车交接车仪式在厦门金旅海沧基地举行。这也是继2015年初177辆金旅欧Ⅵ客车批量出口以色列之后，金旅向以色列市场出口的又一批高端欧Ⅵ客车。

12月1日 四川宜宾市城市公共交通有限公司招标结果正式公布，中通客车获200辆插电式混合动力客车订单，中标车型为中通LCK6106PHENVQ。

12月9日 工信部下发《锂离子电池行业规范公告管理暂行办法》，办法对于从事锂电池生产的企业提出了经营管理等相应要求，旨在全面加强锂离子电池行业管理，深入落实《锂离子电池行业规范条件》，推动锂离子电池产业持续健康发展。该办法从2016年1月1日起实施。

12月14日 工信部下属的中机车辆技术服务中心发布《关于开展2016~2020年〈新能源汽车推广应用工程推荐车型目录〉申报工作的通知》，通知要求："《目录》申报工作自通知发布之日起执行。自2016年1月1日起，原《节能与新能源汽车示范推广应用工程推荐车型目录》废止。"这是行业的重大事件，废止老的推荐车型目录，重新申报新的车型目录，能够有效推动新能源汽车产品升级，保证现有销售产品的技术先进性，体现了国家更加重视"十三五"期间新能源车的规范健康发展。

12月10日 东风汽车股份有限公司公告称,公司控股子公司东风襄阳旅行车有限公司(东风襄旅)与长沙万域汽车贸易有限公司签订了纯电动客车的销售合同。双方约定,东风襄旅向长沙万域销售260辆纯电动公交客车,并于12月10日前分批次交付完毕。

12月10日 东风特种汽车有限公司根据《缺陷汽车产品召回管理条例》的要求,向国家质检总局备案了召回计划,决定自即日起,召回2013年12月13日至2015年6月24日生产的部分EQ6608LT3超龙客车,共计492辆。

12月17日 南京金龙客车制造有限公司向南京扬子公交集团交付300辆纯电动公交车。此次交付的纯电动公交车有三大特色:快充模式,10~20分钟充满;整车空调使用高铁PTC供暖技术,耗电量低;乘客门使用地铁塞拉门,是南京公交系统首次使用。

12月底 西藏自治区拉萨公交集团成功招标1237辆高原旅游客运新型客车,其中包括宇通客车648辆,苏州金龙270辆,厦门金旅164辆,欧辉客车155辆,共1237辆全部配套玉柴4G、4S柴油发动机。这批车将于2016年3月之前到达拉萨,投入到旅游旺季的使用。

2015年,新能源客车国内大单频出,市场迎来井喷式发展。根据工信部合格证数据统计,2015年国内新能源客车产量共计达到112396辆,同比增长310%;其中纯电动客车占据主体地位,占比达到78.5%。新能源前五强分别被宇通客车、苏州金龙、中通客车、南京金龙和比亚迪摘取,其产量分别为19784辆、10541辆、10224辆、8832辆和5605辆。

2015年,我国车长3.5米以上的客车出口销量为35672辆,同比下降20.96%,终结了客车出口自2010年到2014年连续五年上涨的良好势头;当年出口金额为114.89亿元人民币,比2014年的143.07亿元下滑19.69%。

2016年

1月14日 工信部发布《新能源汽车推广应用推荐车型目录》（第1批），共有247款车型进入此次目录。原《节能与新能源汽车示范推广应用工程推荐车型目录》的车型，自2016年1月1日起废止。

1月中旬 多家媒体曝光了新能源汽车行业中存在的骗补行为和骗补手段。1月21日，财政部、工信部等四部委发布了《关于开展新能源汽车推广应用核查工作的通知》，宣布启动新能源汽车骗补清查，对2013年度和2014年度获得中央财政补助资金的新能源汽车，以及申请2015年度中央财政补助资金的新能源汽车有关情况开展核查，核查范围覆盖全部车辆生产企业以及新能源汽车运营企业（含公交、客运、专用车等）、租赁企业、企事业单位等新能源汽车用户。随后几天，四部委抽调人员组成调查小组奔赴重点区域，对部分城市和部分企业车辆生产使用情况进行现场督查。

1月 中国汽车工业协会向工信部递交了"关于暂缓在电动商用车上使用三元材料动力锂离子电池建议的函"，明确建议：三元材料动力锂离子电池与磷酸铁锂动力锂离子电池相比，存在较大的安全风险，而商用车（尤其是商用客车）乘员较多，一旦发生事故，可能带来严重后果。因此，建议工信部暂缓在电动商用车上使用三元材料动力锂离子电池。工信部对此征求意见后做出决定：工信部正组织开展对三元锂电池客车等车型在现行安全标准体系下的风险评估，在评估完成前，暂停将三元锂电池客车列入新能源汽车推广应用推荐车型目录。

当地时间2月11日，美国加州羚羊谷交通运输局（AVTA）宣布订购85辆中国比亚迪纯电动大巴，这将是全美首支纯电动大巴车队，也是比亚迪截至当时在海外市场斩获的最大订单。

国轩高科股份有限公司2月18日发布公告称，公司全资子公司

合肥国轩高科动力能源有限公司与南京金龙客车制造有限公司于2月17日签署金额为10.58亿元的《2016年动力电池采购合同》,超过公司2014年营业总收入的50%。

3月4日 南京金龙与其电动商用车的港澳独家代理商——香港祥龙汽车公司,共同举办的首款D11纯电动轻型车交车暨发布会仪式在香港举行。本次交付的车型包括南京金龙开沃D11 12座小巴和开沃D11 5座纯电动客车(均不含司机),同时双方达成了2016年至少完成45辆的目标销售量。此次交车意味着南京金龙纯电动轻客首次销往中国大陆以外的市场。

3月24日 北京威卡威汽车零部件股份有限公司(京威股份)宣布,公司按照持有的48%股权,增加投资9600万元,用于深圳市五洲龙汽车有限公司的研发及生产性投资。这是京威股份继2015年12月6日宣布拟用自有资金5.52亿元收购深圳五洲龙48%股权后,又一次针对新能源汽车市场的投资动作。

3月24日 厦门金龙顺利完成沙特国家运输公司300辆公交客车订单的装船工作。此批订单是在"一带一路"布局下,中沙两国关系升级为"全面战略伙伴关系"后,金龙收获的该公司单批同一车型最大单。

3月25日 央视新闻频道《朝闻天下》报道了新能源汽车骗补的调查,首次公开国家相关部门调查新能源汽车骗补事件的现场,骗补企业之一江苏苏州吉姆西客车制造有限公司及其骗补行为被曝光。

4月 有消息称几大部委正在对2016~2020年新能源客车补贴政策进行新的调整,6~8米纯电动客车、8~10米纯电动客车的补贴金额将大幅缩水。

4月上旬 在第六届中国(西安)国际商用车博览会上,广州珠航校车服务有限公司和中通客车签订了一次性采购60辆中通轻型校车的合同。

4月12日 比亚迪股份有限公司发布"关于商用车中标公示的公告"称,比亚迪近日中标"深圳市东部公共交通有限公司2016年3024辆纯电动公交客车更新解决方案项目",标的金额合计约18.12亿元人民币,不含国家和地方政府补贴。

4月29日 工信部发布符合《汽车动力蓄电池行业规范条件》企业目录第三批。同一天,工信部还发布了《关于符合〈汽车动力蓄电池行业规范条件〉企业申报工作的补充通知》,原来的非强制目录升级为强制目录。已进入《新能源汽车推广应用推荐车型目录》的车型,从5月1日起必须同时配套符合《汽车动力蓄电池行业规范条件》的动力电池,才能获得国家和地方政府的补贴。截止到8月,工信部共发布了四批《汽车动力蓄电池行业规范条件》企业目录,有57家电池供应商入围其中,但三星、LG等外资电池巨头未进入目录。这对于我国汽车动力电池市场结构与竞争格局的变化有很大影响。

4月 山东曹县交运城市公交有限公司购置上饶客车公司生产的200辆SR6850BEVG3纯电动公交车。

4月 在2013年曾因不能正常生产经营而被列入工信部黑名单、被暂停生产资质的杭州长江客车有限公司,宣布在获得香港五龙电动车(集团)有限公司(下称"五龙电动车")注资重组后更名为杭州长江汽车有限公司,并试图进入新能源行业。同月,长江汽车年产能达10万辆的纯电动客车和纯电动乘用车生产线全线启动。

5月10日 财政部、交通运输部、农业部、国家林业局四部门联合召开电视电话会议,强调指出农村客运、出租车行业油价补贴政策从2015年起做出调整,按照"总量不变、优化结构"的原则,相关支出不再与用油量及油价挂钩,现行油价补贴中的费改税补贴保持不变,涨价补助将逐年退坡,退坡减少的补助资金依然拨付地方,由地方统筹用于支持公共交通发展等。

福田汽车5月23日发布公告称,公司近日接到了有车(北京)

新能源汽车租赁有限公司购买100辆欧辉氢燃料电池电动客车的订单。该订单产品为8.5m燃料电池电动客车,规格型号为BJ6852,总订单量为100辆,预计今年年底前交付60辆,明年年底前交付40辆。此订单产品采用最先进的氢燃料电池技术,且此订单是目前全球最大批量的氢燃料电池电动客车订单,也是第一个实现国家"863计划"重点项目闭环(实现批量商品化生产)的订单。

5月28日 财政部官网发布新能源汽车推广核查有关情况的声明。财政部表示:关于新能源汽车推广骗补核查,现场核查已经完成,目前处于会审阶段。财政部和部内有关司局至今未接受过媒体采访,核查及处理情况,将按信息公开有关规定及时公开。

6月 珠海银隆首批钛酸锂双层纯电动大巴交付北京公交。这是北京公交集团签下银隆400辆13米钛酸锂纯电动双层巴士和80辆12米钛酸锂双层纯电动大巴采购订单后的首批车辆交付。

7月27日 比亚迪宣布获得深圳市西部公共汽车有限公司2719辆纯电动公交客车采购大单。

7月29日 比亚迪宣布中标深圳巴士集团2606辆纯电动客车采购项目,占到整体采购数量(3573辆)的七成以上,不含国家和地方补贴的中标金额为15.21亿元。

7月 南京金龙在深圳巴士集团纯电动车辆采购项目中,中标967辆,标的金额3.08亿元。此外,在之前的7月初深圳西部公交的招标项目中,包括400辆6米纯电动中巴及432辆7米纯电动中巴,共计832辆订单也由南京金龙获得。截止到当年7月,南京金龙在深圳公交领域的中标总数已达到1799辆。

截至8月20日,受到新能源汽车骗补核查的影响,2015年新能源汽车财政补助资金延缓至今尚未发放。调整后的新能源客车补贴政策出台时间也一再推迟,这对2016年全年新能源客车产业的发展带来了极大困扰。

社会科学文献出版社　皮书系列

❖ 皮书起源 ❖

"皮书"起源于十七、十八世纪的英国，主要指官方或社会组织正式发表的重要文件或报告，多以"白皮书"命名。在中国，"皮书"这一概念被社会广泛接受，并被成功运作、发展成为一种全新的出版形态，则源于中国社会科学院社会科学文献出版社。

❖ 皮书定义 ❖

皮书是对中国与世界发展状况和热点问题进行年度监测，以专业的角度、专家的视野和实证研究方法，针对某一领域或区域现状与发展态势展开分析和预测，具备原创性、实证性、专业性、连续性、前沿性、时效性等特点的公开出版物，由一系列权威研究报告组成。

❖ 皮书作者 ❖

皮书系列的作者以中国社会科学院、著名高校、地方社会科学院的研究人员为主，多为国内一流研究机构的权威专家学者，他们的看法和观点代表了学界对中国与世界的现实和未来最高水平的解读与分析。

❖ 皮书荣誉 ❖

皮书系列已成为社会科学文献出版社的著名图书品牌和中国社会科学院的知名学术品牌。2011年，皮书系列正式列入"十二五"国家重点出版规划项目；2012~2015年，重点皮书列入中国社会科学院承担的国家哲学社会科学创新工程项目；2016年，46种院外皮书使用"中国社会科学院创新工程学术出版项目"标识。

法律声明

"皮书系列"(含蓝皮书、绿皮书、黄皮书)之品牌由社会科学文献出版社最早使用并持续至今,现已被中国图书市场所熟知。"皮书系列"的LOGO( )与"经济蓝皮书""社会蓝皮书"均已在中华人民共和国国家工商行政管理总局商标局登记注册。"皮书系列"图书的注册商标专用权及封面设计、版式设计的著作权均为社会科学文献出版社所有。未经社会科学文献出版社书面授权许可,任何使用与"皮书系列"图书注册商标、封面设计、版式设计相同或者近似的文字、图形或其组合的行为均系侵权行为。

经作者授权,本书的专有出版权及信息网络传播权为社会科学文献出版社享有。未经社会科学文献出版社书面授权许可,任何就本书内容的复制、发行或以数字形式进行网络传播的行为均系侵权行为。

社会科学文献出版社将通过法律途径追究上述侵权行为的法律责任,维护自身合法权益。

欢迎社会各界人士对侵犯社会科学文献出版社上述权利的侵权行为进行举报。电话:010-59367121,电子邮箱:fawubu@ssap.cn。

社会科学文献出版社

权威报告·热点资讯·特色资源

皮书数据库
ANNUAL REPORT(YEARBOOK) DATABASE

当代中国与世界发展高端智库平台

www.pishu.com.cn

皮书俱乐部会员服务指南

1. 谁能成为皮书俱乐部成员？
- 皮书作者自动成为俱乐部会员
- 购买了皮书产品（纸质书/电子书）的个人用户

2. 会员可以享受的增值服务
- 免费获赠皮书数据库100元充值卡
- 加入皮书俱乐部，免费获赠该纸质图书的电子书
- 免费定期获赠皮书电子期刊
- 优先参与各类皮书学术活动
- 优先享受皮书产品的最新优惠

3. 如何享受增值服务？
（1）免费获赠100元皮书数据库体验卡
第1步 刮开附赠充值的涂层（右下）；
第2步 登录皮书数据库网站（www.pishu.com.cn），注册账号；
第3步 登录并进入"会员中心"—"在线充值"—"充值卡充值"，充值成功后即可使用。

（2）加入皮书俱乐部，凭数据库体验卡获赠该书的电子书
第1步 登录社会科学文献出版社官网（www.ssap.com.cn），注册账号；
第2步 登录并进入"会员中心"—"皮书俱乐部"，提交加入皮书俱乐部申请；
第3步 审核通过后，再次进入皮书俱乐部，填写页面所需图书、体验卡信息即可自动兑换相应电子书。

4. 声明
解释权归社会科学文献出版社所有

皮书俱乐部会员可享受社会科学文献出版社其他相关免费增值服务，有任何疑问，均可与我们联系。

图书销售热线：010-59367070/7028
图书服务QQ：800045692
图书服务邮箱：duzhe@ssap.cn

数据库服务热线：400-008-6695
数据库服务QQ：2475522410
数据库服务邮箱：database@ssap.cn

欢迎登录社会科学文献出版社官网
（www.ssap.com.cn）
和中国皮书网（www.pishu.cn）
了解更多信息

社会科学文献出版社 皮书系列
SOCIAL SCIENCES ACADEMIC PRESS (CHINA)

卡号：529924087686
密码：

S 子库介绍
ub-Database Introduction

中国经济发展数据库

涵盖宏观经济、农业经济、工业经济、产业经济、财政金融、交通旅游、商业贸易、劳动经济、企业经济、房地产经济、城市经济、区域经济等领域，为用户实时了解经济运行态势、把握经济发展规律、洞察经济形势、做出经济决策提供参考和依据。

中国社会发展数据库

全面整合国内外有关中国社会发展的统计数据、深度分析报告、专家解读和热点资讯构建而成的专业学术数据库。涉及宗教、社会、人口、政治、外交、法律、文化、教育、体育、文学艺术、医药卫生、资源环境等多个领域。

中国行业发展数据库

以中国国民经济行业分类为依据，跟踪分析国民经济各行业市场运行状况和政策导向，提供行业发展最前沿的资讯，为用户投资、从业及各种经济决策提供理论基础和实践指导。内容涵盖农业，能源与矿产业，交通运输业，制造业，金融业，房地产业，租赁和商务服务业，科学研究，环境和公共设施管理，居民服务业，教育，卫生和社会保障，文化、体育和娱乐业等 100 余个行业。

中国区域发展数据库

以特定区域内的经济、社会、文化、法治、资源环境等领域的现状与发展情况进行分析和预测。涵盖中部、西部、东北、西北等地区，长三角、珠三角、黄三角、京津冀、环渤海、合肥经济圈、长株潭城市群、关中一天水经济区、海峡经济区等区域经济体和城市圈，北京、上海、浙江、河南、陕西等 34 个省份及中国台湾地区。

中国文化传媒数据库

包括文化事业、文化产业、宗教、群众文化、图书馆事业、博物馆事业、档案事业、语言文字、文学、历史地理、新闻传播、广播电视、出版事业、艺术、电影、娱乐等多个子库。

世界经济与国际政治数据库

以皮书系列中涉及世界经济与国际政治的研究成果为基础，全面整合国内外有关世界经济与国际政治的统计数据、深度分析报告、专家解读和热点资讯构建而成的专业学术数据库。包括世界经济、世界政治、世界文化、国际社会、国际关系、国际组织、区域发展、国别发展等多个子库。

广视角·全方位·多品种

皮书系列

2016年

·权威平台·智库报告·连续发布

社会科学文献出版社
SOCIAL SCIENCES ACADEMIC PRESS (CHINA)

社长致辞

我们是图书出版者,更是人文社会科学内容资源供应商;

我们背靠中国社会科学院,面向中国与世界人文社会科学界,坚持为人文社会科学的繁荣与发展服务;

我们精心打造权威信息资源整合平台,坚持为中国经济与社会的繁荣与发展提供决策咨询服务;

我们以读者定位自身,立志让爱书人读到好书,让求知者获得知识;

我们精心编辑、设计每一本好书以形成品牌张力,以优秀的品牌形象服务读者,开拓市场;

我们始终坚持"创社科经典,出传世文献"的经营理念,坚持"权威、前沿、原创"的产品特色;

我们"以人为本",提倡阳光下创业,员工与企业共享发展之成果;

我们立足于现实,认真对待我们的优势、劣势,我们更着眼于未来,以不断的学习与创新适应不断变化的世界,以不断的努力提升自己的实力;

我们愿与社会各界友好合作,共享人文社会科学发展之成果,共同推动中国学术出版乃至内容产业的繁荣与发展。

社会科学文献出版社社长
中国社会学会秘书长

2016 年 1 月

社会科学文献出版社
SOCIAL SCIENCES ACADEMIC PRESS (CHINA)

社会科学文献出版社成立于1985年，是直属于中国社会科学院的人文社会科学专业学术出版机构。

成立以来，特别是1998年实施第二次创业以来，依托于中国社会科学院丰厚的学术出版和专家学者两大资源，坚持"创社科经典，出传世文献"的出版理念和"权威、前沿、原创"的产品定位，社科文献立足内涵式发展道路，从战略层面推动学术出版五大能力建设，逐步走上了智库产品与专业学术成果系列化、规模化、数字化、国际化、市场化发展的经营道路。

先后策划出版了著名的图书品牌和学术品牌"皮书"系列、"列国志"、"社科文献精品译库"、"全球化译丛"、"全面深化改革研究书系"、"近世中国"、"甲骨文"、"中国史话"等一大批既有学术影响又有市场价值的系列图书，形成了较强的学术出版能力和资源整合能力。2015年社科文献出版社发稿5.5亿字，出版图书约2000种，承印发行中国社科院院属期刊74种，在多项指标上都实现了较大幅度的增长。

凭借着雄厚的出版资源整合能力，社科文献出版社长期以来一直致力于从内容资源和数字平台两个方面实现传统出版的再造，并先后推出了皮书数据库、列国志数据库、"一带一路"数据库、中国田野调查数据库、台湾大陆同乡会数据库等一系列数字产品。数字出版已经初步形成了产品设计、内容开发、编辑标引、产品运营、技术支持、营销推广等全流程体系。

在国内原创著作、国外名家经典著作大量出版，数字出版突飞猛进的同时，社科文献出版社从构建国际话语体系的角度推动学术出版国际化。先后与斯普林格、博睿、牛津、剑桥等十余家国际出版机构合作面向海外推出了"皮书系列""改革开放30年研究书系""中国梦与中国发展道路研究丛书""全面深化改革研究书系"等一系列在世界范围内引起强烈反响的作品；并持续致力于中国学术出版走出去，组织学者和编辑参加国际书展，筹办国际性学术研讨会，向世界展示中国学者的学术水平和研究成果。

此外，社科文献出版社充分利用网络媒体平台，积极与中央和地方各类媒体合作，并联合大型书店、学术书店、机场书店、网络书店、图书馆，逐步构建起了强大的学术图书内容传播平台。学术图书的媒体曝光率居全国之首，图书馆藏率居于全国出版机构前十位。

上述诸多成绩的取得，有赖于一支以年轻的博士、硕士为主体，一批从中国社科院刚退出科研一线的各学科专家为支撑的300多位高素质的编辑、出版和营销队伍，为我们实现学术立社，以学术品位、学术价值来实现经济效益和社会效益这样一个目标的共同努力。

作为已经开启第三次创业梦想的人文社会科学学术出版机构，我们将以改革发展为动力，以学术资源建设为中心，以构建智慧型出版社为主线，以"整合、专业、分类、协同、持续"为各项工作指导原则，全力推进出版社数字化转型，坚定不移地走专业化、数字化、国际化发展道路，全面提升出版社核心竞争力，为实现"社科文献梦"奠定坚实基础。

经济类

皮书系列
重点推荐

经 济 类

经济类皮书涵盖宏观经济、城市经济、大区域经济，提供权威、前沿的分析与预测

经济蓝皮书
2016年中国经济形势分析与预测

李 扬 / 主编　　2015年12月出版　　定价：79.00元

◆ 本书为总理基金项目，由著名经济学家李扬领衔，联合中国社会科学院等数十家科研机构、国家部委和高等院校的专家共同撰写，系统分析了2015年的中国经济形势并预测2016年我国经济运行情况。

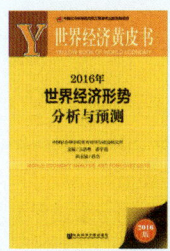

世界经济黄皮书
2016年世界经济形势分析与预测

王洛林　张宇燕 / 主编　　2015年12月出版　　定价：79.00元

◆ 本书由中国社会科学院世界经济与政治研究所的研究团队撰写，2015年世界经济增长继续放缓，增长格局也继续分化，发达经济体与新兴经济体之间的增长差距进一步收窄。2016年世界经济增长形势不容乐观。

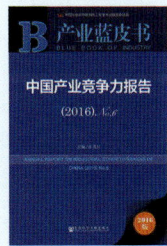

产业蓝皮书
中国产业竞争力报告（2016）NO.6

张其仔 / 主编　　2016年12月出版　　定价：98.00元

◆ 本书由中国社会科学院工业经济研究所研究团队在深入实际、调查研究的基础上完成。通过运用丰富的数据资料和最新的测评指标，从学术性、系统性、预测性上分析了2015年中国产业竞争力，并对未来发展趋势进行了预测。

经济类

G20国家创新竞争力黄皮书

二十国集团（G20）国家创新竞争力发展报告（2016）

李建平　李闽榕　赵新力 / 主编　　2016年11月出版　　估价：138.00元

◆ 本报告在充分借鉴国内外研究者的相关研究成果的基础上，紧密跟踪技术经济学、竞争力经济学、计量经济学等学科的最新研究动态，深入分析G20国家创新竞争力的发展水平、变化特征、内在动因及未来趋势，同时构建了G20国家创新竞争力指标体系及数学模型。

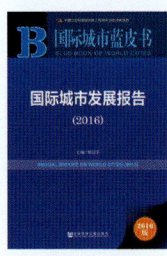

国际城市蓝皮书

国际城市发展报告（2016）

屠启宇 / 主编　　2016年2月出版　　定价：79.00元

◆ 本书作者以上海社会科学院从事国际城市研究的学者团队为核心，汇集同济大学、华东师范大学、复旦大学、上海交通大学、南京大学、浙江大学相关城市研究专业学者。立足动态跟踪介绍国际城市发展实践中，最新出现的重大战略、重大理念、重大项目、重大报告和最佳案例。

金融蓝皮书

中国金融发展报告（2016）

李扬　王国刚 / 主编　　2015年12月出版　　定价：79.00元

◆ 本书由中国社会科学院金融研究所组织编写，概括和分析了2015年中国金融发展和运行中的各方面情况，研讨和评论了2015年发生的主要金融事件。本书由业内专家和青年精英联合编著，有利于读者了解掌握2015年中国的金融状况，把握2016年中国金融的走势。

农村绿皮书

中国农村经济形势分析与预测（2015~2016）

魏后凯　杜志雄　黄秉信 / 主编　　2016年4月出版　　定价：79.00元

◆ 本书描述了2015年中国农业农村经济发展的一些主要指标和变化，以及对2016年中国农业农村经济形势的一些展望和预测。

经济类　皮书系列 重点推荐

西部蓝皮书

中国西部发展报告（2016）

姚慧琴　徐璋勇 / 主编　　2016 年 8 月出版　　估价：89.00 元

◆ 本书由西北大学中国西部经济发展研究中心主编，汇集了源自西部本土以及国内研究西部问题的权威专家的第一手资料，对国家实施西部大开发战略进行年度动态跟踪，并对 2016 年西部经济、社会发展态势进行预测和展望。

民营经济蓝皮书

中国民营经济发展报告 NO.12（2015～2016）

王钦敏 / 主编　　2016 年 8 月出版　　估价：75.00 元

◆ 本书是中国工商联课题组的研究成果，对 2015 年度中国民营经济的发展现状、趋势进行了详细的论述，并提出了合理的建议。是广大民营企业进行政策咨询、科学决策和理论创新的重要参考资料，也是理论工作者进行理论研究的重要参考资料。

经济蓝皮书夏季号

中国经济增长报告（2015～2016）

李　扬 / 主编　　2016 年 8 月出版　　估价：69.00 元

◆ 中国经济增长报告主要探讨 2015~2016 年中国经济增长问题，以专业视角解读中国经济增长，力求将其打造成一个研究中国经济增长、服务宏微观各级决策的周期性、权威性读物。

中三角蓝皮书

长江中游城市群发展报告（2016）

秦尊文 / 主编　　2016 年 10 月出版　　估价：69.00 元

◆ 本书是湘鄂赣皖四省专家学者共同研究的成果，从不同角度、不同方位记录和研究长江中游城市群一体化，提出对策措施，以期为将"中三角"打造成为继珠三角、长三角、京津冀之后中国经济增长第四极奉献学术界的聪明才智。

皮书系列 重点推荐　社会政法类

社会政法类

社会政法类皮书聚焦社会发展领域的热点、难点问题，提供权威、原创的资讯与视点

社会蓝皮书
2016年中国社会形势分析与预测
李培林　陈光金　张 翼/主编　2015年12月出版　定价：79.00元

◆ 本书由中国社会科学院社会学研究所组织研究机构专家、高校学者和政府研究人员撰写，聚焦当下社会热点，对2015年中国社会发展的各个方面内容进行了权威解读，同时对2016年社会形势发展趋势进行了预测。

法治蓝皮书
中国法治发展报告 NO.14（2016）
李 林　田 禾/主编　2016年3月出版　定价：118.00元

◆ 本年度法治蓝皮书回顾总结了2015年度中国法治发展取得的成就和存在的不足，并对2016年中国法治发展形势进行了预测和展望。

反腐倡廉蓝皮书
中国反腐倡廉建设报告 NO.6
李秋芳　张英伟/主编　2017年1月出版　估价：79.00元

◆ 本书抓住了若干社会热点和焦点问题，全面反映了新时期新阶段中国反腐倡廉面对的严峻局面，以及中国共产党反腐倡廉建设的新实践新成果。根据实地调研、问卷调查和舆情分析，梳理了当下社会普遍关注的与反腐败密切相关的热点问题。

社会政法类 皮书系列重点推荐

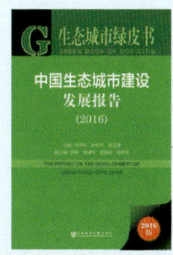

生态城市绿皮书
中国生态城市建设发展报告（2016）
刘举科 孙伟平 胡文臻／主编　2016年9月出版　估价：148.00元
◆ 报告以绿色发展、循环经济、低碳生活、民生宜居为理念，以更新民众观念、提供决策咨询、指导工程实践、引领绿色发展为宗旨，试图探索一条具有中国特色的城市生态文明建设新路。

公共服务蓝皮书
中国城市基本公共服务力评价（2016）
钟　君　吴正杲／主编　2016年12月出版　估价：79.00元
◆ 中国社会科学院经济与社会建设研究室与华图政信调查组成联合课题组，从2010年开始对基本公共服务力进行研究，研创了基本公共服务力评价指标体系，为政府考核公共服务与社会管理工作提供了理论工具。

教育蓝皮书
中国教育发展报告（2016）
杨东平／主编　2016年4月出版　定价：79.00元
◆ 本书由国内的中青年教育专家合作研究撰写。深度剖析2015年中国教育的热点话题，并对当下中国教育中出现的问题提出对策建议。

生态文明绿皮书
中国省域生态文明建设评价报告（ECI 2016）
严耕／主编　2016年12月出版　估价：85.00元
◆ 本书基于国家最新发布的权威数据，对我国的生态文明建设状况进行科学评价，并开展相应的深度分析，结合中央的政策方针和各省的具体情况，为生态文明建设推进，提出针对性的政策建议。

皮书系列
重点推荐

行业报告类

行业报告类

行业报告类皮书立足重点行业、新兴行业领域，提供及时、前瞻的数据与信息

房地产蓝皮书
中国房地产发展报告 NO.13（2016）

李春华　王业强 / 主编　　2016年5月出版　　定价:89.00元

◆ 蓝皮书秉承客观公正、科学中立的宗旨和原则，追踪2015年我国房地产市场最新资讯，深度分析，剖析因果，谋划对策，并对2016年房地产发展趋势进行了展望。

旅游绿皮书
2015～2016年中国旅游发展分析与预测

宋　瑞 / 主编　　2016年4出版　　定价:89.00元

◆ 本书是中国社会科学院旅游研究中心组织相关专家编写的年度研究报告，对2015年旅游行业的热点问题进行了全面的综述并提出专业性建议，并对2016年中国旅游的发展趋势进行展望。

互联网金融蓝皮书
中国互联网金融发展报告（2016）

李东荣 / 主编　　2016年8月出版　　估价:79.00元

◆ 近年来，许多基于互联网的金融服务模式应运而生并对传统金融业产生了深刻的影响和巨大的冲击，"互联网金融"成为社会各界关注的焦点。本书探析了2015年互联网金融的特点和2016年互联网金融的发展方向和亮点。

行业报告类　皮书系列重点推荐

资产管理蓝皮书
中国资产管理行业发展报告（2016）
智信资产管理研究院 / 编著　　2016年6月出版　　定价：89.00元

◆ 中国资产管理行业刚刚兴起，未来将成为中国金融市场最有看点的行业，也会成为快速发展壮大的行业。本书主要分析了2015年度资产管理行业的发展情况，同时对资产管理行业的未来发展做出科学的预测。

老龄蓝皮书
中国老龄产业发展报告（2016）
吴玉韶　党俊武 / 编著
2016年9月出版　　估价：79.00元

◆ 本书着眼于对中国老龄产业的发展给予系统介绍，深入解析，并对未来发展趋势进行预测和展望，力求从不同视角、不同层面全面剖析中国老龄产业发展的现状、取得的成绩、存在的问题以及重点、难点等。

金融蓝皮书
中国金融中心发展报告（2016）
王　力　黄育华 / 编著　　2017年11月出版　　估价：75.00元

◆ 本报告将提升中国金融中心城市的金融竞争力作为研究主线，全面、系统、连续地反映和研究中国金融中心城市发展和改革的最新进展，展示金融中心理论研究的最新成果。

流通蓝皮书
中国商业发展报告（2016~2017）
王雪峰　林诗慧 / 主编　　2016年7月出版　　定价：89.00元

◆ 本书是中国社会科学院财经院与利丰研究中心合作的成果，从关注中国宏观经济出发，突出了中国流通业的宏观背景，详细分析了批发业、零售业、物流业、餐饮产业与电子商务等产业发展状况。

皮书系列
重点推荐

国别与地区类

国别与地区类

国别与地区类皮书关注全球重点国家与地区，
提供全面、独特的解读与研究

美国蓝皮书

美国研究报告（2016）

郑秉文　黄　平 / 主编　2016 年 5 月出版　定价：89.00 元

◆ 本书是由中国社会科学院美国所主持完成的研究成果，它回顾了美国 2015 年的经济、政治形势与外交战略，对 2016 年以来美国内政外交发生的重大事件以及重要政策进行了较为全面的回顾和梳理。

拉美黄皮书

拉丁美洲和加勒比发展报告（2015~2016）

吴白乙 / 主编　2016 年 6 月出版　定价：89.00 元

◆ 本书对 2015 年拉丁美洲和加勒比地区诸国的政治、经济、社会、外交等方面的发展情况做了系统介绍，对该地区相关国家的热点及焦点问题进行了总结和分析，并在此基础上对该地区各国 2016 年的发展前景做出预测。

日本经济蓝皮书

日本经济与中日经贸关系研究报告（2016）

张季风 / 主编　2016 年 5 月出版　定价：89.00 元

◆ 本书系统、详细地介绍了 2015 年日本经济以及中日经贸关系发展情况，在进行了大量数据分析的基础上，对 2016 年日本经济以及中日经贸关系的大致发展趋势进行了分析与预测。

皮书系列 重点推荐

> 国别与地区类

俄罗斯黄皮书
俄罗斯发展报告（2016）

李永全 / 编著　2016 年 7 月出版　定价 :89.00 元

◆ 本书系统介绍了 2015 年俄罗斯经济政治情况，并对 2015 年该地区发生的焦点、热点问题进行了分析与回顾；在此基础上，对该地区 2016 年的发展前景进行了预测。

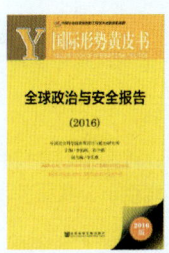

国际形势黄皮书
全球政治与安全报告（2016）

李慎明 / 张宇燕 / 主编　2015 年 12 月出版　定价 :69.00 元

◆ 本书旨在对本年度全球政治及安全形势的总体情况、热点问题及变化趋势进行回顾与分析，并提出一定的预测及对策建议。作者通过事实梳理、数据分析、政策分析等途径，阐释了本年度国际关系及全球安全形势的基本特点，并在此基础上提出了具有启示意义的前瞻性结论。

德国蓝皮书
德国发展报告（2016）

郑春荣 / 主编　2016 年 6 月出版　定价 :79.00 元

◆ 本报告由同济大学德国研究所组织编撰，由该领域的专家学者对德国的政治、经济、社会文化、外交等方面的形势发展情况，进行全面的阐述与分析。

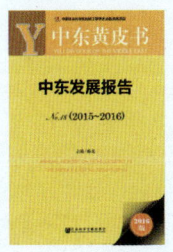

中东黄皮书
中东发展报告 NO.18（2015～2016）

杨光 / 主编　2016 年 10 月出版　估价 :89.00 元

◆ 报告回顾和分析了一年来多以来中东地区政治经济局势的新发展，为跟踪中东地区的市场变化和中东研究学科的研究前沿，提供了全面扎实的信息。

皮书系列 重点推荐　地方发展类

地方发展类

地方发展类皮书关注中国各省份、经济区域，提供科学、多元的预判与资政信息

北京蓝皮书
北京公共服务发展报告（2015~2016）

施昌奎 / 主编　　2016 年 2 月出版　　定价:79.00 元

◆ 本书是由北京市政府职能部门的领导、首都著名高校的教授、知名研究机构的专家共同完成的关于北京市公共服务发展与创新的研究成果。

河南蓝皮书
河南经济发展报告（2016）

河南省社会科学院 / 编著　　2016 年 3 月出版　　定价:79.00 元

◆ 本书以国内外经济发展环境和走向为背景，主要分析当前河南经济形势，预测未来发展趋势，全面反映河南经济发展的最新动态、热点和问题，为地方经济发展和领导决策提供参考。

京津冀蓝皮书
京津冀发展报告（2016）

文　魁　祝尔娟 / 等著　　2016 年 4 月出版　　定价:89.00 元

◆ 京津冀协同发展作为重大的国家战略，已进入顶层设计、制度创新和全面推进的新阶段。本书以问题为导向，围绕京津冀发展中的重要领域和重大问题，研究如何推进京津冀协同发展。

 文化传媒类　皮书系列 重点推荐

文化传媒类

文化传媒类皮书透视文化领域、文化产业，
探索文化大繁荣、大发展的路径

新媒体蓝皮书
中国新媒体发展报告 NO.7（2016）

唐绪军 / 主编　　2016 年 6 月出版　　定价 :79.00 元

◆ 本书是由中国社会科学院新闻与传播研究所组织编写的关于新媒体发展的最新年度报告，旨在全面分析中国新媒体的发展现状，解读新媒体的发展趋势，探析新媒体的深刻影响。

移动互联网蓝皮书
中国移动互联网发展报告（2016）

官建文 / 编著　　2016 年 6 月出版　　定价 :79.00 元

◆ 本书着眼于对中国移动互联网 2015 年度的发展情况做深入解析，对未来发展趋势进行预测，力求从不同视角、不同层面全面剖析中国移动互联网发展的现状、年度突破以及热点趋势等。

文化蓝皮书
中国文化产业发展报告（2015~2016）

张晓明　王家新　章建刚 / 主编　　2016 年 2 月出版　　定价 :79.00 元

◆ 本书由中国社会科学院文化研究中心编写。从 2012 年开始，中国社会科学院文化研究中心设立了国内首个文化产业的研究类专项资金——"文化产业重大课题研究计划"，开始在全国范围内组织多学科专家学者对我国文化产业发展重大战略问题进行联合攻关研究。本书集中反映了该计划的研究成果。

皮书系列 2016全品种 经济类

经济类

G20国家创新竞争力黄皮书
二十国集团（G20）国家创新竞争力发展报告（2016）
著（编）者：李建平 李闽榕 赵新力
2016年11月出版 / 估价：138.00元

产业蓝皮书
中国产业竞争力报告（2016）NO.6
著（编）者：张其仔 2016年12月出版 / 估价：98.00元

城市创新蓝皮书
中国城市创新报告（2016）
著（编）者：周天勇 旷建伟 2016年8月出版 / 估价：69.00元

城市竞争力蓝皮书
中国城市竞争力报告（1973~2015）
著（编）者：李小林 2016年1月出版 / 定价：128.00元

城市蓝皮书
中国城市发展报告 NO.9
著（编）者：潘家华 魏后凯 2016年9月出版 / 估价：69.00元

城市群蓝皮书
中国城市群发展指数报告（2016）
著（编）者：刘士林 刘新静 2016年10月出版 / 估价：69.00元

城乡一体化蓝皮书
中国城乡一体化发展报告（2015~2016）
著（编）者：汝信 付崇兰 2016年8月出版 / 估价：85.00元

城镇化蓝皮书
中国新型城镇化健康发展报告（2016）
著（编）者：张占斌 2016年8月出版 / 估价：79.00元

创新蓝皮书
创新型国家建设报告（2015~2016）
著（编）者：詹正茂 2016年11月出版 / 估价：69.00元

低碳发展蓝皮书
中国低碳发展报告（2015~2016）
著（编）者：齐晔 2016年3月出版 / 定价：98.00元

低碳经济蓝皮书
中国低碳经济发展报告（2016）
著（编）者：薛进军 赵忠秀 2016年8月出版 / 估价：85.00元

东北蓝皮书
中国东北地区发展报告（2016）
著（编）者：马克 黄文艺 2016年8月出版 / 估价：79.00元

发展与改革蓝皮书
中国经济发展和体制改革报告NO.7
著（编）者：邹东涛 王再文
2016年1月出版 / 定价：98.00元

工业化蓝皮书
中国工业化进程报告（2016）
著（编）者：黄群慧 吕铁 李晓华 等
2016年11月出版 / 估价：89.00元

管理蓝皮书
中国管理发展报告（2016）
著（编）者：张晓东 2016年9月出版 / 估价：98.00元

国际城市蓝皮书
国际城市发展报告（2016）
著（编）者：屠启宇 2016年2月出版 / 定价：79.00元

国家创新蓝皮书
中国创新发展报告（2016）
著（编）者：陈劲 2016年9月出版 / 估价：69.00元

金融蓝皮书
中国金融发展报告（2016）
著（编）者：李扬 王国刚 2015年12月出版 / 定价：79.00元

京津冀产业蓝皮书
京津冀产业协同发展报告（2016）
著（编）者：中智科博（北京）产业经济发展研究院
2016年8月出版 / 估价：69.00元

京津冀蓝皮书
京津冀发展报告（2016）
著（编）者：文魁 祝尔娟 2016年4月出版 / 估价：89.00元

经济蓝皮书
2016年中国经济形势分析与预测
著（编）者：李扬 2015年12月出版 / 定价：79.00元

经济蓝皮书·春季号
2016年中国经济前景分析
著（编）者：李扬 2016年6月出版 / 定价：79.00元

经济蓝皮书·夏季号
中国经济增长报告（2015~2016）
著（编）者：李扬 2016年8月出版 / 估价：99.00元

经济信息绿皮书
中国与世界经济发展报告（2016）
著（编）者：杜平 2015年12月出版 / 定价：89.00元

就业蓝皮书
2016年中国本科生就业报告
著（编）者：麦可思研究院 2016年6月出版 / 估价：98.00元

就业蓝皮书
2016年中国高职高专生就业报告
著（编）者：麦可思研究院 2016年6月出版 / 估价：98.00元

临空经济蓝皮书
中国临空经济发展报告（2016）
著（编）者：连玉明 2016年11月出版 / 估价：79.00元

民营经济蓝皮书
中国民营经济发展报告 NO.12（2015~2016）
著（编）者：王钦敏 2016年8月出版 / 估价：75.00元

农村绿皮书
中国农村经济形势分析与预测（2015~2016）
著（编）者：魏后凯 杜志雄 黄秉信
2016年4月出版 / 估价：69.00元

农业应对气候变化蓝皮书
气候变化对中国农业影响评估报告 NO.2
著（编）者：矫梅燕 2016年8月出版 / 估价：98.00元

经济类·社会政法类 | 皮书系列 2016全品种

企业公民蓝皮书
中国企业公民报告 NO.4
著(编)者:邹东涛　2016年8月出版 / 估价:79.00元

气候变化绿皮书
应对气候变化报告(2016)
著(编)者:王伟光 郑国光　2016年11月出版 / 估价:98.00元

区域蓝皮书
中国区域经济发展报告(2015~2016)
著(编)者:赵弘　2016年6月出版 / 定价:79.00元

全球环境竞争力绿皮书
全球环境竞争力报告(2016)
著(编)者:李建平 李闽榕 王金南
2016年12月出版 / 估价:198.00元

人口与劳动绿皮书
中国人口与劳动问题报告 NO.17
著(编)者:蔡昉 张车伟　2016年11月出版 / 估价:69.00元

商务中心区蓝皮书
中国商务中心区发展报告 NO.2(2015)
著(编)者:魏后凯 单菁菁　2016年1月出版 / 定价:79.00元

世界经济黄皮书
2016年世界经济形势分析与预测
著(编)者:王洛林 张宇燕　2015年12月出版 / 定价:79.00元

世界旅游城市绿皮书
世界旅游城市发展报告(2015)
著(编)者:宋宇　2016年1月出版 / 定价:128.00元

西北蓝皮书
中国西北发展报告(2016)
著(编)者:孙发平 苏海红 鲁顺元
2016年3月出版 / 定价:79.00元

西部蓝皮书
中国西部发展报告(2016)
著(编)者:姚慧琴 徐璋勇　2016年8月出版 / 估价:89.00元

县域发展蓝皮书
中国县域经济增长能力评估报告(2016)
著(编)者:王力　2016年10月出版 / 估价:69.00元

新型城镇化蓝皮书
新型城镇化发展报告(2016)
著(编)者:李伟 宋敏 沈体雁　2016年11月出版 / 估价:98.00元

新兴经济体蓝皮书
金砖国家发展报告(2016)
著(编)者:林跃勤 周文　2016年8月出版 / 估价:79.00元

长三角蓝皮书
2016年全面深化改革中的长三角
著(编)者:张伟斌　2016年10月出版 / 估价:69.00元

中部竞争力蓝皮书
中国中部经济社会竞争力报告(2016)
著(编)者:教育部人文社会科学重点研究基地
　　　　　南昌大学中国中部经济社会发展研究中心
2016年10月出版 / 估价:79.00元

中部蓝皮书
中国中部地区发展报告(2016)
著(编)者:宋亚平　2016年12月出版 / 估价:78.00元

中国省域竞争力蓝皮书
中国省域经济综合竞争力发展报告(2014~2015)
著(编)者:李建平 李闽榕 高燕京
2016年2月出版 / 定价:198.00元

中三角蓝皮书
长江中游城市群发展报告(2016)
著(编)者:秦尊文　2016年10月出版 / 估价:69.00元

中小城市绿皮书
中国中小城市发展报告(2016)
著(编)者:中国城市经济学会中小城市经济发展委员会
　　　　　中国城镇化促进会中小城市发展委员会
　　　　　《中国中小城市发展报告》编纂委员会
　　　　　中小城市发展战略研究院
2016年10月出版 / 估价:98.00元

中原蓝皮书
中原经济区发展报告(2016)
著(编)者:李英杰　2016年8月出版 / 估价:88.00元

自贸区蓝皮书
中国自贸区发展报告(2016)
著(编)者:王力 王吉培　2016年10月出版 / 估价:69.00元

社会政法类

北京蓝皮书
中国社区发展报告(2016)
著(编)者:于燕燕　2017年2月出版 / 估价:79.00元

殡葬绿皮书
中国殡葬事业发展报告(2016)
著(编)者:李伯森　2016年8月出版 / 估价:158.00元

城市管理蓝皮书
中国城市管理报告(2015~2016)
著(编)者:刘林 刘承水　2016年5月出版 / 定价:158.00元

城市生活质量蓝皮书
中国城市生活质量报告(2016)
著(编)者:张连城 张平 杨春学 郎丽华
2016年8月出版 / 估价:89.00元

城市政府能力蓝皮书
中国城市政府公共服务能力评估报告(2016)
著(编)者:何艳玲　2016年4月出版 / 定价:68.00元

创新蓝皮书
中国创业环境发展报告(2016)
著(编)者:姚凯 曹祎遐　2016年8月出版 / 估价:69.00元

皮书系列 2016全品种 — 社会政法类

慈善蓝皮书
中国慈善发展报告（2016）
著(编)者：杨团　2016年6月出版 / 定价：79.00元

地方法治蓝皮书
中国地方法治发展报告 NO.2（2016）
著(编)者：李林　田禾　2016年3月出版 / 定价：108.00元

党建蓝皮书
党的建设研究报告 NO.1（2016）
著(编)者：崔建民　陈东平　2016年1月出版 / 定价：89.00元

法治蓝皮书
中国法治发展报告 NO.14（2016）
著(编)者：李林　田禾　2016年3月出版 / 定价：118.00元

反腐倡廉蓝皮书
中国反腐倡廉建设报告 NO.6
著(编)者：李秋芳　张英伟　2017年1月出版 / 估价：79.00元

非传统安全蓝皮书
中国非传统安全研究报告（2015～2016）
著(编)者：余潇枫　魏志江　2016年6月出版 / 估价：89.00元

妇女发展蓝皮书
中国妇女发展报告 NO.6
著(编)者：王金玲　2016年9月出版 / 估价：148.00元

妇女教育蓝皮书
中国妇女教育发展报告 NO.3
著(编)者：张李玺　2016年10月出版 / 估价：78.00元

妇女绿皮书
中国性别平等与妇女发展报告（2016）
著(编)者：谭琳　2016年12月出版 / 估价：99.00元

公共服务蓝皮书
中国城市基本公共服务力评价（2016）
著(编)者：钟君　吴正杲　2016年12月出版 / 估价：79.00元

公共管理蓝皮书
中国公共管理发展报告（2016）
著(编)者：贡森　李国强　杨维富
2016年8月出版 / 估价：69.00元

公共外交蓝皮书
中国公共外交发展报告（2016）
著(编)者：赵启正　雷蔚真　2016年8月出版 / 估价：89.00元

公民科学素质蓝皮书
中国公民科学素质报告（2015~2016）
著(编)者：李群　陈雄　马宗文　2016年1月出版 / 估价：89.00元

公益蓝皮书
中国公益慈善发展报告（2016）
著(编)者：朱健刚　2016年4月出版 / 定价：118.00元

国际人才蓝皮书
海外华侨华人专业人士报告（2016）
著(编)者：王辉耀　苗绿　2016年8月出版 / 估价：69.00元

国际人才蓝皮书
中国国际移民报告（2016）
著(编)者：王辉耀　2016年8月出版 / 估价：79.00元

国际人才蓝皮书
中国海归发展报告（2016）NO.3
著(编)者：王辉耀　苗绿　2016年10月出版 / 估价：69.00元

国际人才蓝皮书
中国留学发展报告（2016）NO.5
著(编)者：王辉耀　苗绿　2016年10月出版 / 估价：79.00元

国家公园蓝皮书
中国国家公园体制建设报告（2016）
著(编)者：苏杨　张玉钧　石金莲　刘锋　等
2016年10月出版 / 估价：69.00元

海洋社会蓝皮书
中国海洋社会发展报告（2016）
著(编)者：崔凤　宋宁而　2016年8月出版 / 估价：89.00元

行政改革蓝皮书
中国行政体制改革报告（2016）NO.5
著(编)者：魏礼群　2016年5月出版 / 定价：98.00元

华侨华人蓝皮书
华侨华人研究报告（2016）
著(编)者：贾益民　2016年12月出版 / 估价：98.00元

环境竞争力绿皮书
中国省域环境竞争力发展报告（2016）
著(编)者：李建平　李闽榕　王金南
2016年11月出版 / 估价：198.00元

环境绿皮书
中国环境发展报告（2016）
著(编)者：刘鉴强　2016年8月出版 / 估价：79.00元

基金会蓝皮书
中国基金会发展报告（2015~2016）
著(编)者：中国基金会发展报告课题组　2016年4月出版 / 定价：75.00元

基金会绿皮书
中国基金会发展独立研究报告（2016）
著(编)者：基金会中心网　中央民族大学基金会研究中心
2016年8月出版 / 估价：88.00元

基金会透明度蓝皮书
中国基金会透明度发展研究报告（2016）
著(编)者：基金会中心网　清华大学廉政与治理研究中心
2016年9月出版 / 估价：85.00元

教师蓝皮书
中国中小学教师发展报告（2016）
著(编)者：曾晓东　鱼霞　2016年8月出版 / 估价：69.00元

教育蓝皮书
中国教育发展报告（2016）
著(编)者：杨东平　2016年4月出版 / 定价：79.00元

科普蓝皮书
中国科普基础设施发展报告（2015）
著(编)者：任福君　2016年8月出版 / 估价：69.00元

社会政法类 — 皮书系列 2016全品种

科普蓝皮书
中国科普人才发展报告（2015）
著（编）者：郑念　任嵘嵘　2016年4月出版／定价：98.00元

科学教育蓝皮书
中国科学教育发展报告（2016）
著（编）者：罗晖　王康友　2016年10月出版／估价：79.00元

劳动保障蓝皮书
中国劳动保障发展报告（2016）
著（编）者：刘燕斌　2016年8月出版／估价：158.00元

老龄蓝皮书
中国老年宜居环境发展报告（2015）
著（编）者：党俊武　周燕珉　2016年1月出版／定价：79.00元

连片特困区蓝皮书
中国连片特困区发展报告（2016）
著（编）者：游俊　冷志明　丁建军
2016年8月出版／估价：98.00元

民间组织蓝皮书
中国民间组织报告（2016）
著（编）者：黄晓勇　2016年12月出版／估价：79.00元

民调蓝皮书
中国民生调查报告（2016）
著（编）者：谢耘耕　2016年8月出版／估价：128.00元

民族发展蓝皮书
中国民族发展报告（2016）
著（编）者：郝时远　王延中　王希恩
2016年8月出版／估价：98.00元

女性生活蓝皮书
中国女性生活状况报告 NO.10（2016）
著（编）者：韩湘景　2016年8月出版／估价：79.00元

汽车社会蓝皮书
中国汽车社会发展报告（2016）
著（编）者：王俊秀　2016年8月出版／估价：69.00元

青年蓝皮书
中国青年发展报告（2016）NO.4
著（编）者：廉思 等　2016年8月出版／估价：69.00元

青少年蓝皮书
中国未成年人互联网运用报告（2016）
著（编）者：李文革　沈杰　季为民
2016年11月出版／估价：89.00元

青少年体育蓝皮书
中国青少年体育发展报告（2016）
著（编）者：郭建军　杨桦　2016年9月出版／估价：69.00元

区域人才蓝皮书
中国区域人才竞争力报告 NO.2
著（编）者：桂昭明　王辉耀
2016年8月出版／估价：69.00元

群众体育蓝皮书
中国群众体育发展报告（2016）
著（编）者：刘国永　杨桦　2016年10月出版／估价：69.00元

群众体育蓝皮书
中国社会体育指导员发展报告（1994~2014）
著（编）者：刘国永　王欢　2016年4月出版／定价：78.00元

人才蓝皮书
中国人才发展报告（2016）
著（编）者：潘晨光　2016年9月出版／估价：85.00元

人权蓝皮书
中国人权事业发展报告 NO.6（2016）
著（编）者：李君如　2016年9月出版／估价：128.00元

社会保障绿皮书
中国社会保障发展报告（2016）NO.8
著（编）者：王延中　2016年8月出版／估价：99.00元

社会工作蓝皮书
中国社会工作发展报告（2016）
著（编）者：民政部社会工作研究中心
2016年8月出版／估价：79.00元

社会管理蓝皮书
中国社会管理创新报告 NO.4
著（编）者：连玉明　2016年11月出版／估价：89.00元

社会蓝皮书
2016年中国社会形势分析与预测
著（编）者：李培林　陈光金　张翼
2015年12月出版／定价：79.00元

社会体制蓝皮书
中国社会体制改革报告（2016）NO.4
著（编）者：龚维斌　2016年4月出版／估价：79.00元

社会心态蓝皮书
中国社会心态研究报告（2016）
著（编）者：王俊秀　杨宜音　2016年10月出版／估价：69.00元

社会责任管理蓝皮书
中国企业公众透明度报告（2015~2016）NO.2
著（编）者：黄速建　熊梦　肖红军　2016年1月出版／定价：98.00元

社会组织蓝皮书
中国社会组织评估发展报告（2016）
著（编）者：徐家良　廖鸿　2016年12月出版／估价：69.00元

生态城市绿皮书
中国生态城市建设发展报告（2016）
著（编）者：刘举科　孙伟平　胡文臻
2016年9月出版／估价：148.00元

生态文明绿皮书
中国省域生态文明建设评价报告（ECI 2016）
著（编）者：严耕　2016年12月出版／估价：85.00元

世界社会主义黄皮书
世界社会主义跟踪研究报告（2015~2016）
著（编）者：李慎明　2016年3月出版／定价：248.00元

水与发展蓝皮书
中国水风险评估报告（2016）
著（编）者：王浩　2016年9月出版／估价：69.00元

皮书系列 2016全品种

社会政法类·行业报告类

体育蓝皮书
长三角地区体育产业发展报告（2016）
著(编)者：张林　2016年8月出版 / 估价：79.00元

体育蓝皮书
中国公共体育服务发展报告（2016）
著(编)者：戴健　2016年12月出版 / 估价：79.00元

土地整治蓝皮书
中国土地整治发展研究报告 NO.3
著(编)者：国土资源部土地整治中心
2016年7月出版 / 定价：89.00元

土地政策蓝皮书
中国土地政策发展报告（2016）
著(编)者：高延利　李宪文
2015年12月出版 / 定价：89.00元

危机管理蓝皮书
中国危机管理报告（2016）
著(编)者：文学国　范正青
2016年8月出版 / 估价：89.00元

形象危机应对蓝皮书
形象危机应对研究报告（2016）
著(编)者：唐钧　2016年8月出版 / 估价：149.00元

医改蓝皮书
中国医药卫生体制改革报告（2016）
著(编)者：文学国　房志武　2016年11月出版 / 估价：98.00元

医疗卫生绿皮书
中国医疗卫生发展报告 NO.7（2016）
著(编)者：申宝忠　韩玉珍　2016年8月出版 / 估价：75.00元

政治参与蓝皮书
中国政治参与报告（2016）
著(编)者：房宁　2016年8月出版 / 估价：108.00元

政治发展蓝皮书
中国政治发展报告（2016）
著(编)者：房宁　杨海蛟　2016年8月出版 / 估价：88.00元

智慧社区蓝皮书
中国智慧社区发展报告（2016）
著(编)者：罗昌智　张辉德　2016年8月出版 / 估价：69.00元

中国农村妇女发展蓝皮书
农村流动女性城市生活发展报告（2016）
著(编)者：谢丽华　2016年12月出版 / 估价：79.00元

宗教蓝皮书
中国宗教报告（2015）
著(编)者：邱永辉　2016年4月出版 / 定价：79.00元

行业报告类

保健蓝皮书
中国保健服务产业发展报告 NO.2
著(编)者：中国保健协会　中共中央党校
2016年8月出版 / 估价：198.00元

保健蓝皮书
中国保健食品产业发展报告 NO.2
著(编)者：中国保健协会
　　　　　中国社会科学院食品药品产业发展与监管研究中心
2016年8月出版 / 估价：198.00元

保健蓝皮书
中国保健用品产业发展报告 NO.2
著(编)者：中国保健协会
　　　　　国务院国有资产监督管理委员会研究中心
2016年8月出版 / 估价：198.00元

保险蓝皮书
中国保险业创新发展报告（2016）
著(编)者：项俊波　2016年12月出版 / 估价：69.00元

保险蓝皮书
中国保险业竞争力报告（2016）
著(编)者：项俊波　2016年12月出版 / 估价：99.00元

采供血蓝皮书
中国采供血管理报告（2016）
著(编)者：朱永明　耿鸿武　2016年8月出版 / 估价：69.00元

彩票蓝皮书
中国彩票发展报告（2016）
著(编)者：益彩基金　2016年8月出版 / 估价：98.00元

餐饮产业蓝皮书
中国餐饮产业发展报告（2016）
著(编)者：邢颖　2016年6月出版 / 定价：98.00元

测绘地理信息蓝皮书
测绘地理信息转型升级研究报告（2016）
著(编)者：库热西·买合苏提　2016年12月出版 / 估价：98.00元

茶业蓝皮书
中国茶产业发展报告（2016）
著(编)者：杨江帆　李闽榕　2016年10月出版 / 估价：78.00元

产权市场蓝皮书
中国产权市场发展报告（2015~2016）
著(编)者：曹和平　2016年8月出版 / 估价：89.00元

产业安全蓝皮书
中国出版传媒产业安全报告（2015~2016）
著(编)者：北京印刷学院文化产业安全研究院
2016年3月出版 / 定价：79.00元

产业安全蓝皮书
中国文化产业安全报告（2016）
著(编)者：北京印刷学院文化产业安全研究院
2016年8月出版 / 估价：89.00元

皮书系列 2016全品种
行业报告类

产业安全蓝皮书
中国新媒体产业安全报告（2016）
著(编)者：北京印刷学院文化产业安全研究院
2016年8月出版 / 估价：69.00元

大数据蓝皮书
网络空间和大数据发展报告（2016）
著(编)者：杜平　2016年8月出版 / 估价：69.00元

电子商务蓝皮书
中国电子商务服务业发展报告 NO.3
著(编)者：荆林波 梁春晓　2016年8月出版 / 估价：69.00元

电子政务蓝皮书
中国电子政务发展报告（2016）
著(编)者：洪毅 杜平　2016年11月出版 / 估价：79.00元

杜仲产业绿皮书
中国杜仲橡胶资源与产业发展报告（2016）
著(编)者：杜红岩 胡文臻 俞锐
2016年8月出版 / 估价：85.00元

房地产蓝皮书
中国房地产发展报告 NO.13（2016）
著(编)者：李春华 王业强　2016年5月出版 / 定价：89.00元

服务外包蓝皮书
中国服务外包产业发展报告（2016）
著(编)者：王晓红 刘德军
2016年8月出版 / 估价：89.00元

服务外包蓝皮书
中国服务外包竞争力报告（2016）
著(编)者：王力 刘春生 黄育华
2016年11月出版 / 估价：85.00元

工业和信息化蓝皮书
世界网络安全发展报告（2015~2016）
著(编)者：洪京一　2016年4月出版 / 定价：79.00元

工业和信息化蓝皮书
世界信息化发展报告（2015~2016）
著(编)者：洪京一　2016年4月出版 / 定价：79.00元

工业和信息化蓝皮书
世界信息技术产业发展报告（2015~2016）
著(编)者：洪京一　2016年4月出版 / 定价：79.00元

工业和信息化蓝皮书
世界制造业发展报告（2016）
著(编)者：洪京一　2016年8月出版 / 定价：69.00元

工业和信息化蓝皮书
移动互联网产业发展报告（2015~2016）
著(编)者：洪京一　2016年4月出版 / 定价：79.00元

工业和信息化蓝皮书
战略性新兴产业发展报告（2015~2016）
著(编)者：洪京一　2016年4月出版 / 定价：79.00元

工业设计蓝皮书
中国工业设计发展报告（2016）
著(编)者：王晓红 于炜 张立群
2016年9月出版 / 估价：138.00元

黄金市场蓝皮书
中国商业银行黄金业务发展报告（2015~2016）
著(编)者：平安银行　2016年3月出版 / 定价：98.00元

互联网金融蓝皮书
中国互联网金融发展报告（2016）
著(编)者：李东荣　2016年8月出版 / 估价：79.00元

会展蓝皮书
中外会展业动态评估年度报告（2016）
著(编)者：张敏　2016年8月出版 / 估价：78.00元

节能汽车蓝皮书
中国节能汽车产业发展报告（2016）
著(编)者：中国汽车工程研究院股份有限公司
2016年12月出版 / 估价：69.00元

金融监管蓝皮书
中国金融监管报告（2016）
著(编)者：胡滨　2016年6月出版 / 估价：89.00元

金融蓝皮书
中国金融中心发展报告（2016）
著(编)者：王力 黄育华　2017年11月出版 / 估价：75.00元

金融蓝皮书
中国商业银行竞争力报告（2016）
著(编)者：王松奇　2016年8月出版 / 估价：69.00元

经济林产业绿皮书
中国经济林产业发展报告（2016）
著(编)者：李芳东 胡文臻 乌云塔娜 杜红岩
2016年12月出版 / 估价：69.00元

客车蓝皮书
中国客车产业发展报告（2016）
著(编)者：姚蔚　2016年8月出版 / 估价：85.00元

老龄蓝皮书
中国老龄产业发展报告（2016）
著(编)者：吴玉韶 党俊武　2016年9月出版 / 估价：79.00元

流通蓝皮书
中国商业发展报告（2016~2017）
著(编)者：王雪峰 林诗慧　2016年7月出版 / 定价：89.00元

旅游安全蓝皮书
中国旅游安全报告（2016）
著(编)者：郑向敏 谢朝武　2016年5月出版 / 定价：128.00元

旅游绿皮书
2015~2016年中国旅游发展分析与预测
著(编)者：宋瑞　2016年4月出版 / 定价：89.00元

煤炭蓝皮书
中国煤炭工业发展报告（2016）
著(编)者：岳福斌　2016年12月出版 / 估价：79.00元

皮书系列 2016全品种　行业报告类

民营企业社会责任蓝皮书
中国民营企业社会责任年度报告（2016）
著（编）者：中华全国工商业联合会
2016年8月出版 / 估价：69.00元

民营医院蓝皮书
中国民营医院发展报告（2016）
著（编）者：庄一强　　2016年10月出版 / 估价：75.00元

能源蓝皮书
中国能源发展报告（2016）
著（编）者：崔民选 王军生 陈义和
2016年8月出版 / 估价：79.00元

农产品流通蓝皮书
中国农产品流通产业发展报告（2016）
著（编）者：贾敬敦 张东科 张玉玺 张鹏毅 周伟
2016年8月出版 / 估价：89.00元

期货蓝皮书
中国期货市场发展报告(2016)
著（编）者：李群 王在荣　　2016年11月出版 / 估价：69.00元

企业公益蓝皮书
中国企业公益研究报告（2016）
著（编）者：钟宏武 汪杰 顾一 黄晓娟 等
2016年12月出版 / 估价：69.00元

企业公众透明度蓝皮书
中国企业公众透明度报告(2016) NO.2
著（编）者：黄速建 王晓光 肖红军
2016年8月出版 / 估价：98.00元

企业国际化蓝皮书
中国企业国际化报告（2016）
著（编）者：王辉耀　　2016年11月出版 / 估价：98.00元

企业蓝皮书
中国企业绿色发展报告 NO.2（2016）
著（编）者：李红玉 朱光辉　　2016年8月出版 / 估价：79.00元

企业社会责任蓝皮书
中国企业社会责任研究报告（2016）
著（编）者：黄群慧 钟宏武 张蒽 等
2016年11月出版 / 估价：79.00元

企业社会责任能力蓝皮书
中国上市公司社会责任能力成熟度报告（2016）
著（编）者：肖红军 王晓光 李伟阳
2016年11月出版 / 估价：69.00元

汽车安全蓝皮书
中国汽车安全发展报告（2016）
著（编）者：中国汽车技术研究中心
2016年8月出版 / 估价：89.00元

汽车电子商务蓝皮书
中国汽车电子商务发展报告（2016）
著（编）者：中华全国工商业联合会汽车经销商商会
　　　　　北京易观智库网络科技有限公司
2016年8月出版 / 估价：128.00元

汽车工业蓝皮书
中国汽车工业发展年度报告（2016）
著（编）者：中国汽车工业协会 中国汽车技术研究中心
　　　　　丰田汽车（中国）投资有限公司
2016年4月出版 / 定价：128.00元

汽车蓝皮书
中国汽车产业发展报告（2016）
著（编）者：国务院发展研究中心产业经济研究部
　　　　　中国汽车工程学会 大众汽车集团（中国）
2016年8月出版 / 估价：158.00元

清洁能源蓝皮书
国际清洁能源发展报告（2016）
著（编）者：苏树辉 袁国林 李玉斋
2016年11月出版 / 估价：99.00元

人力资源蓝皮书
中国人力资源发展报告（2016）
著（编）者：余兴安　　2016年12月出版 / 估价：79.00元

融资租赁蓝皮书
中国融资租赁业发展报告（2015～2016）
著（编）者：李光荣 王力　　2016年8月出版 / 估价：89.00元

软件和信息服务业蓝皮书
中国软件和信息服务业发展报告（2016）
著（编）者：洪京一　　2016年12月出版 / 估价：198.00元

商会蓝皮书
中国商会发展报告NO.5（2016）
著（编）者：王钦敏　　2016年8月出版 / 估价：89.00元

上市公司蓝皮书
中国上市公司社会责任信息披露报告（2016）
著（编）者：张旺 张杨　　2016年11月出版 / 估价：69.00元

上市公司蓝皮书
中国上市公司质量评价报告（2015～2016）
著（编）者：张跃文 王力　　2016年11月出版 / 估价：118.00元

设计产业蓝皮书
中国设计产业发展报告（2016）
著（编）者：陈冬亮 梁昊光　　2016年8月出版 / 估价：89.00元

食品药品蓝皮书
食品药品安全与监管政策研究报告（2016）
著（编）者：唐民皓　　2016年8月出版 / 估价：69.00元

世界能源蓝皮书
世界能源发展报告（2016）
著（编）者：黄晓勇　　2016年6月出版 / 定价：99.00元

水利风景区蓝皮书
中国水利风景区发展报告（2016）
著（编）者：谢婵才 兰思仁　　2016年5月出版 / 定价：89.00元

私募市场蓝皮书
中国私募股权市场发展报告（2016）
著（编）者：曹和平　　2016年12月出版 / 估价：79.00元

行业报告类

碳市场蓝皮书
中国碳市场报告（2016）
著(编)者：宁金彪　　2016年11月出版 / 估价:69.00元

体育蓝皮书
中国体育产业发展报告（2016）
著(编)者：阮伟　钟秉枢　　2016年8月出版 / 估价:69.00元

土地市场蓝皮书
中国农村土地市场发展报告（2015~2016）
著(编)者：李光荣　　2016年3月出版 / 定价:79.00元

网络空间安全蓝皮书
中国网络空间安全发展报告（2016）
著(编)者：惠志斌　唐涛　　2016年8月出版 / 估价:79.00元

物联网蓝皮书
中国物联网发展报告（2016）
著(编)者：黄桂田　龚六堂　张全升
2016年8月出版 / 估价:69.00元

西部工业蓝皮书
中国西部工业发展报告（2016）
著(编)者：方行明　甘犁　刘方健　姜凌　等
2016年9月出版 / 估价:79.00元

西部金融蓝皮书
中国西部金融发展报告（2016）
著(编)者：李忠民　　2016年8月出版 / 估价:75.00元

协会商会蓝皮书
中国行业协会商会发展报告（2016）
著(编)者：景朝阳　李勇　　2016年8月出版 / 估价:99.00元

新能源汽车蓝皮书
中国新能源汽车产业发展报告（2016）
著(编)者：中国汽车技术研究中心
　　　　日产（中国）投资有限公司　东风汽车有限公司
2016年8月出版 / 估价:89.00元

新三板蓝皮书
中国新三板市场发展报告（2016）
著(编)者：王力　　2016年6月出版 / 定价:79.00元

信托市场蓝皮书
中国信托业市场报告（2015～2016）
著(编)者：用益信托工作室
2016年1月出版 / 定价:198.00元

信息安全蓝皮书
中国信息安全发展报告（2016）
著(编)者：张晓东　　2016年8月出版 / 估价:69.00元

信息化蓝皮书
中国信息化形势分析与预测（2016）
著(编)者：周宏仁　　2016年8月出版 / 估价:98.00元

信用蓝皮书
中国信用发展报告（2016）
著(编)者：章政　田侃　　2016年8月出版 / 估价:99.00元

休闲绿皮书
2016年中国休闲发展报告
著(编)者：宋瑞
2016年10月出版 / 估价:79.00元

药品流通蓝皮书
中国药品流通行业发展报告（2016）
著(编)者：佘鲁林　温再兴
2016年8月出版 / 估价:158.00元

医院蓝皮书
中国医院竞争力报告（2016）
著(编)者：庄一强　曾益新　　2016年3月出版 / 定价:128.00元

医药蓝皮书
中国中医药产业园战略发展报告（2016）
著(编)者：裴长洪　房书亭　吴滌心
2016年8月出版 / 估价:89.00元

邮轮绿皮书
中国邮轮产业发展报告（2016）
著(编)者：汪泓　　2016年10月出版 / 估价:79.00元

智能养老蓝皮书
中国智能养老产业发展报告（2016）
著(编)者：朱勇　　2016年10月出版 / 估价:89.00元

中国SUV蓝皮书
中国SUV产业发展报告（2016）
著(编)者：靳军　　2016年12月出版 / 估价:69.00元

中国金融行业蓝皮书
中国债券市场发展报告（2016）
著(编)者：谢多　　2016年8月出版 / 估价:69.00元

中国上市公司蓝皮书
中国上市公司发展报告（2016）
著(编)者：中国社会科学院上市公司研究中心
2016年9月出版 / 估价:98.00元

中国游戏蓝皮书
中国游戏产业发展报告（2016）
著(编)者：孙立军　刘跃军　牛兴侦
2016年8月出版 / 估价:69.00元

中国总部经济蓝皮书
中国总部经济发展报告（2015～2016）
著(编)者：赵弘　　2016年9月出版 / 估价:79.00元

资本市场蓝皮书
中国场外交易市场发展报告（2014~2015）
著(编)者：高峦　　2016年3月出版 / 定价:79.00元

资产管理蓝皮书
中国资产管理行业发展报告（2016）
著(编)者：智信资产管理研究院
2016年6月出版 / 定价:89.00元

文化传媒类

传媒竞争力蓝皮书
中国传媒国际竞争力研究报告（2016）
著（编）者：李本乾 刘强
2016年11月出版 / 估价：148.00元

传媒蓝皮书
中国传媒产业发展报告（2016）
著（编）者：崔保国 2016年5月出版 / 定价：98.00元

传媒投资蓝皮书
中国传媒投资发展报告（2016）
著（编）者：张向东 谭云明
2016年8月出版 / 估价：128.00元

动漫蓝皮书
中国动漫产业发展报告（2016）
著（编）者：卢斌 郑玉明 牛兴侦
2016年8月出版 / 估价：79.00元

非物质文化遗产蓝皮书
中国非物质文化遗产发展报告（2016）
著（编）者：陈平 2016年8月出版 / 估价：98.00元

广电蓝皮书
中国广播电影电视发展报告（2016）
著（编）者：国家新闻出版广电总局发展研究中心
2016年8月出版 / 估价：98.00元

广告主蓝皮书
中国广告主营销传播趋势报告 NO.9
著（编）者：黄升民 杜国清 邵华冬 等
2016年10月出版 / 估价：148.00元

国际传播蓝皮书
中国国际传播发展报告（2016）
著（编）者：胡正荣 李继东 姬德强
2016年11月出版 / 估价：89.00元

纪录片蓝皮书
中国纪录片发展报告（2016）
著（编）者：何苏六 2016年10月出版 / 估价：79.00元

科学传播蓝皮书
中国科学传播报告（2016）
著（编）者：詹正茂 2016年8月出版 / 估价：69.00元

两岸创意经济蓝皮书
两岸创意经济研究报告（2016）
著（编）者：罗昌智 董泽平 2016年12月出版 / 估价：98.00元

两岸文化蓝皮书
两岸文化产业合作发展报告（2016）
著（编）者：胡惠林 李保宗 2016年8月出版 / 估价：79.00元

媒介与女性蓝皮书
中国媒介与女性发展报告(2015~2016)
著（编）者：刘利群 2016年8月出版 / 估价：118.00元

媒体融合蓝皮书
中国媒体融合发展报告（2016）
著（编）者：梅宁华 宋建武 2016年8月出版 / 估价：79.00元

全球传媒蓝皮书
全球传媒发展报告（2016）
著（编）者：胡正荣 李继东 唐晓芬
2016年12月出版 / 估价：79.00元

少数民族非遗蓝皮书
中国少数民族非物质文化遗产发展报告（2016）
著（编）者：肖远平（彝） 柴立（满）
2016年8月出版 / 估价：128.00元

视听新媒体蓝皮书
中国视听新媒体发展报告（2016）
著（编）者：国家新闻出版广电总局发展研究中心
2016年8月出版 / 估价：98.00元

文化创新蓝皮书
中国文化创新报告（2016）NO.7
著（编）者：于平 傅才武 2016年8月出版 / 估价：98.00元

文化建设蓝皮书
中国文化发展报告（2015~2016）
著（编）者：江畅 孙伟平 戴茂堂
2016年6月出版 / 定价：116.00元

文化科技蓝皮书
文化科技创新发展报告（2016）
著（编）者：于平 李凤亮 2016年10月出版 / 估价：89.00元

文化蓝皮书
中国公共文化服务发展报告（2016）
著（编）者：刘新成 张永新 张旭 2016年10月出版 / 估价：98.00元

文化蓝皮书
中国公共文化投入增长测评报告（2016）
著（编）者：王亚南 2016年4月出版 / 定价：79.00元

文化蓝皮书
中国少数民族文化发展报告（2016）
著（编）者：武翠英 张晓明 任乌晶
2016年9月出版 / 估价：69.00元

文化蓝皮书
中国文化产业发展报告（2015~2016）
著（编）者：张晓明 王家新 章建刚
2016年2月出版 / 定价：79.00元

文化蓝皮书
中国文化产业供需协调检测报告（2016）
著（编）者：王亚南 2016年8月出版 / 估价：79.00元

文化蓝皮书
中国文化消费需求景气评价报告（2016）
著（编）者：王亚南 2016年4月出版 / 定价：79.00元

文化传媒类·地方发展类

皮书系列
2016全品种

文化品牌蓝皮书
中国文化品牌发展报告（2016）
著(编)者:欧阳友权　2016年5月出版 / 估价:98.00元

文化遗产蓝皮书
中国文化遗产事业发展报告（2016）
著(编)者:刘世锦　2016年8月出版 / 估价:89.00元

文学蓝皮书
中国文情报告（2015～2016）
著(编)者:白烨　2016年5月出版 / 定价:49.00元

新媒体蓝皮书
中国新媒体发展报告NO.7（2016）
著(编)者:唐绪军　2016年7月出版 / 定价:79.00元

新媒体社会责任蓝皮书
中国新媒体社会责任研究报告（2016）
著(编)者:钟瑛　2016年10月出版 / 估价:79.00元

移动互联网蓝皮书
中国移动互联网发展报告（2016）
著(编)者:官建文　2016年6月出版 / 定价:79.00元

舆情蓝皮书
中国社会舆情与危机管理报告（2016）
著(编)者:谢耘耕　2016年8月出版 / 估价:98.00元

影视风控蓝皮书
中国影视舆情与风控报告（2016）
著(编)者:司若　2016年4月出版 / 定价:138.00元

地方发展类

安徽经济蓝皮书
芜湖创新型城市发展报告（2016）
著(编)者:张志宏　2016年8月出版 / 估价:69.00元

安徽蓝皮书
安徽社会发展报告（2016）
著(编)者:程桦　2016年4月出版 / 定价:89.00元

安徽社会建设蓝皮书
安徽社会建设分析报告（2015～2016）
著(编)者:黄家海　王开玉　蔡宪
2016年8月出版 / 估价:89.00元

澳门蓝皮书
澳门经济社会发展报告（2015～2016）
著(编)者:吴志良　郝雨凡　2016年6月出版 / 定价:98.00元

北京蓝皮书
北京公共服务发展报告（2015～2016）
著(编)者:施昌奎　2016年2月出版 / 定价:79.00元

北京蓝皮书
北京经济发展报告（2015～2016）
著(编)者:杨松　2016年6月出版 / 定价:79.00元

北京蓝皮书
北京社会发展报告（2015～2016）
著(编)者:李伟东　2016年6月出版 / 定价:79.00元

北京蓝皮书
北京社会治理发展报告（2015～2016）
著(编)者:殷星辰　2016年5月出版 / 定价:79.00元

北京蓝皮书
北京文化发展报告（2015～2016）
著(编)者:李建盛　2016年4月出版 / 定价:79.00元

北京旅游绿皮书
北京旅游发展报告（2016）
著(编)者:北京旅游学会　2016年8月出版 / 估价:88.00元

北京人才蓝皮书
北京人才发展报告（2016）
著(编)者:于淼　2016年12月出版 / 估价:128.00元

北京社会心态蓝皮书
北京社会心态分析报告（2015～2016）
著(编)者:北京社会心理研究所
2016年8月出版 / 估价:79.00元

北京社会组织管理蓝皮书
北京社会组织发展与管理（2015～2016）
著(编)者:黄江松　2016年8月出版 / 估价:78.00元

北京体育蓝皮书
北京体育产业发展报告（2016）
著(编)者:钟秉枢　陈杰　杨铁黎
2016年10月出版 / 估价:79.00元

北京养老产业蓝皮书
北京养老产业发展报告（2016）
著(编)者:周明明　冯喜良　2016年8月出版 / 估价:69.00元

滨海金融蓝皮书
滨海新区金融发展报告（2016）
著(编)者:王爱俭　张锐钢　2016年9月出版 / 估价:79.00元

城乡一体化蓝皮书
中国城乡一体化发展报告·北京卷（2015～2016）
著(编)者:张宝秀　黄序　2016年5月出版 / 定价:79.00元

创意城市蓝皮书
北京文化创意产业发展报告（2016）
著(编)者:张京成　王国华　2016年12月出版 / 估价:69.00元

创意城市蓝皮书
青岛文化创意产业发展报告（2016）
著(编)者:马达　张丹妮　2016年8月出版 / 估价:79.00元

创意城市蓝皮书
青岛文化创意产业发展报告（2016）
著(编)者:马达　张丹妮　2016年8月出版 / 估价:79.00元

23

皮书系列 2016全品种 — 地方发展类

创意城市蓝皮书
天津文化创意产业发展报告（2015~2016）
著(编)者：谢思全　　2016年6月出版／定价:79.00元

创意城市蓝皮书
台北文化创意产业发展报告（2016）
著(编)者：陈耀竹　邱琪瑄　　2016年11月出版／估价:89.00元

创意城市蓝皮书
无锡文化创意产业发展报告（2016）
著(编)者：谭军　张鸣年　　2016年10月出版／估价:79.00元

创意城市蓝皮书
武汉文化创意产业发展报告（2016）
著(编)者：黄永林　陈汉桥　　2016年12月出版／估价:89.00元

创意城市蓝皮书
重庆创意产业发展报告（2016）
著(编)者：程宇宁　　2016年8月出版／估价:89.00元

地方法治蓝皮书
南宁法治发展报告（2016）
著(编)者：杨维超　　2016年12月出版／估价:69.00元

福建妇女发展蓝皮书
福建省妇女发展报告（2016）
著(编)者：刘群英　　2016年11月出版／定价:88.00元

福建自贸区蓝皮书
中国（福建）自由贸易试验区发展报告（2015~2016）
著(编)者：黄茂兴　　2016年4月出版／定价:108.00元

甘肃蓝皮书
甘肃经济发展分析与预测（2016）
著(编)者：朱智文　罗哲　　2016年1月出版／定价:79.00元

甘肃蓝皮书
甘肃社会发展分析与预测（2016）
著(编)者：安文华　包晓霞　谢增虎　　2016年1月出版／定价:79.00元

甘肃蓝皮书
甘肃文化发展分析与预测（2016）
著(编)者：安文华　周小华　　2016年1月出版／定价:79.00元

甘肃蓝皮书
甘肃县域和农村发展报告（2016）
著(编)者：刘进军　柳民　王建兵
2016年1月出版／定价:79.00元

甘肃蓝皮书
甘肃舆情分析与预测（2016）
著(编)者：陈双梅　张谦元　　2016年1月出版／定价:79.00元

甘肃蓝皮书
甘肃商贸流通发展报告（2016）
著(编)者：杨志武　王福生　王晓芳
2016年1月出版／定价:79.00元

广东蓝皮书
广东全面深化改革发展报告（2016）
著(编)者：周林生　涂成林　　2016年11月出版／估价:69.00元

广东蓝皮书
广东社会工作发展报告（2016）
著(编)者：罗观翠　　2016年8月出版／定价:89.00元

广东蓝皮书
广东省电子商务发展报告（2016）
著(编)者：程晓　邓顺国　　2016年8月出版／估价:79.00元

广东社会建设蓝皮书
广东省社会建设发展报告（2016）
著(编)者：广东省社会工作委员会
2016年12月出版／估价:99.00元

广东外经贸蓝皮书
广东对外经济贸易发展研究报告（2015~2016）
著(编)者：陈万灵　　2016年8月出版／估价:89.00元

广西北部湾经济区蓝皮书
广西北部湾经济区开放开发报告（2016）
著(编)者：广西北部湾经济区规划建设管理委员会办公室
　　　　　广西社会科学院　广西北部湾发展研究院
2016年10月出版／估价:79.00元

巩义蓝皮书
巩义经济社会发展报告（2016）
著(编)者：丁同民　朱军　　2016年4月出版／定价:58.00元

广州蓝皮书
2016年中国广州经济形势分析与预测
著(编)者：庾建设　陈浩钿　谢博能　　2016年7月出版／定价:85.00元

广州蓝皮书
2016年中国广州社会形势分析与预测
著(编)者：张强　陈怡霓　杨秦　　2016年6月出版／定价:85.00元

广州蓝皮书
广州城市国际化发展报告（2016）
著(编)者：朱名宏　　2016年11月出版／估价:69.00元

广州蓝皮书
广州创新型城市发展报告（2016）
著(编)者：尹涛　　2016年10月出版／估价:69.00元

广州蓝皮书
广州经济发展报告（2016）
著(编)者：朱名宏　　2016年8月出版／估价:69.00元

广州蓝皮书
广州农村发展报告（2016）
著(编)者：朱名宏　　2016年8月出版／估价:69.00元

广州蓝皮书
广州汽车产业发展报告（2016）
著(编)者：杨再高　冯兴亚　　2016年9月出版／估价:69.00元

广州蓝皮书
广州青年发展报告（2015～2016）
著(编)者：魏国华　张强　　2016年8月出版／估价:69.00元

广州蓝皮书
广州商贸业发展报告（2016）
著(编)者：李江涛　肖振宇　荀振英
2016年8月出版／估价:69.00元

地方发展类

皮书系列 2016全品种

广州蓝皮书
广州社会保障发展报告（2016）
著(编)者：蔡国萱　2016年10月出版 / 估价：65.00元

广州蓝皮书
广州文化创意产业发展报告（2016）
著(编)者：甘新　2016年8月出版 / 估价：79.00元

广州蓝皮书
中国广州城市建设与管理发展报告（2016）
著(编)者：董皞　陈小钢　李江涛　2016年8月出版 / 估价：69.00元

广州蓝皮书
中国广州科技和信息化发展报告（2016）
著(编)者：邹采荣　马正勇　冯元　2016年8月出版 / 估价：79.00元

广州蓝皮书
中国广州文化发展报告（2016）
著(编)者：徐俊忠　陆志强　顾涧清　2016年8月出版 / 估价：69.00元

贵阳蓝皮书
贵阳城市创新发展报告•白云篇（2016）
著(编)者：连玉明　2016年10月出版 / 估价：89.00元

贵阳蓝皮书
贵阳城市创新发展报告•观山湖篇（2016）
著(编)者：连玉明　2016年10月出版 / 估价：89.00元

贵阳蓝皮书
贵阳城市创新发展报告•花溪篇（2016）
著(编)者：连玉明　2016年10月出版 / 估价：89.00元

贵阳蓝皮书
贵阳城市创新发展报告•开阳篇（2016）
著(编)者：连玉明　2016年10月出版 / 估价：89.00元

贵阳蓝皮书
贵阳城市创新发展报告•南明篇（2016）
著(编)者：连玉明　2016年10月出版 / 估价：89.00元

贵阳蓝皮书
贵阳城市创新发展报告•清镇篇（2016）
著(编)者：连玉明　2016年10月出版 / 估价：89.00元

贵阳蓝皮书
贵阳城市创新发展报告•乌当篇（2016）
著(编)者：连玉明　2016年10月出版 / 估价：89.00元

贵阳蓝皮书
贵阳城市创新发展报告•息烽篇（2016）
著(编)者：连玉明　2016年10月出版 / 估价：89.00元

贵阳蓝皮书
贵阳城市创新发展报告•修文篇（2016）
著(编)者：连玉明　2016年10月出版 / 估价：89.00元

贵阳蓝皮书
贵阳城市创新发展报告•云岩篇（2016）
著(编)者：连玉明　2016年10月出版 / 估价：89.00元

贵州房地产蓝皮书
贵州房地产发展报告NO.3（2016）
著(编)者：武廷方　2016年8月出版 / 估价：89.00元

贵州蓝皮书
贵州册亨经济社会发展报告(2016)
著(编)者：黄德林　2016年3月出版 / 定价：79.00元

贵州蓝皮书
贵安新区发展报告（2015~2016）
著(编)者：马长青　吴大华　2016年6月出版 / 定价：79.00元

贵州蓝皮书
贵州法治发展报告（2016）
著(编)者：吴大华　2016年5月出版 / 定价：79.00元

贵州蓝皮书
贵州民航业发展报告（2016）
著(编)者：申振东　吴大华　2016年10月出版 / 估价：69.00元

贵州蓝皮书
贵州民营经济发展报告（2015）
著(编)者：杨静　吴大华　2016年3月出版 / 定价：79.00元

贵州蓝皮书
贵州人才发展报告（2016）
著(编)者：于杰　吴大华　2016年9月出版 / 估价：69.00元

贵州蓝皮书
贵州社会发展报告（2016）
著(编)者：王兴骥　2016年6月出版 / 定价：79.00元

海淀蓝皮书
海淀区文化和科技融合发展报告（2016）
著(编)者：陈名杰　孟景伟　2016年8月出版 / 估价：75.00元

海峡西岸蓝皮书
海峡西岸经济区发展报告（2016）
著(编)者：福建省人民政府发展研究中心
　　　　　福建省人民政府发展研究中心咨询服务中心
2016年9月出版 / 估价：65.00元

杭州都市圈蓝皮书
杭州都市圈发展报告（2016）
著(编)者：沈翔　戚建国　2016年5月出版 / 定价：128.00元

杭州蓝皮书
杭州妇女发展报告（2016）
著(编)者：魏颖　2016年6月出版 / 定价：79.00元

河北经济蓝皮书
河北省经济发展报告（2016）
著(编)者：马树强　金浩　刘兵　张贵
2016年4月出版 / 定价：89.00元

河北蓝皮书
河北经济社会发展报告（2016）
著(编)者：郭金平　2016年1月出版 / 定价：79.00元

河北食品药品安全蓝皮书
河北食品药品安全研究报告（2016）
著(编)者：丁锦霞　2016年6月出版 / 定价：79.00元

河南经济蓝皮书
2016年河南经济形势分析与预测
著(编)者：胡五岳　2016年2月出版 / 定价：79.00元

皮书系列 2016全品种 — 地方发展类

河南蓝皮书
2016年河南社会形势分析与预测
著(编)者:刘道兴 牛苏林　2016年4月出版 / 定价:79.00元

河南蓝皮书
河南城市发展报告（2016）
著(编)者:张占仓 王建国　2016年5月出版 / 定价:69.00元

河南蓝皮书
河南法治发展报告（2016）
著(编)者:丁同民 张林海　2016年5月出版 / 定价:79.00元

河南蓝皮书
河南工业发展报告（2016）
著(编)者:张占仓 丁同民　2016年5月出版 / 定价:69.00元

河南蓝皮书
河南金融发展报告（2016）
著(编)者:河南省社会科学院　2016年8月出版 / 估价:69.00元

河南蓝皮书
河南经济发展报告（2016）
著(编)者:张占仓　2016年3月出版 / 定价:79.00元

河南蓝皮书
河南农业农村发展报告（2016）
著(编)者:吴海峰　2016年8月出版 / 估价:69.00元

河南蓝皮书
河南文化发展报告（2016）
著(编)者:卫绍生　2016年3月出版 / 定价:78.00元

河南商务蓝皮书
河南商务发展报告（2016）
著(编)者:焦锦淼 穆荣国　2016年6月出版 / 定价:88.00元

黑龙江产业蓝皮书
黑龙江产业发展报告（2016）
著(编)者:于渤　2016年10月出版 / 估价:79.00元

黑龙江蓝皮书
黑龙江经济发展报告（2016）
著(编)者:朱宇　2016年1月出版 / 定价:79.00元

黑龙江蓝皮书
黑龙江社会发展报告（2016）
著(编)者:谢宝禄　2016年1月出版 / 定价:79.00元

湖南城市蓝皮书
区域城市群整合（主题待定）
著(编)者:童中贤 韩未名　2016年12月出版 / 估价:79.00元

湖南蓝皮书
2016年湖南产业发展报告
著(编)者:梁志峰　2016年5月出版 / 定价:128.00元

湖南蓝皮书
2016年湖南电子政务发展报告
著(编)者:梁志峰　2016年5月出版 / 定价:128.00元

湖南蓝皮书
2016年湖南经济展望
著(编)者:梁志峰　2016年5月出版 / 定价:128.00元

湖南蓝皮书
2016年湖南两型社会与生态文明发展报告
著(编)者:梁志峰　2016年5月出版 / 定价:128.00元

湖南蓝皮书
2016年湖南社会发展报告
著(编)者:梁志峰　2016年5月出版 / 定价:128.00元

湖南蓝皮书
2016年湖南县域经济社会发展报告
著(编)者:梁志峰　2016年5月出版 / 定价:98.00元

湖南蓝皮书
湖南城乡一体化发展报告（2016）
著(编)者:陈文胜 王文强 陆福兴 邝奕轩　2016年6月出版 / 定价:89.00元

湖南县域绿皮书
湖南县域发展报告 NO.3
著(编)者:袁准 周小毛　2016年9月出版 / 估价:69.00元

沪港蓝皮书
沪港发展报告（2015～2016）
著(编)者:尤安山　2016年8月出版 / 估价:89.00元

京津冀金融蓝皮书
京津冀金融发展报告（2015）
著(编)者:王爱俭 李向前　2016年3月出版 / 定价:89.00元

吉林蓝皮书
2016年吉林经济社会形势分析与预测
著(编)者:马克　2015年12月出版 / 定价:79.00元

吉林省城市竞争力蓝皮书
吉林省城市竞争力报告（2015）
著(编)者:崔岳春 张磊　2016年3月出版 / 定价:69.00元

济源蓝皮书
济源经济社会发展报告（2016）
著(编)者:喻新安　2016年8月出版 / 估价:69.00元

健康城市蓝皮书
北京健康城市建设研究报告（2016）
著(编)者:王鸿春　2016年8月出版 / 估价:79.00元

江苏法治蓝皮书
江苏法治发展报告 NO.5（2016）
著(编)者:李力 龚廷泰　2016年9月出版 / 估价:98.00元

江西蓝皮书
江西经济社会发展报告（2016）
著(编)者:张勇 姜玮 梁勇　2016年10月出版 / 估价:79.00元

江西文化产业蓝皮书
江西文化产业发展报告（2016）
著(编)者:张圣才 汪春翔　2016年10月出版 / 估价:128.00元

地方发展类

经济特区蓝皮书
中国经济特区发展报告（2016）
著(编)者：陶一桃　2016年12月出版 / 估价：89.00元

辽宁蓝皮书
2016年辽宁经济社会形势分析与预测
著(编)者：曹晓峰　梁启东
2016年1月出版 / 定价：79.00元

拉萨蓝皮书
拉萨法治发展报告（2016）
著(编)者：车明怀　2016年8月出版 / 估价：79.00元

洛阳蓝皮书
洛阳文化发展报告（2016）
著(编)者：刘福兴　陈启明　2016年8月出版 / 估价：79.00元

南京蓝皮书
南京文化发展报告（2016）
著(编)者：徐宁　2016年12月出版 / 估价：79.00元

内蒙古蓝皮书
内蒙古反腐倡廉建设报告 NO.2
著(编)者：张志华　无极　2016年12月出版 / 估价：69.00元

浦东新区蓝皮书
上海浦东经济发展报告（2016）
著(编)者：沈开艳　周奇　2016年1月出版 / 定价：69.00元

青海蓝皮书
2016年青海经济社会形势分析与预测
著(编)者：陈玮　2015年12月出版 / 定价：79.00元

人口与健康蓝皮书
深圳人口与健康发展报告（2016）
著(编)者：陆杰华　罗乐宣　苏杨
2016年11月出版 / 估价：89.00元

山东蓝皮书
山东经济形势分析与预测（2016）
著(编)者：李广杰　2016年11月出版 / 估价：89.00元

山东蓝皮书
山东社会形势分析与预测（2016）
著(编)者：涂可国　2016年8月出版 / 估价：89.00元

山东蓝皮书
山东文化发展报告（2016）
著(编)者：张华　唐洲雁　2016年8月出版 / 估价：98.00元

山西蓝皮书
山西资源型经济转型发展报告（2016）
著(编)者：李志强　2016年8月出版 / 估价：89.00元

陕西蓝皮书
陕西经济发展报告（2016）
著(编)者：任宗哲　白宽犁　裴成荣
2015年12月出版 / 定价：69.00元

陕西蓝皮书
陕西社会发展报告（2016）
著(编)者：任宗哲　白宽犁　牛昉
2015年12月出版 / 定价：69.00元

陕西蓝皮书
陕西文化发展报告（2016）
著(编)者：任宗哲　白宽犁　王长寿
2015年12月出版 / 定价：69.00元

陕西蓝皮书
丝绸之路经济带发展报告（2015~2016）
著(编)者：任宗哲　白宽犁　谷孟宾
2015年12月出版 / 定价：75.00元

上海蓝皮书
上海传媒发展报告（2016）
著(编)者：强荧　焦雨虹　2016年1月出版 / 定价：79.00元

上海蓝皮书
上海法治发展报告（2016）
著(编)者：叶青　2016年6月出版 / 定价：79.00元

上海蓝皮书
上海经济发展报告（2016）
著(编)者：沈开艳　2016年1月出版 / 定价：79.00元

上海蓝皮书
上海社会发展报告（2016）
著(编)者：杨雄　周海旺　2016年1月出版 / 定价：79.00元

上海蓝皮书
上海文化发展报告（2016）
著(编)者：荣跃明　2016年1月出版 / 定价：79.00元

上海蓝皮书
上海文学发展报告（2016）
著(编)者：陈圣来　2016年6月出版 / 定价：79.00元

上海蓝皮书
上海资源环境发展报告（2016）
著(编)者：周冯琦　汤庆合　任文伟
2016年1月出版 / 定价：79.00元

上饶蓝皮书
上饶发展报告（2015～2016）
著(编)者：朱寅健　2016年8月出版 / 估价：128.00元

社会建设蓝皮书
2016年北京社会建设分析报告
著(编)者：宋贵伦　冯虹　2016年8月出版 / 估价：79.00元

深圳蓝皮书
深圳法治发展报告（2016）
著(编)者：张骁儒　2016年6月出版 / 定价：69.00元

深圳蓝皮书
深圳经济发展报告（2016）
著(编)者：张骁儒　2016年8月出版 / 估价：89.00元

皮书系列 2016全品种
地方发展类・国家国别类

深圳蓝皮书
深圳劳动关系发展报告（2016）
著(编)者:汤庭芬　2016年6月出版 / 定价:69.00元

深圳蓝皮书
深圳社会建设与发展报告（2016）
著(编)者:张骁儒　陈东平　2016年7月出版 / 定价:79.00元

深圳蓝皮书
深圳文化发展报告(2016)
著(编)者:张骁儒　2016年8月出版 / 估价:69.00元

四川法治蓝皮书
四川依法治省年度报告 NO.2（2016）
著(编)者:李林　杨天宗　田禾
2016年3月出版 / 定价:108.00元

四川蓝皮书
2016年四川经济形势分析与预测
著(编)者:杨钢　2016年1月出版 / 定价:98.00元

四川蓝皮书
四川城镇化发展报告（2016）
著(编)者:侯水平　陈炜　2016年4月出版 / 定价:75.00元

四川蓝皮书
四川法治发展报告（2016）
著(编)者:郑泰安　2016年8月出版 / 估价:69.00元

四川蓝皮书
四川企业社会责任研究报告（2015～2016）
著(编)者:侯水平　盛毅　翟刚　2016年4月出版 / 定价:79.00元

四川蓝皮书
四川社会发展报告（2016）
著(编)者:李羚　2016年5月出版 / 定价:79.00元

四川蓝皮书
四川生态建设报告（2016）
著(编)者:李晟之　2016年4月出版 / 定价:75.00元

四川蓝皮书
四川文化产业发展报告（2016）
著(编)者:向宝云　张立伟　2016年4月出版 / 定价:79.00元

西咸新区蓝皮书
西咸新区发展报告（2011~2015）
著(编)者:李扬　王军　2016年6月出版 / 定价:89.00元

体育蓝皮书
上海体育产业发展报告（2015～2016）
著(编)者:张林　黄海燕　2016年10月出版 / 估价:79.00元

体育蓝皮书
长三角地区体育产业发展报告（2015～2016）
著(编)者:张林　2016年8月出版 / 估价:79.00元

天津金融蓝皮书
天津金融发展报告（2016）
著(编)者:王爱俭　孔德昌　2016年9月出版 / 估价:89.00元

图们江区域合作蓝皮书
图们江区域合作发展报告（2016）
著(编)者:李铁　2016年6月出版 / 估价:98.00元

温州蓝皮书
2016年温州经济社会形势分析与预测
著(编)者:潘忠强　王春光　金浩　2016年4月出版 / 定价:69.00元

扬州蓝皮书
扬州经济社会发展报告（2016）
著(编)者:丁纯　2016年12月出版 / 估价:89.00元

长株潭城市群蓝皮书
长株潭城市群发展报告（2016）
著(编)者:张萍　2016年10月出版 / 估价:69.00元

郑州蓝皮书
2016年郑州文化发展报告
著(编)者:王哲　2016年9月出版 / 估价:65.00元

中医文化蓝皮书
北京中医药文化传播发展报告（2016）
著(编)者:毛嘉陵　2016年8月出版 / 估价:79.00元

珠三角流通蓝皮书
珠三角商圈发展研究报告（2016）
著(编)者:王先庆　林至颖　2016年8月出版 / 估价:98.00元

遵义蓝皮书
遵义发展报告（2016）
著(编)者:曾征　龚永育　2016年12月出版 / 估价:69.00元

国别与地区类

阿拉伯黄皮书
阿拉伯发展报告（2015～2016）
著(编)者:罗林　2016年11月出版 / 估价:79.00元

北部湾蓝皮书
泛北部湾合作发展报告（2016）
著(编)者:吕余生　2016年10月出版 / 估价:69.00元

大湄公河次区域蓝皮书
大湄公河次区域合作发展报告（2016）
著(编)者:刘稚　2016年9月出版 / 估价:79.00元

大洋洲蓝皮书
大洋洲发展报告（2015～2016）
著(编)者:喻常森　2016年10月出版 / 估价:89.00元

国家国别类 — 皮书系列 重点推荐

德国蓝皮书
德国发展报告（2016）
著(编)者：郑春荣　2016年6月出版 · 定价：79.00元

东北亚黄皮书
东北亚地区政治与安全（2016）
著(编)者：黄凤志　刘清才　张慧智 等
2016年8月出版 · 估价：69.00元

东盟黄皮书
东盟发展报告（2016）
著(编)者：杨晓强　庄国土　2016年8月出版 · 定价：89.00元

东南亚蓝皮书
东南亚地区发展报告（2015~2016）
著(编)者：厦门大学东南亚研究中心　王勤
2016年8月出版 · 估价：79.00元

俄罗斯黄皮书
俄罗斯发展报告（2016）
著(编)者：李永全　2016年7月出版 · 定价：89.00元

非洲黄皮书
非洲发展报告 NO.18（2015~2016）
著(编)者：张宏明　2016年9月出版 · 估价：79.00元

国际安全蓝皮书
中国国际安全研究报告（2016）
著(编)者：刘慧　2016年7月出版 · 定价：98.00元

国际形势黄皮书
全球政治与安全报告（2016）
著(编)者：李慎明　张宇燕
2015年12月出版 · 定价：69.00元

韩国蓝皮书
韩国发展报告（2016）
著(编)者：牛林杰　刘宝全
2016年12月出版 · 估价：89.00元

加拿大蓝皮书
加拿大发展报告（2016）
著(编)者：仲伟合　2016年8月出版 · 定价：89.00元

拉美黄皮书
拉丁美洲和加勒比发展报告（2015~2016）
著(编)者：吴白乙　2016年6月出版 · 定价：89.00元

美国蓝皮书
美国研究报告（2016）
著(编)者：郑秉文　黄平　2016年5月出版 · 定价：89.00元

缅甸蓝皮书
缅甸国情报告（2016）
著(编)者：李晨阳　2016年8月出版 · 定价：79.00元

欧洲蓝皮书
欧洲发展报告（2015~2016）
著(编)者：黄平　周弘　江时学
2016年6月出版 · 定价：89.00元

日本经济蓝皮书
日本经济与中日经贸关系研究报告（2016）
著(编)者：张季风　2016年5月出版 · 定价：89.00元

日本蓝皮书
日本研究报告（2016）
著(编)者：杨柏江　2016年5月出版 · 定价：89.00元

上海合作组织黄皮书
上海合作组织发展报告（2016）
著(编)者：李进峰　吴宏伟　李少捷
2016年6月出版 · 定价：89.00元

世界创新竞争力黄皮书
世界创新竞争力发展报告（2016）
著(编)者：李闽榕　李建平　赵新力
2016年8月出版 · 估价：148.00元

土耳其蓝皮书
土耳其发展报告（2016）
著(编)者：郭长刚　刘义　2016年8月出版 · 估价：69.00元

亚太蓝皮书
亚太地区发展报告（2016）
著(编)者：李向阳　2016年5月出版 · 定价：79.00元

印度蓝皮书
印度国情报告（2016）
著(编)者：吕昭义　2016年8月出版 · 估价：89.00元

印度洋地区蓝皮书
印度洋地区发展报告（2016）
著(编)者：汪戎　2016年8月出版 · 定价：89.00元

英国蓝皮书
英国发展报告（2015~2016）
著(编)者：王展鹏　2016年10月出版 · 定价：89.00元

越南蓝皮书
越南国情报告（2016）
著(编)者：广西社会科学院　罗梅　李碧华
2016年8月出版 · 估价：69.00元

越南蓝皮书
越南经济发展报告（2016）
著(编)者：黄志勇　2016年10月出版 · 估价：69.00元

以色列蓝皮书
以色列发展报告（2016）
著(编)者：张倩红　2016年9月出版 · 定价：89.00元

中东黄皮书
中东发展报告 NO.18（2015~2016）
著(编)者：杨光　2016年10月出版 · 估价：89.00元

中亚黄皮书
中亚国家发展报告（2016）
著(编)者：孙力　吴宏伟　2016年7月出版 · 定价：98.00元

社会科学文献出版社　皮书系列

❖ 皮书起源 ❖

"皮书"起源于十七、十八世纪的英国,主要指官方或社会组织正式发表的重要文件或报告,多以"白皮书"命名。在中国,"皮书"这一概念被社会广泛接受,并被成功运作、发展成为一种全新的出版形态,则源于中国社会科学院社会科学文献出版社。

❖ 皮书定义 ❖

皮书是对中国与世界发展状况和热点问题进行年度监测,以专业的角度、专家的视野和实证研究方法,针对某一领域或区域现状与发展态势展开分析和预测,具备原创性、实证性、专业性、连续性、前沿性、时效性等特点的公开出版物,由一系列权威研究报告组成。

❖ 皮书作者 ❖

皮书系列的作者以中国社会科学院、著名高校、地方社会科学院的研究人员为主,多为国内一流研究机构的权威专家学者,他们的看法和观点代表了学界对中国与世界的现实和未来最高水平的解读与分析。

❖ 皮书荣誉 ❖

皮书系列已成为社会科学文献出版社的著名图书品牌和中国社会科学院的知名学术品牌。2011年,皮书系列正式列入"十二五"国家重点出版规划项目;2012~2015年,重点皮书列入中国社会科学院承担的国家哲学社会科学创新工程项目;2016年,46种院外皮书使用"中国社会科学院创新工程学术出版项目"标识。

中国皮书网
www.pishu.cn

发布皮书研创资讯，传播皮书精彩内容
引领皮书出版潮流，打造皮书服务平台

栏目设置：

- □ 资讯：皮书动态、皮书观点、皮书数据、皮书报道、皮书发布、电子期刊
- □ 标准：皮书评价、皮书研究、皮书规范
- □ 服务：最新皮书、皮书书目、重点推荐、在线购书
- □ 链接：皮书数据库、皮书博客、皮书微博、在线书城
- □ 搜索：资讯、图书、研究动态、皮书专家、研创团队

中国皮书网依托皮书系列"权威、前沿、原创"的优质内容资源，通过文字、图片、音频、视频等多种元素，在皮书研创者、使用者之间搭建了一个成果展示、资源共享的互动平台。

自2005年12月正式上线以来，中国皮书网的IP访问量、PV浏览量与日俱增，受到海内外研究者、公务人员、商务人士以及专业读者的广泛关注。

2008年、2011年，中国皮书网均在全国新闻出版业网站荣誉评选中获得"最具商业价值网站"称号；2012年，获得"出版业网站百强"称号。

2014年，中国皮书网与皮书数据库实现资源共享，端口合一，将提供更丰富的内容，更全面的服务。

权威报告　热点资讯　海量资源

当代中国与世界发展的高端智库平台

皮书数据库 www.pishu.com.cn

皮书数据库是专业的人文社会科学综合学术资源总库，以大型连续性图书——皮书系列为基础，整合国内外相关资讯构建而成。包含六大子库，涵盖两百多个主题，囊括了近十几年间中国与世界经济社会发展报告，覆盖经济、社会、政治、文化、教育、国际问题等多个领域。

皮书数据库以篇章为基本单位，方便用户对皮书内容的阅读需求。用户可进行全文检索，也可对文献题目、内容提要、作者名称、作者单位、关键字等基本信息进行检索，还可对检索到的篇章再做二次筛选，进行在线阅读或下载阅读。智能多维度导航，可使用户根据自己熟知的分类标准进行分类导航筛选，使查找和检索更高效、便捷。

权威的研究报告，独特的调研数据，前沿的热点资讯，皮书数据库已发展成为国内最具影响力的关于中国与世界现实问题研究的成果库和资讯库。

皮书俱乐部会员服务指南

1. 谁能成为皮书俱乐部成员？
● 皮书作者自动成为俱乐部会员
● 购买了皮书产品（纸质书/电子书）的个人用户

2. 会员可以享受的增值服务
● 免费获赠皮书数据库100元充值卡
● 加入皮书俱乐部，免费获赠该纸质图书的电子书
● 免费定期获赠皮书电子期刊
● 优先参与各类皮书学术活动
● 优先享受皮书产品的最新优惠

3. 如何享受增值服务？
（1）免费获赠100元皮书数据库体验卡
第1步 刮开皮书附赠充值的涂层（右下）；
第2步 登录皮书数据库网站（www.pishu.com.cn），注册账号；
第3步 登录并进入"会员中心"—"在线充值"—"充值卡充值"，充值成功后即可使用。

（2）加入皮书俱乐部，凭数据库体验卡获赠该书的电子书
第1步 登录社会科学文献出版社官网（www.ssap.com.cn），注册账号；
第2步 登录并进入"会员中心"—"皮书俱乐部"，提交加入皮书俱乐部申请；
第3步 审核通过后，再次进入皮书俱乐部，填写页面所需图书、体验卡信息即可自动兑换相应电子书。

4. 声明
解释权归社会科学文献出版社所有

皮书俱乐部会员可享受社会科学文献出版社其他相关免费增值服务，有任何疑问，均可与我们联系。
图书销售热线：010-59367070/7028 图书服务QQ：800045692 图书服务邮箱：duzhe@ssap.com.cn
数据库服务热线：400-008-6695 数据库服务QQ：2475522410 数据库服务邮箱：database@ssap.com.cn
欢迎登录社会科学文献出版社官网（www.ssap.com.cn）和中国皮书网（www.pishu.cn）了解更多信息

皮书大事记
（2015）

☆ 2015年11月9日，社会科学文献出版社2015年皮书编辑出版工作会议召开，会议就皮书装帧设计、生产营销、皮书评价以及质检工作中的常见问题等进行交流和讨论，为2016年出版社的融合发展指明了方向。

☆ 2015年11月，中国社会科学院2015年度纳入创新工程后期资助名单正式公布，《社会蓝皮书：2015年中国社会形势分析与预测》等41种皮书纳入2015年度"中国社会科学院创新工程学术出版资助项目"。

☆ 2015年8月7~8日，由中国社会科学院主办，社会科学文献出版社和湖北大学共同承办的"第十六次全国皮书年会（2015）：皮书研创与中国话语体系建设"在湖北省恩施市召开。中国社会科学院副院长李培林、国家新闻出版广电总局原副总局长、中国出版协会常务副理事长邬书林，湖北省委宣传部副部长喻立平，中国社会科学院科研局局长马援，国家新闻出版广电总局出版管理司副司长许正明，中共恩施州委书记王海涛，社会科学文献出版社社长谢寿光，湖北大学党委书记刘建凡等相关领导出席开幕式。来自中国社会科学院、地方社会科学院及高校、政府研究机构的领导及近200个皮书课题组的380多人出席了会议，会议规模又创新高。会议宣布了2016年授权使用"中国社会科学院创新工程学术出版项目"标识的院外皮书名单，并颁发了第六届优秀皮书奖。

☆ 2015年4月28日，"第三届皮书学术评审委员会第二次会议暨第六届优秀皮书奖评审会"在京召开。中国社会科学院副院长李培林、蔡昉出席会议并讲话，国家新闻出版广电总局原副局长、中国出版协会常务副理事长邬书林也出席本次会议。会议分别由中国社会科学院科研局局长马援和社会科学文献出版社社长谢寿光主持。经分学科评审和大会汇评，最终匿名投票评选出第六届"优秀皮书奖"和"优秀皮书报告奖"书目。此外，该委员会还根据《中国社会科学院皮书管理办法》，审议并投票评选出2015年纳入中国社会科学院创新工程项目的皮书和2016年使用"中国社会科学院创新工程学术出版项目"标识的院外皮书。

☆ 2015年1月30~31日，由社会科学文献出版社皮书研究院组织的2014年版皮书评价复评会议在京召开。皮书学术评审委员会部分委员、相关学科专家、学术期刊编辑、资深媒体人等近50位评委参加本次会议。中国社会科学院科研局局长马援、社会科学文献出版社社长谢寿光出席开幕式并发表讲话，中国社会科学院科研成果处处长薛增朝出席闭幕式并做发言。

更多信息请登录

皮书数据库
http://www.pishu.com.cn

中国皮书网
http://www.pishu.cn

皮书微博
http://weibo.com/pishu

皮书博客
http://blog.sina.com.cn/pishu

皮书微信"皮书说"

请到各地书店皮书专架 / 专柜购买，也可办理邮购

咨询/邮购电话：010-59367028　59367070
邮　　箱：duzhe@ssap.cn
邮购地址：北京市西城区北三环中路甲29号院3号楼华龙大厦13层读者服务中心
邮　　编：100029
银行户名：社会科学文献出版社
开户银行：中国工商银行北京北太平庄支行
账　　号：0200010019200365434